Über die Autorin:
Sibylle Kurz arbeitet seit 1994 als freiberufliche Kommunikationstrainerin und Coach im Medienbereich für Produktionsfirmen, Produzenten und Autoren. Sie lehrt an namhaften in- und ausländischen Filmschulen und -akademien »Die Kunst des Pitching«.

Sibylle Kurz

Pitch it!

Die Kunst, Filmprojekte erfolgreich zu verkaufen

Mit einem Vorwort von Dieter Kosslick

BASTEI LÜBBE TASCHENBUCH
Band 94009

1. Auflage: Oktober 2000

Die Reihe Buch & Medien
wird herausgegeben von
Béatrice Ottersbach

Bastei Lübbe Taschenbücher
ist ein Imprint der Verlagsgruppe Lübbe

Originalausgabe
© 2000 by Verlagsgruppe Lübbe GmbH & Co. KG,
Bergisch Gladbach
Lektorat: Nicola Bartels
Umschlaggestaltung: Dieter Ziegenfeuter, Dortmund
Satz: Kremerdruck, Lindlar
Druck und Verarbeitung: Clausen & Bosse, Leck
Printed in Germany
ISBN: 3-404-94009-1

Sie finden uns im Internet unter
http://www.luebbe.de

Der Preis dieses Bandes versteht sich einschließlich
der gesetzlichen Mehrwertsteuer.

Moving on

Autobiography in Five Short Chapters

I.
I walk down the street.
There is a deep hole in the sidewalk. I fall in.
I am lost ... I am helpless ... It isn't my fault.
It takes forever to find a way out.

II.
I walk down the same street.
There is a deep hole in the sidewalk.
I pretend I don't see it. I fall in again.
I can't believe I am in the same place again,
but it isn't my fault. It still takes a long time to get out.

III.
I walk down the same street.
There is a deep hole in the sidewalk.
I see it is there. I still fall in ... it's a habit.
My eyes are open ... I know where I am ... It is my fault.
I get out immediately.

IV.
I walk down the street.
There is a deep hole in the sidewalk. I walk around it.

V.
I walk down another street.

Portia Nelson

Inhaltsverzeichnis

Vorwort: Neues von den Pitschi-Inseln 9

Einleitung 13

**Was bedeutet Pitching, und woher stammt
der Begriff?** 21
Definitionen des Begriffs Pitching 21
Die Entstehung und Verwendung des Begriffs in der
Medienbranche 24

1 Das Angedeihen eines Pitches 31
Die unerläßliche Vorbereitung 31
Die Marktsituation 33
Die einzelnen Informationsmodule und ihre
Reihenfolge im Pitch 33
Die große Ausnahme: U.S.P. – der *Unique Selling
Point* 35
Die fünf Kardinalfragen für Ihr Projekt 43
   1. Worum geht es? 44
   2. Was werde ich sehen? 76
   3. Wie sieht die Zielgruppe aus? 83
   4. Warum machen Sie diesen Stoff? 98
   5. Budget und Finanzierung 103
Weitere Bestandteile eines erfolgreichen Pitches 106
Praktische Tips 119

2 Innere Klarheit 131
Persönliche Stärken und Schwächen erkennen 131

Kreative und Kritik 135
Streß und Streßbewältigung 156
Streßprävention durch Kompetenz 172

3 Kongruenz in der Kommunikation 179
Was hat Kommunikation damit zu tun? 180
Kongruenz und ihre verbalen und non-verbalen
Anteile 181
Welcher »Werkzeuge« bedient sich die
Kommunikation, um eine vertrauensvolle
Atmosphäre zu schaffen? 183
Pacing und die integeren Ziele 188
Die Repräsentationssysteme des Menschen 192
Die eigene Wahrnehmung schulen in bezug auf
den anderen 198
Die eigene Wahrnehmung schulen in bezug auf
sich selbst 204
Wortwörtliches 211

Nachwort 227

... und ein großes Danke! 229

Quellennachweise 231

Informationsquellen 235

Vorwort: Neues von den Pitschi-Inseln

Dies ist ein Pitch. Ich pitche das Buch von Sibylle Kurz, und das mache ich gerne. Nicht nur weil ich die Autorin kenne und schätze, sondern weil es kaum einen Ratgeber für die Medienbranche gibt, dem ich so viele Leser wünsche wie diesem. Ich tue das übrigens auch aus purem Eigeninteresse, denn ich werde gepitcht, fast täglich, nahezu überall. Autoren, Regisseure und Produzenten erzählen mir ihre Stoffe und Projekte, weil sie von der Filmstiftung Nordrhein-Westfalen gefördert werden wollen. Das ist ihr gutes Recht. Manchmal ist es jedoch kein Vergnügen. »Also da ist dieser, der mit der, aber eigentlich auch nicht, oder erst später, ist ja auch egal, denn eigentlich geht es um ...« Es kommt vor, daß ich auch nach längerer Zeit noch immer nicht verstanden habe, worum es bei dem einzigartigen Projekt denn nun eigentlich geht. Das kann an mir liegen, meistens liegt es aber an der Art des Erzählens, die wenig verführerisch ist. »Projekte zu verkaufen« heißt zu verführen, und das will gelernt sein.

Selbstverständlich gibt es Ausnahmen. Naturtalente, denen es gelingt, ihren Stoff mit Begeisterungsfähigkeit und Humor knapp und präzise vorzustellen oder wunderbar zu erzählen. Angesteckt von solchen Geschichten, würde man das Projekt am liebsten gleich finanzieren und kann es gar nicht erwarten, den Film endlich auf der Leinwand zu sehen.

Daß solche Augenblicke so selten sind, dafür habe ich eine einfache Erklärung: Es gibt in Deutschland viel zu wenige vom Schlag einer Sibylle Kurz, die die hohe Kunst des Pitching lehren. »Die Königin der Pitschi-Inseln« hat sich in Köln niedergelassen und den Medienstandort an Rhein und

Rhur enorm bereichert. Klar, daß wir sie gleich eingagiert haben. In der Schreibschule Köln beispielsweise, die seit Anfang des Jahres Teil der IFS, der Internationalen FilmSchule Köln ist, unterrichtet sie die zwölf jungen Autoren und Autorinnen, wie sie am Ende ihres Ausbildungsjahres ihre Projekte Produzenten und Redakteuren am besten pitchen.

Gibt es für »Pitchen« kein deutsches Wort? Die einzige deutschsprachige Alternative, die mir einfällt, ist die Bezeichnung »Präsentation«. Dabei denke ich jedoch unwillkürlich an Männer in Anzügen und strengen Krawatten, die mit Hilfe komplizierter Schautafeln und defekter Over-Head-Projektoren Konzepte präsentieren, die alle langweilen. Dem staubtrockenen Begriff »Präsentation« fehlt es an drei entscheidenden Eigenschaften, die jeder gute Pitch unbedingt haben muß: Begeisterung, Professionalität und die vollkommene Besessenheit vom eigenen Stoff. Diese Mischung spiegelt das Wort »Pitch« wider, eine brisante Mischung, die keinen Adressaten unberührt lassen kann.

Zu Recht hat sich der amerikanische Begriff »Pitch« in der deutschen Filmbranche durchgesetzt, denn neue Begriffe beschreiben auch neue Befindlichkeiten: Jogging ist mehr als Waldlauf, Inlineskaten ist etwas anderes als Rollschuhlaufen, Pitchen ist viel mehr als Präsentieren. In dem Siegeszug des Wortes innerhalb der Branche deutet sich auch ein Bewußtseinswandel der Autoren und Produzenten an. Mit dem Begriff »Pitch« verbindet sich die Absage an den einsamen Künstlerbegriff der Romantik, des Genies, das von der Gesellschaft nicht erkannt wird (oder erst nach seinem Tod), die Absage an ein Kunstideal, das auf die Entdeckung von außen wartet und eine Nichtentdeckung als Ritterschlag begreift.

Heute wollen die Autoren und Filmemacher ihr Publikum erreichen. Sie wollen entdeckt werden, und sie wollen Erfolg. Voraussetzung dafür ist es, eine Menge Leute vom eigenen Projekt zu überzeugen und dann das Publikum zu »pitchen«. »Pitch as Pitch can« trifft dieses neue Gefühl, das Filme wie *Knockin' on Heaven's Door* mit dem legänderen Til Schweiger-Pitch oder *Lola rennt* geboren hat, viel besser. »Pitch it!« ist der Anfeuerungsaufruf einer neuen leidenschaftlichen Generation von Filmschaffenden, die eine neue Lust am Erzählen vereint.

Diese jungen Kreativen sind für den Deutschen Film ein Hoffnungsschimmer. Die deutsche Medien- und Filmindustrie verfügt heute über Geld. Die Medienstandorte sind gut ausgebaut, und die ›Content‹-Produktion boomt. Kreativität und Professionalität sind die neuen Standortfaktoren. Gesucht wird die Geschichte, und die Einzigartigkeit der Geschichte muß vermittelt, gepitcht werden. Wie das geht, schreibt Sibylle Kurz in ihrem Buch für all jene, die nicht das Glück haben, sie persönlich als Trainerin zu erleben. Nebenwirkungen der Lektüre: Man lernt auch was fürs Leben, denn wer Geschichten gut erzählen kann, ist immer gern gesehen und gehört.

Pitch it! ist ein Sachbuch über zielgerichtetes Reden, ein Ratgeber für Mundfaule und eine Verkaufs- und Marketinghilfe für den USP des eigenen Projekts, den *Unique Selling Point*, die Einzigartigkeit der Geschichte.

Das war mein Pitch für dieses Buch. Angefangen zu lesen haben Sie ja schon. Ich hoffe, dieser Pitch verführt Sie zum Weiterlesen.

Dieter Kosslick
Geschäftsführer
Filmstiftung Nordrhein-Westfalen

Einleitung

Die ersten Fragen, die man sich stellt, wenn man ein Buch in die Hand nimmt, sind: »Was bringt es mir?« und »Was habe ich davon?« Genau die gleichen Fragen, bezogen auf die Kosten-Nutzen-Rechnung, stellt sich auch ein Entscheider, z.B. ein Redakteur oder Produzent, wenn Sie ihm Ihr neues Projekt vorstellen, es ihm pitchen.

Dieses Buch ist geschrieben, um das Leben in der Medienwelt ein wenig leichter, klarer und kommunikativer zu gestalten. Sie denken jetzt sicherlich, welche großen, wohlwollenden Worte werden hier gesprochen, aber das ist in der Tat mein Anliegen.

Beherrschen Sie die *Kunst des Pitchens*, die im Buch unter den drei Hauptkapiteln »Das Angedeihen eines Pitches«, »Innere Klarheit« und »Kongruenz in der Kommunikation« erläutert wird, kann aus dieser oftmals von beiden Seiten als eher unangenehm empfundenen Situation, ein konzentrierter und kreativer Moment entstehen, aus dem sich hoffentlich intensive langjährige Geschäftsbeziehungen entwickeln.

Stabile Geschäftsbeziehungen werden immer wichtiger, denn seit den 80er Jahren hat sich der Markt für Film- und Fernsehautoren dramatisch vergrößert. Neue technische Verwertungsformen, Video, Privatfernsehen und das Internet haben mehr Platz für mehr Filme geschaffen, mehr Arbeit für mehr Autoren. Andererseits nimmt der Wettbewerb unter den Produktionsfirmen zu, was zusammen mit einem horizontalen und vertikalen Konzentrationsprozeß zu der immer härteren Konkurrenz sowohl auf Anbieter- wie auf Einkäuferseite führt. Der Kampf um die begrenzt verfügbaren Leinwände übt zusätzlichen Druck auf alle Beteiligten aus.

Somit stellt sich die Frage, wie Sie als Anbieter von Filmstoffen am besten zum Ziel kommen? Und das Ziel heißt in Ihrem Falle: Kinoleinwand und Fernsehbildschirm! Der Weg dahin ist der erfolgreiche Pitch – die Kunst, seine Ideen und Stoffe professionell zu vermarkten.

Der Prozeß des Pitchens beginnt mit dem ersten Moment, in dem Sie als Autor die zündende Idee haben. Der nächste Schritt ist das schriftliche Festhalten der Idee als Exposé, Treatment und Drehbuch. Damit gilt es einen Produzenten zu finden, der, wenn Sie ihn überzeugt haben, genau wie Sie als Autor mit Herz und Seele dabei ist und an die Geschichte und ihren Erfolg glaubt, diese unbedingt produzieren möchte.

Es folgt also nach dem Autorenpitch der Produzentenpitch. Jetzt muß der Produzent Partner für das Projekt begeistern: weitere Finanziers finden, mögliche Coproduzenten kontaktieren, Fördermittel akquirieren und letztlich Vertriebspartner organisieren – falls diese nicht schon als Coproduzenten engagiert sind –, die den Film im Kino, auf Video, im Fernsehen und dem internationalen Markt auswerten. Für alle Beteiligten an diesem Prozeß steht selbstredend nicht nur der Wunsch, sondern auch die ökonomische Notwendigkeit im Vordergrund, mit jedem Film ein möglichst großes Publikum zu erreichen und einen kommerziellen Erfolg zu erzielen.

Es gilt für jeden Autoren und Produzenten, sein Können am Markt unter Beweis zu stellen und sein Unternehmen zu etablieren. Erfolgreiche Referenzen bedeuten Reputation und Imagegewinn und machen es potentiellen Partner leichter, sich für eine Zusammenarbeit mit Ihnen zu entscheiden.

Marktwirtschaftliche Kenntnisse und persönliches Durchsetzungsvermögen setze ich bei Produzenten voraus, erwarte diese in Zeiten zunehmender Konkurrenz allerdings genauso von Autoren und anderen künstlerisch tätigen Menschen.

Ich betone diesen Aspekt deshalb für Autoren hier so nachdrücklich, da nach wie vor viele Mitglieder der schreibenden Zunft glauben, daß wir noch zu Zeiten von Spitzwegs *Der arme Poet* leben, und schicksalsgläubig auf ihre Entdeckung warten. Aber dieses verklärte, romantische Idyll existiert nicht mehr. In den seltensten Fällen können Kreative auf selbstlose Unterstützung und Mäzenatentum hoffen, und ebensowenig müssen sie sich ohnmächtig ihrem Schicksal fügen.

Ich sehe kreativ Schaffende heutzutage wie einen Kleinunternehmer, wie jeden anderen Selbstständigen oder Freiberufler auch, nur daß sie eben in einem anderen Marktsegment der Wirtschaft tätig sind. Der Film ist schon lange kein Kulturgut mehr, von einigen sehr wenigen Ausnahmen abgesehen – Filme sind lukrative Wirtschaftsgüter.

Das heißt, um als »kreativ schaffender Unternehmer« einen erkennbaren Platz in der Medienlandschaft einzunehmen, bedarf es präziser Überlegungen und Vorbereitungen. Dazu gehört auch, sich professionelle und methodische Kommunikations- und Präsentationstechniken anzueignen, um ein Projekt so überzeugend zu pitchen, daß es auch wirklich das Licht der großen Leinwand oder des kleinen Bildschirms erblickt.

Dennoch wird die Bedeutung eines guten Pitches häufig noch unterschätzt, ein entsprechendes Training nicht für erforderlich gehalten. »Ich bin doch kein Staubsauger-Verkäufer« oder »meine Idee ist so stark, die verkauft sich von selbst«, tönen selbstbewußte Autoren. Sie vergessen dabei allerdings, daß ihr Gegenüber nicht nur ein Projekt einkaufen möchte, sondern auch den teamfähigen, überzeugenden Kreativen mit Weitblick, mit dem er bis zur Realisierung des Projekts zusammenarbeiten wird – und daß der Wind draußen kälter bläst als noch vor einigen Jahren.

Die *Kunst des Pitchens* kann man sich in speziellen Seminaren und Workshops aneignen, in denen professionelle Trainer Techniken vermitteln, einen Stoff und sich selbst so prägnant und mitreißend zu präsentieren, wie es in den USA alltäglich ist. Sie können dort erlernen und einüben, vom »Spitzweg im stillen Kämmerlein« umzuschalten auf »Spielberg, den Vermarkter«.

Wir stehen hier in Deutschland mit speziellen Pitching-Trainings leider noch am Anfang; die Notwendigkeit professioneller Präsentation speziell im Medienbereich wird aber immer deutlicher.

Aus diesen Gründen habe ich das vorliegende Buch geschrieben. Es ist ein Handbuch in einer Buchreihe, deren sehr begrüßenswertes Anliegen es ist, »Profis für Profis« schreiben zu lassen und praktisches Wissen aus dem Berufsalltag zu vermitteln.

Mit diesem Leitfaden läßt sich der gesamte Prozeß des Pitchens theoretisch erarbeiten. Theorie und Praxis aber sind bekanntlich zwei paar Schuh', deshalb empfehle ich Ihnen als Übungsfeld unbedingt den Besuch von Seminaren, die ich aufgrund ihrer Projekt- und Praxisbezogenheit als unumgänglich – gerade für Berufseinsteiger – erachte. Dann werden Sie und Ihre Projekte in der harten Realität des Filmbusiness realistische Chancen haben.

Sie können als Unterstützung Rhetorik-Seminare und anderweitige Trainings besuchen, das sind alles hilfreiche Zusatz-Qualifikationen, die Ihr Auftreten und Ihr Kommunikationsverhalten schulen. Wichtig dabei ist aber immer, daß Sie persönlich einen inneren Zusammenhang zu Ihrem Filmprojekt herstellen und diesen zu kommunizieren erlernen, denn eine sehr wichtige Technik des Pitchens ist das Fokussieren und Kondensieren Ihrer Geschichte auf den Punkt.

Spezielle Pitching-Trainings leisten diese Arbeit und übertragen diese Fertigkeiten direkt auf den Medienbereich. Sie liefern dramaturgische und inhaltliche Analysen Ihrer Projekte und helfen dadurch, die Essenz Ihres Themas zu definieren. Mit Hilfe von Präsentationstechniken und Kommunikationsübungen sowie der Arbeit mit der Videokamera, bei der Sie Ihre Präsenz und Wirkung überprüfen können, lernen Sie, sich mit dem Projekt und sich selbst so auseinanderzusetzen, daß Sie anschließend nicht nur kompetent, sondern auch mit der entsprechenden Begeisterung und Leidenschaft pitchen können.

Es gibt eine gängige Autorenregel, die besagt, daß man am

besten aus dem eigenen Leben und Erfahrungsschatz schreiben kann und soll. So ist es auch mit diesem Buch.

Ich selbst wurde über viele Jahre in der Position eines Entscheiders »gepitcht«. Ich war in einer großen deutschen Video-Vertriebsfirma zuständig für den Filmeinkauf und später auch für den Aufbau der Coproduktions-Abteilung. Autoren, Produzenten und internationale Weltvertriebsfirmen wollten ihre Projekte mit uns zusammen entwickeln, finanzieren und in Deutschland vertreiben. Ich bekam Projekte in den unterschiedlichsten Entwicklungsphasen am Konferenztisch, am Telefon, auf Festivals, Filmmärkten und Messen präsentiert.

1995 habe ich dann die »Seiten gewechselt«, arbeite seitdem als Kommunikationstrainerin und Coach in den Medien und gebe in Pitching-Workshops und Seminaren meine Erfahrungen als Entscheider an Lernwillige weiter. Dementsprechend fließen meine Erfahrungen aus den Jahren, in denen ich selbst regemäßig »gepitcht« wurde, genauso mit in dieses Buch ein, wie auch die Kommentare, die ich von Redakteuren, Produzenten, Finanziers – also Entscheidern im weitesten Sinne – auf den unzähligen Pitching-Veranstaltungen gehört habe.

Mein Buch ist eine Aufbereitung, Analyse und Zusammenfassung der vielen Kommentare und der am häufigsten gestellten Fragen von Entscheidern und mündet in einer Checkliste, die der Leser am Ende für sich erarbeitet haben wird und zukünftig als strukturelles Hilfsmittel bei der Vorbereitung auf einen Pitch verwenden kann.

Maßgeblich bei der Entscheidung für oder gegen eine Beteiligung an einem Projekt ist natürlich immer die herausragende Qualität des Stoffes und seine Chance, kommerziell erfolgreich zu sein. Deshalb gehe ich davon aus, daß Ihre Ideen oder Drehbücher gut und originell sind. Um aber in einer komplexen und stark institutionalisierten Medienlandschaft erfolgreich wirken zu können, ist es – gerade für Berufseinsteiger – unerläßlich, sich genügend Branchen- und Spezialwissen anzueignen.

Und das sind, gute schriftstellerische Fähigkeiten und dramaturgisches Wissen natürlich vorausgesetzt, neben der erforderlichen Branchenkenntnis eben auch die Kunst zu kommunizieren, Menschenkenntnis und Spürsinn zu entwickeln und Ihre genialen und originellen Ideen entsprechend phantasievoll zu pitchen. Denn die Idee ist gut, die man gerne versteht!

Und genau darum geht es in diesem Buch. Es gibt Ihnen die Informationen an die Hand, die helfen sollen, potentielle Partner von Ihrem Projekt und Ihrer Professionalität und Zuverlässigkeit zu überzeugen.

Das erste Hauptkapitel »Das Angedeihen des Pitches« gibt einen Überblick über die Komponenten, die in einem professionellen Pitch unbedingt enthalten sein müssen. Es sind Informationsmodule und Ingredienzen für einen erfolgreichen Pitch. Sie definieren das WAS Ihres Projekts. Für Autoren heißt das, sie müssen lernen, die Idee ihrer Geschichte zu erfassen und möglichst kurz und prägnant zu präsentieren. Für Produzenten, die nach Finanzierungs- und Vertriebspartnern Ausschau halten, bedeutet es, die herausragenden Qualitäten des Projektes und dessen Vermarktungsmöglichkeiten zu pitchen. Was allerdings nicht bedeutet, daß ein Autor sich darüber keine Gedanken machen müßte. Ganz im Gegenteil: Heute müssen Autoren diese Marktkenntnis ebenso verinnerlicht haben, um die richtigen Ansprechpartner für ihre Geschichten zu identifizieren und gezielt ansprechen zu können.

Im zweiten und dritten Hauptkapitel »Innere Klarheit« und »Kongruenz in der Kommunikation« geht es um das WIE Ihres Pitches.

So spreche ich im Kapitel »Innere Klarheit« die persönliche und psychologische Seite Ihrer Präsentation an. Nur wenn Sie sich darüber im klaren sind, was Sie mit Ihrem Projekt erreichen wollen, können Sie mit den entsprechenden Informationsmodulen professionell arbeiten. Dazu gehört neben der persönlichen Standortbestimmung die Kenntnis der eigenen Barrieren, die plötzlich und unerwartet in einer solchen streßbeladenen Situation auftreten können. Was bedeutet Kritik für Sie? Ist sie nur vernichtend und ungerecht – oder verarbeiten Sie sie auch konstruktiv? Diese persönlichen Faktoren zu erkennen, sie zu benennen und zu lernen, mit ihnen souverän umzugehen, ist ein großer Schritt zu mehr Authentizität und einem überzeugendem Auftreten.

Das dritte Kapitel »Kongruenz in der Kommunikation« soll Hilfestellungen anbieten, die Sie dabei unterstützen, die Geschichte, das Projektumfeld und die Produktionsinformationen so überzeugend zu kommunizieren, daß Ihrem Gegenüber nichts anderes übrig bleibt als zu sagen: »Ja! Ich bin dabei!«

An dieser Stelle kurz eine Anmerkung zum Begriff des Entscheiders, den ich schon mehrfach unerklärt verwendet habe: Der Ausdruck behagt mir selbst nicht sehr und birgt keinerlei Wortschönheit in sich, er bezeichnet aber mit einem Wort alle Personen, die für die Finanzierung und die kommerzielle Auswertung eines Filmprojektes ausschlaggebend sind. Das kann für den Autor der Produzent sein, aber auch ein Redakteur beim Sender; für den Produzenten wiederum ein Agent im Weltvertrieb, ein Gremienmitglied bei der Filmförderung oder ein Coproduzent. Damit ich nicht immer alle genanten Funktionen aufzählen muß, habe ich den Sammelbegriff des Entscheiders hierfür gewählt. Im internationalen Sprachgebrauch spricht man vom *Decision Maker*.

Manchen Menschen fällt bei diesem Wort vielleicht das Bild eines römischen Imperators bei Gladiatorenkämpfen ein, der mit der entsprechenden Daumenbewegung über Leben oder Tod Ihres Projekts entscheidet. Ein Entscheider erweckt zugegebenermaßen manchmal diesen Eindruck. Mir gefällt in diesem Zusammenhang der von William Goldman in seinem neuesten Buch *Wer hat hier gelogen?* (engl. *Which lie did I tell?*) verwandte Begriff der »Greenlight Guys« – kurz GG genannt – viel besser. Grün heißt, es ist gut so, weiter geht's – rot heißt, aus Fehlern lernen, verbessern und in die nächste Runde gehen. Und das kann ein sehr kreativer Prozeß sein.

Und, Entscheider sind Menschen! Wenn ich sage, daß es mir ein Anliegen ist, das Miteinander in dieser Branche zu erleichtern, vielleicht auch die menschlichen Ebenen durch ein gegenseitiges besseres Verstehen transparenter zu gestalten, betrifft das auch das Bild, daß wir jeweils vom anderen haben. Produzieren kann man nur im Team, Projekte entwickeln auch. Der Autor braucht den Produzenten als Entscheider, der Produzent braucht den Redakteur als Entscheider, der Redakteur seinen Programmchef ... der Redakteur arbeitet mit einem Autor, der sich für oder gegen Änderungen an seinem Buch entscheiden muß. Es ist ein Netzwerk von notwendigen und wünschenswerten Kooperationspartnern, die auf dem Weg zum fertigen Film bestmöglich zusammenarbeiten sollten. Arbeiten macht einfach mehr Spaß, wenn die »Chemie stimmt«.

Zum Schluß noch ein paar Sätze darüber, für wen dieses Buch geschrieben ist. Hauptsächlich für Autoren und Produzenten, aber ebenso für alle Filmschaffenden, die ein Projekt und ihre Person mit Sach- und Fachkompetenz überzeugend darstellen müssen. Es richtet sich an Berufseinsteiger und an Profis, die bereits ihre Pitching-Erfahrungen mehr oder minder erfolgreich gemacht haben und sich vielleicht noch den einen oder anderen Trick aneignen und erfolgreich einsetzen wollen.

Es hilft Ihnen allen, sich auf den alles entscheidenden Moment Ihres Pitches vorbereiten zu können, damit nicht nur Sie sich bei Ihrer Präsentation sicher und gut fühlen, sondern auch der Entscheider Spaß und Interesse an Ihrem Projekt und Ihrer Professionalität gewinnt.

Doch zuvor muß, wie vor vielen anderen Erfolgserlebnissen, noch etwas Arbeit erledigt werden. Karl Valentin hat seinerzeit gesagt: »Kunst ist wunderbar, aber sie macht viel Arbeit.« Pitching ist eine Disziplin, die trainiert sein will. In diesem Sinne: Viel Spaß beim Lesen, Üben und erfolgreichen Pitchen!

Was bedeutet Pitching, und woher stammt der Begriff?

Kreative Menschen in allen Bereichen haben schon immer ihre Projekte gepitcht, damit sie einem größeren Publikum zugänglich gemacht werden konnten. Und doch gab es bis vor kurzem in Europa noch keinen entsprechenden Terminus Technicus dafür. Das Wort »Pitching« ist erst in den letzten Jahren von den Amerikanern übernommen worden. Es wird lediglich in der Werbe- und Medienbranche benutzt. Leider gibt es keine passende deutsche Übersetzung für diesen Ausdruck, der in einem einzigen Wort die ganze Komplexität des Vorgangs einfach und klar beschreibt und zusammenfaßt. Pitchen bedeutet eben nicht nur einfach Präsentieren oder Verkaufen von kreativen Produkten, sondern all das, was während eines Gespräches über ein Projekt inhaltlich und menschlich überzeugend vermittelt wird. Pitching beinhaltet das Darstellen von Projektinformationen, der professionellen Kompetenz des Pitchenden sowie den gesamten psychologischen Komplex der Kommunikation.

Definitionen des Begriffs Pitching

Wie informiert man sich üblicherweise über die Bedeutungen von Fremdwörtern? Man schaut in ein Lexikon, ein Wörterbuch oder surft im Internet. Versuchen Sie das einmal mit dem Begriff Pitching!

Beginnen wir mit dem modernsten Medium, dem Internet.

Die meisten Einträge werden Sie in den Kategorien Baseball und Golf finden, also im Sport.

Den Pitcher beim Baseball bezeichnet man als den Werfer oder auch Spielmacher. Seine Aufgabe ist es, den Ball zu werfen und dafür zu sorgen, daß der gegnerische Angreifer nicht zum Zug kommt. Das heißt, er steuert das Spiel und gewinnt es dadurch, daß er den Erfolg der anderen Mannschaft vereitelt. Übertragen auf das Anbieten und Verkaufen von Filmprojekten macht diese Analogie bereits Sinn.

Zum Golfspielen: Der Pitcher ist in diesem Fall ein Instrument. Es ist ein Golfschläger, der einen extrem flachen Winkel zum Ball einnimmt und so die schwierigen Bälle aus dem *Green* und aus den *Sandpits* herausschlägt. Seine größte Kraft wird in die Reibung auf den Ball investiert. So bekommt der Ball beim Schlag einen *Backspin*, der ihn hochtreibt und beim Landen präzise im Ziel liegen läßt.

Im Gegensatz zu den anderen Schlägern, bei denen die Kraft sich durch den steileren Schlagwinkel mehr in die Weite, d.h. Entfernung wandelt und der Ball dadurch auch eher mal ins Aus gehen kann, fließt beim Pitchen die Kraft in die Zielgenauigkeit. Nach dem *Pitchen* muß der Golfer nur noch *putten*, und je besser der Pitch war, um so sicherer, einfacher und kürzer ist das Einlochen. Welchen Schlag würden Sie nun für Ihr Projekt verwenden?

Der Pitch als Marketing-Instrument hilft dem Pitcher erfolgreich, an das gesteckte Ziel heranzukommen: die Finanzierung eines Filmprojekts.

Golf ist gerade in Hollywood eine sehr beliebte Sportart. Man erzählt sich die Geschichte vom *Hollywood-Golfing*, die besagt, daß – geht man von einem durchschnittlichen Spieler aus, der 3,5 bis 4 Stunden und 85 bis 90 Schläge für die 18 Löcher braucht – lediglich 90mal eine Minute zur Konzentration auf den Abschlag benötigt wird und die restlichen 2 bis 2,5 Stunden für das *Walking & Talking* verwendet werden. Essenz: An 18 Löchern spielt man – am 19. unterschreibt man. Sagen Sie also nie nein, wenn Sie von einem potentiellen Entscheider zum Golfen eingeladen werden!

Ich habe diese sehr bildhaften Definitionen aus dem Sport gewählt, weil sie die gleichen Komponenten enthalten wie das Pitchen von Filmprojekten: Es gilt, Fähigkeiten der Konzentration, Flexibilität, Disziplin, Energie und Fokussierung zu entwickeln und mit Leidenschaft einzusetzen. Behalten Sie doch einfach dieses sportliche Bild bei Ihrem nächsten Pitch in Erinnerung!

Jetzt folgen die Definitionen für die Nicht-Sportler – in einem guten Wörterbuch findet man zum Begriff *Pitch* und *Pitchen* unter anderem folgende Übersetzungen:

- *if you change your pitch you might sell more* – mit einer anderen Verkaufstaktik könnten Sie vielleicht mehr verkaufen
- *to have perfect pitch* – das absolute Gehör haben
- *their speaking voices have similar pitch* – ihre Stimmlagen sind ähnlich
- *a comedian has to find the right pitch for each audience* – ein Komiker muß bei jedem Publikum erneut versuchen, den richtigen Ton zu treffen
- *he roused the mob to such a pitch, that ...* – er brachte die Massen so sehr auf, daß ...
- *the crowd has reached such a frenzied pitch, that ...* – die Menge hatte solch einen Grad rasender Erregung erreicht, daß ...
- *at its highest pitch* – auf dem Höhepunkt
- *a hitherto unknown pitch of excitement* – ein bisher unbekannter Grad an Erregung
- *you can't pitch one's aspiration too high* – man kann jemandes Hoffnung nicht hoch genug stecken

Schaut man sich zusammenfassend die Essenz dieser vielen Übersetzungen an, dann geht es auch hier darum, etwas punktgenau, fokussiert, präzise zu erledigen. Des weiteren um Höhepunkte, Gipfelstürmer, hohe Erwartungen, attackieren, erregen, übereinstimmen, in einen exakten Kontakt mit dem anderen treten. Genau das alles tun Sie, wenn Sie Ihr Projekt pitchen!

Die Entstehung und Verwendung des Begriffs in der Medienbranche

In den achtziger und vermehrt in den neunziger Jahren hat sich der Markt für Anbieter von Filmstoffen, sei es nun im fiktionalen oder nicht-fiktionalen Bereich, also dem großen Bereich des Dokumentarfilms, für Autoren und Produzenten stark erweitert. Zwar sind auch die Auswertungsketten intensiver monopolisiert worden, aber durch die größere Anzahl an Fernsehsendern entstand ein erhöhter Bedarf an Programmen. Gerade durch die privaten Sender hat sich der Bedarf an fiktionalen Stoffen im Unterhaltungsbereich enorm vergrößert. Analog dazu ist die Anzahl an kreativem Potential gewachsen – und hat damit den Markt zunehmend wettbewerbsbetonter werden lassen. Sie erinnern sich: Im Spiel müssen mehr Gegenspieler aus dem Feld geschlagen werden!

Betrachten wir zuerst einmal den Kino- und Videomarkt. Das Video, als ein relativ junges Medium, hat erst zu Beginn der achtziger Jahre das Licht der Welt – im kommerziellen Sinne – erblickt. Gut fünf Dutzend Videoanbieter trafen sich erstmals auf der Internationalen Funkausstellung 1981 in Berlin. In den folgenden Jahren wurde so gut wie alles, was seit den Gebrüdern Lumière vor 100 Jahren jemals auf Zelluloid erhältlich war, als Video veröffentlicht.

Der Markt teilte sich auf zwischen den unabhängigen Videoanbietern und den Majors, den deutschen Niederlassungen der großen amerikanischen Studios. Letztere mußten nur in die heimatlichen US-Schatztruhen greifen, den vorhandenen Filmbestand ihrer großen Kinoerfolge der letzten Jahrzehnte veröffentlichen und konnten sich damit sofort die Vormachtstellung auf dem deutschen Markt sichern. Die unabhängigen Filmverleiher und Videovertriebsfirmen akquirierten ihre Filme für die sogenannten »G-A-S-Territories«, Deutschland, Österreich und Schweiz, entsprechend von den unabhängigen Produktionsfirmen und Mini Majors in den Staaten und dem europäischen Ausland. Der Vertrieb deutschsprachiger Filme auf Video spielte zum damaligen Zeitpunkt eine noch viel geringere Rolle als heute.

Der Film-Stock der abgedrehten Produktionen war allerdings auch hier sehr schnell aufgebraucht und veröffentlicht, und genau zu diesem Zeitpunkt, Mitte der achtziger Jahre, setzte das Zeitalter des Pitching in Europa ein.

Bis dahin war es relativ einfach, sich einen fertigen Film anzuschauen und direkt zu entscheiden, welche Vertriebs- und Vermarktungschancen man einem Film auf dem nationalen Markt einräumt – um daraufhin zu entscheiden, wieviel Geld man in $P + A$ *(prints + advertisement)*, Minimum-Garantien und prozentuale Umsatzbeteiligungen stecken wollte und konnte.

Nun aber wurden den Kinoverleihern und Videovertriebsfirmen als potentiellen Partnern für Finanzierung und Vertrieb Filmprojekte von Autoren, Produzenten und *Sales Agents* gepitcht, mit Projekten, von denen es noch nichts zu sehen gab. Wie aber läßt sich ein potentieller Erfolg aus einer Synopsis, einem Exposé, ein paar beschriebenen Blättern ersehen oder erspüren?

Problematisch war und ist dieses Vorgehen noch immer, da es keine Erfolgsgarantien gibt. Worauf soll man sich verlassen können? Es gab und gibt auch heute noch alle Varianten: Gute Stoffe werden schlecht gepitcht – schlechte Stoffe werden gut gepitcht, was natürlich fatale Konsequenzen hat, wenn man es zu spät merkt. Aber es hat auch immer schon gute Stoffe gegeben, die gut gepitcht wurden: Das, selbstredend, machte und macht natürlich allen Beteiligten am meisten Spaß.

In diesem Moment kommt wieder die psychologische Komponente zum Zug: Ausschlaggebend ist neben einem guten, handwerklich einwandfreien und originellen Stoff, daß man lernt, eine Arbeitsatmosphäre zu schaffen, die für beide Seiten, Anbieter und Entscheider, professionell, effizient und menschlich angenehm ist. Man bedenke, daß man für die Entwicklung, die Produktion und den Vertrieb eines Filmes oftmals über viele Monate, wenn nicht Jahre zusammenarbeiten muß, und das kann nur funktionieren, wenn die menschliche Ebene stimmt und man konstruktiv miteinander kommuniziert.

Nicht, daß man bis zu diesem Zeitpunkt etwa nicht verkauft, kommuniziert und gepitcht hätte, es gab nur keinen Fachbegriff für den Vorgang. Es soll hier noch mal hervorgehoben werden: Pitchen ist, sich und sein Projekt so professionell wie möglich zu präsentieren, die Türen für sich zu öffnen, das Gegenüber zu gewinnen, um ein Projekt zu realisieren.

Für die neuen Projekte, die Mitte der achtziger Jahre auf den Markt geworfen wurden, gab es oft zuwenig Informationen. Lag neben den guten Drehbüchern auch noch ein aussagekräftiges Marketing-*Package* vor, also Vorschläge zu Besetzung, Regie, Kamera, anvisiertem Budget, Faktoren, die alle eine ganz wichtige Rolle für Marketing und Vertrieb spielen, ließ sich eine Entscheidung natürlich leichter treffen, als wenn nur Synopsen, Exposés oder Treatments vorlagen.

Sich für ein Projekt zur Finanzierung oder Coproduktion zu entscheiden wurde ein relativ riskantes Unterfangen. Im gleichen Zug wurden somit die Referenzen der Anbieter, ihre Erfahrungen und Filmographien immer wichtiger.

Und umgekehrt mußten die Vertriebsfirmen sich natürlich um diese Filmrechte konkurrierend bewerben – hier war ausschlaggebend für die Anbieter, wie stark die Vertriebsfirmen auf dem deutschen Markt positioniert waren und welche cleveren, innovativen Marketing-Strategien sie für die einzelnen Projekte entwickelten. Man pitchte sich mit seinen Qualitäten und Qualifikationen gegenseitig, um den bestmöglichen Vertrieb und Umsatz zu garantieren.

Produktions- und Vertriebsallianzen zwischen den meist amerikanischen Anbietern und den deutschen Vertriebsfirmen wurden geschlossen, und auch hier war häufig nicht nur die Stärke des Filmprojekts, sondern auch das menschliche Miteinander-Auskommen entscheidend. Sozialkontakte zu etablieren ist ein wichtiges Element beim Pitchen.

Die Sehgewohnheiten des deutschen Kino- und Video-Publikums waren stark amerikanisch orientiert, und so war es nur natürlich, daß ein hoher Produktions- und Vertriebsbedarf bestand, um diese Bedürfnisse zu befriedigen. Dies wird ganz deutlich, wenn man sich Statistiken aus den vergangenen Jahren anschaut. Ich füge diese hier ein, weil es für Autoren und Produzenten in einem so stark wirtschaftlich ausgerichteten Markt äußerst wichtig ist, Zahlen, Daten und Fakten zur Marktentwicklung unserer Branche zu kennen.

Der Marktanteil deutscher und europäischer Filme in Deutschland liegt seit Jahren im Schnitt immer unter 20 Prozent. Den Rest decken die amerikanischen Produktionen ab, die in Deutschland vertrieben werden. Bis auf die beiden »Komödienjahre« 1996 und 1997, als der deutsche Marktanteil bei 15,3 bzw. 16,7 Prozent lag, dominierten die amerikanischen Produktionen mit Marktanteilen von jeweils über 85 Prozent in deutschen Kinos.

Im Schnitt werden in den USA gut 1 000 Filme pro Jahr für die Kinoleinwand produziert – in Deutschland etwas über 100. Es war und ist auf Grund der nur begrenzt verfügbaren Kinoleinwände in Deutschland nicht möglich, alle deutschen Produktionen auch im Kino zu zeigen. Insgesamt kamen in den letzten Jahren zwischen 275 und 285 Spielfilme jährlich in die deutschen Kinos.

Deutsche Spielfilmerstaufführungen waren und sind nach wie vor sehr dürftig vertreten. Zwischen 1992 und 1997 wurden im Schnitt 63 Spielfilme in deutschen Kinos erstaufgeführt; 1998 dagegen nur noch 50 Filme – das war der niedrigste Wert seit 1990, als es lediglich 48 Filme gewesen waren. Diese 50 Filme im Jahr 1998 umfaßten 39 ausschließlich deutsche Produktionen und 11 deutsch-ausländische Coproduktionen.

Es ist wichtig, diese Zahlen zu kennen, da sie verdeutlichen, wie wenig Projekte von den Unmengen an Drehbüchern, die jedes Jahr in Deutschland geschrieben werden, auch realisiert und im Kino gezeigt werden. Dies soll Sie jetzt nicht entmutigen, es soll nur Ihren Realitätssinn für einen heißumkämpften Markt schärfen. Die Marktkenntnis ist für Sie, die Sie diesen Markt bedienen, extrem wichtig und will gut recherchiert sein.

Ganz anders sehen die Zahlen im Videosegment aus: Neben der Zweitauswertung von im Kino veröffentlichten Filmen auf Video gibt es noch die Videopremieren. Das sind Filme, die entweder direkt für den Videomarkt produziert wurden oder aber ihren Weg aus vielerlei anderen Gründen nicht ins Kino gefunden haben. Auch hierzu noch ein paar Zahlen: Im gleichen Zeitraum, den wir uns bei den Kino-Veröffentlichungen angeschaut haben, gab es immer weitaus mehr Videopremieren, die zusätzlich zu den oben genannten im Kino bereits aufgeführten Filmen veröffentlicht wurden. 1992 gab es 632 auf Video veröffentlichte Filme, davon waren 419 Videopremieren. Seitdem nimmt diese Zahl allerdings konstant ab: 1997 waren es nur noch 341 Videopremieren von insgesamt 676 Spielfilmneuerscheinungen auf Video und 1998 lediglich 334 Videopremieren von 644 Neuerscheinungen. Der Anteil der Videopremieren an den Neuveröffentlichungen ist somit von 66,3 Prozent im Jahr 1992 auf 51,9 Prozent im Jahr 1998 gesunken.

Jetzt könnten Sie sich als Autor sagen, dann schreibe ich doch für den Videomarkt und konzentriere mich auf Geschichten, die für Videopremieren geeignet sind. Leider muß ich Ihre Euphorie gleich bremsen. Videoanbieter sind heute keine allzu großen Fans mehr von Videopremieren, da der wirtschaftliche Ertrag in keinem Verhältnis zum Einsatz für Marketing und Werbung steht. Deshalb auch der konstante Rückgang der Zahlen. Große Spielfilme dagegen, die Top-Titel des Kinos, sind bereits stark beworben worden, und die Nachfrage der Videos entsteht fast von alleine.

Videopremieren sind so gesehen lediglich Füllprogramme, die ein Zusatzgeschäft bringen und die Auslastung der Handelsvertreter, welche die Filme in die Videotheken verkaufen, steigern. Sogenannte *Sleeper,* Filme, die ganz unerwartet plötzlich ein Riesenhit werden, gibt es bei den Videopremieren nicht. Entsprechend niedriger sind auch die Budgets, die für die Produktionen dieser Filme zur Verfügung stehen, und die Ware ist meist außereuropäischer Herkunft.

Generell sollten Mediadaten, die Sie über Publikumsstruktur, Besucherzahlen, Umsatzgrößen im Vertrieb, Werbeaufwendungen, Konzentrationsprozesse und vieles mehr in der Medienindustrie aufklären, zu Ihrer Standard-Lektüre werden. Im Anhang finden Sie Hinweise auf die entsprechende Literatur, die ich zu den jeweiligen Themen herangezogen habe, sowie Vorschläge zur weiteren Vertiefung. Die Literaturliste erhebt selbstverständlich nicht den Anspruch auf Vollständigkeit, sondern sollte als Denkanstoß verstanden werden. Hier ist Ihre persönliche Neugier und das professionelle Interesse an einer umfassenden Recherche gefordert, zumal das Internet uns täglich neue Möglichkeiten und Informationsquellen eröffnet.

Das Angedeihen eines Pitches

*Wenn Du nicht weißt, in welchen Hafen Du willst –
ist jeder Wind für Dich der falsche!*
Chinesische Weisheit

Die unerläßliche Vorbereitung

Es gibt Momente im Entwicklungsprozeß von Filmstoffen, in denen es wichtiger ist, seine Geschichte zu verkaufen, als sie zu erzählen! Pitching ist dieses Verkaufen einer Story, indem man sie mündlich vorträgt – eine Aufgabe, bei der auch brillante Autoren manchmal nicht besonders gut abschneiden. Dabei kommt es keineswegs nur auf den rhetorischen Schliff an, sondern auch und ganz besonders auf gute Kenntnisse des Umfeldes Ihres Gegenübers an.

Der gut vorbereitete Pitch spart allen Beteiligten Zeit, Geld und Energie. Es wird weniger Gesprächszeit für die Erzählung der Geschichte verwendet als für die anderen Dinge, die für einen Entscheider relevant sind. Wie soll das Projekt visualisiert und finanziert werden? Wie sieht das Zielpublikum aus? Und auch die am häufigsten gestellte Frage muß prägnant beantwortet werden: »Warum wollen Sie diesen Film machen?«

In diesem Abschnitt des Buches geht es um die inhaltlichen und sachlichen Fragen eines Pitching-Gespräches, die man sich stellen muß, bevor man ein Projekt präsentiert. Der inhaltliche Aspekt bezieht sich auf die Darstellung der Geschichte: Worum geht es, und wie erzählt man sie am besten? Sachliche Fragen stellen sich in bezug auf das Zielpublikum, das Visualisierungskonzept, die Finanzierung und einige andere Punkte. Diese Themen müssen unbedingt klar strukturiert und überlegt sein, bevor Sie Ihr Projekt präsentieren. Eine gute Vorbereitung auf die entsprechende Situation macht sich dadurch bezahlt, daß Sie sich selbst sicher fühlen und einen professionellen Eindruck hinterlassen.

Die nachfolgenden Kriterien entstammen nicht nur einem gesunden Menschenverstand und der täglichen Praxis, sondern sind zudem eine Zusammenfassung aller Fragen, die Entscheider normalerweise während eines Pitches an den Vortragenden stellen.

Dieser Grundstock an Informationen muß in jeden Pitch integriert sein. Da Sie für Ihr Projekt finanzielle und redaktionelle Unterstützung erwarten, haben Sie eine Bringschuld, Sie bringen dem Entscheider gegenüber eine Informations-Vorleistung. Je nachdem, wie professionell Sie diese transportieren, werden Sie mit Ihrem Projekt weiterkommen.

Ich möchte klarstellen, daß es beim Pitchen keine absoluten, starren und universell gültigen Regeln gibt, die, wenn sie nicht beachtet werden, unvermeidlich zum Versagen und niederschmetternden Absagen führen. Die Informationen in diesem Buch sind vielmehr gerade für Berufseinsteiger bedenkenswerte Richtlinien und sinnvolle Gedankenanstöße, die helfen, die Medienbranche mit ihren Anforderungen besser zu verstehen, und letztlich dazu dienen, daß Ihr Projekt finanziert und produziert wird. Pitching gehört zum Handwerk des Filmschaffenden. Es generiert Vertrauen in die eigene Kompetenz und Professionalität. Dies gelegentlich zu beweisen ist mehr als lohnenswert!

Die Marktsituation

Versetzen Sie sich sich einmal in die Situation eines Entscheiders: Welche Informationen und überzeugenden Elemente zu einem Projekt würden Sie benötigen, um positiv zu entscheiden und zu sagen: »Ja, wir machen das Projekt zusammen.«?
Eine weitere notwendige Überlegung ist, eine realistische Vorstellung davon zu haben, wie viele Projekte tagtäglich auf den Schreibtischen derjenigen landen, die aus Ideen Filme machen und über die entsprechenden finanziellen Mittel verfügen. Wie mir ein Redakteur bei RTL erzählte, sind es im Schnitt für ein *Movie-of-the-week*, also 52 wöchentliche Sendeplätzen pro Jahr, ca. 1 500 Drehbücher, die angeboten werden und gelesen werden wollen. Es kursieren Gerüchte, daß bei den amerikanischen Majors sogar um die 50 000 Scripts jährlich auf den Schreibtischen der Entscheider landen. Und das ist nur die Hälfte der Ideen und Bücher, die jährlich bei der *Writers Guild of America* registriert werden. Man muß sich deshalb darüber klar sein, wie groß die Konkurrenz und wie selektiv dieser Prozeß ist. Entsprechend muß man auch lernen, mit der Ablehnung von Projekten umzugehen bzw. sich mit Kritik konstruktiv auseinanderzusetzen. Hiermit werden wir uns aber erst im Kapitel »Innere Klarheit« befassen.

Die einzelnen Informationsmodule und ihre Reihenfolge im Pitch

Die Basis, um ein Projekt überhaupt erfolgreich zu pitchen, ist und bleibt immer eine starke, außergewöhnliche Idee und ein gutes Buch – ebenso wie fundierte dramaturgische Kenntnisse und ein sicherer professioneller Umgang mit den handwerklichen Techniken des Drehbuch-Schreibens. Ohne diese Basis mit einem Stoff an die Öffentlichkeit zu gehen ist entweder mutig oder naiv. Auch wenn ich in meinen Seminaren viel auf die Dramaturgie und die Inhalte der Stoffe eingehe, soll dieser Bereich im vorliegenden Buch nicht berücksichtigt werden. Der Schwerpunkt liegt vielmehr auf der Analyse, wie Autoren und Produzenten sich im Vorfeld eines Pitches auf das Gespräch vorbereiten, um mit den praxis-relevanten Fragen umgehen zu können. Das Resultat ist: Sie werden die Antworten auf alle Fragen kennen, bevor diese gestellt werden.

Eine ganz wichtige Vorbemerkung noch zur Handhabung des Buches: Die nachstehenden einzelnen Informationsmodule sind, bis auf das erste Modul, den *Unique Selling Point*, nicht nach ihrer Wichtigkeit sortiert und müssen dementsprechend auch nicht in der immer gleichen Reihenfolge in Ihre Präsentation eingebaut werden. Die Reihenfolge ist absolut variierbar und richtet sich ausschließlich nach dem jeweiligen Attraktivitätsgrad des Moduls.

Die Struktur und Reihenfolge eines Pitches ist dem Aufbau einer Nachricht sehr ähnlich. Nehmen wir als Beispiel die Boulevard-Presse: Die attraktivste Information wird in der Schlagzeile gebracht; danach folgt eine Unterzeile sowie ein meist 3-zeiliger Kurztext, der zusätzliche Informationen liefert, um dem Leser einen generellen Überblick zu verschaffen, worum es im nachstehenden Artikel gehen wird. Erst dann kommt der Artikel selbst, der wiederum den gleichen Regeln folgt: Die entscheidenden Informationen werden vorne, die weniger dringlichen hinten genannt. Genauso müssen Sie es auch in Ihrem Pitch machen!

Das hat wahrnehmungspsychologische Gründe, bei denen es um Intensität und Verweildauer von Aufmerksamkeit bei der menschlichen Rezeption geht. Die Werbung arbeitet schon lange mit diesen Hilfsmitteln, um ihre Produkte bestmöglich zu präsentieren und plazieren; das ist nichts Neues. Für Ihre Präsentationen sollten Sie sich dieses Wissen auf jeden Fall auch zunutze machen. Oder könnten Sie sich eine Ausgabe des *Playboy*-Magazin vorstellen, auf dessen Titelblatt das Impressum abgedruckt ist?

Eine Kunst beim Pitchen ist, die Aufmerksamkeit des Zuhörers so schnell und so lange wie möglich zu fesseln. Das gelingt am besten mit einer persönlichen, authentischen und enthusiastischen Art über ein Projekt zu sprechen. Aber auch die gewählte Reihenfolge der einzelnen Informationsmodule und ihr jeweiliger Attraktivitäts- und Aufmerksamkeitsgrad sind von Bedeutung.

Bereits innerhalb der ersten 90 Sekunden eines Gesprächs oder in unserem Fall einer Präsentation ist der Zuhörer mit seinen Gedanken schon zweimal entwischt. Meist zu ganz banalen, flüchtigen und alltäglichen Gedanken ohne Bedeutung. Der kurze Wegfall von Anspannung und Konzentration dient als Entlastungsfunktion für unser Gehirn.

Die große Ausnahme:
U.S.P. – der *Unique Selling Point*

Es gibt immer eines dieser Informationsmodule, das die größte Attraktivität in der Präsentation darstellt. Dies muß – und das ist die einzige Regel, die ich gebe – immer an den Anfang gesetzt werden: das Zugpferd.

Das kann zum Beispiel ein erstklassiger Regisseur sein, der eigentlich die nächsten fünf Jahre mit Aufträgen eingedeckt ist. Sie aber konnten ihn verpflichten, weil ihn das Drehbuch überzeugt hat. Dann ist genau diese Argumentation Ihr ausschlaggebendes Element, mit dem Sie beginnen. Man kann generell feststellen, daß die Regie als Pitch- und Verkaufselement in Deutschland noch viel zu stiefmütterlich behandelt und unterschätzt wird. Entsprechende »Klagen« von Entscheidern hört man immer wieder auf Pitching-Veranstaltungen.

Oder Sie haben die Option an einem literarischen Bestseller erwerben können und für die Hauptrolle den zur Zeit angesagtesten Schauspieler Hollywoods gewonnen.

Oder es ist Ihnen gelungen, eine Drehgenehmigung für einen ganz besonderen Ort zu bekommen, an dem es bisher unmöglich oder verboten war zu drehen.

Oder Sie haben Ihr Projekt fast durchfinanziert, und es fehlt nur noch ein geringer Betrag, um die Finanzierung zu schließen. Auch das kann für einen Finanzier ein überzeugendes Argument sein – vorausgesetzt die anderen Komponenten des Projektes stimmen –, um sich aus rein ökonomischen Gründen an einem aussichtsreichen Projekt zu beteiligen.

Jedes Projekt wird sein ganz individuelles Quentchen spezieller Attraktivität haben. Und genau das gilt es in Vorbereitung auf den Pitch Ihres Filmprojektes herauszuarbeiten.

Im Marketing wird das als der U.S.P., der *Unique Selling Point*, bezeichnet. Was unterscheidet Ihr Projekt von allen anderen, die auf dem Markt angeboten werden? Die Engländer verwenden einen simplen Satz, der perfekt zum Ausdruck bringt, worum es geht: *What's the difference that makes the difference?*

Denn das ist es, worum sich alles dreht: die Unverwechselbarkeit, die Originalität des Stoffes und/oder dessen Umsetzung. Stellen Sie diese unverkennbar hervorstechenden Merkmale unbedingt an den Anfang Ihrer Präsentation und pitchen Sie sie mit Begeisterung! So bekommt Ihr Projekt seine einzigartige Lebendigkeit.

Es gibt heute kaum ein Thema, das nicht schon filmisch in irgendeiner Art und Weise umgesetzt worden ist. Und trotzdem kommen immer wieder neue Filme auf den Markt. Beim Spielfilm ist es die Art und Weise, wie ein Grundthema des menschlichen Seins, ein psychologischer Grundkomplex, variiert wird. Entsprechend dramaturgisch und schmackhaft aufbereitet, gibt ein Film dem Publikum möglicherweise eine neue Sichtweise auf ein »altes« Thema, ein Problem und dessen Lösung. Vielleicht ist es ja gerade das, was das Entwickeln von »neuen Ideen« so spannend macht.

Auch im Dokumentarfilm ist das narrative Element wichtig. Es sei denn, man hat es mit rein beobachtenden Dokumentarfilmen zu tun. Insgesamt aber hat sich die formale Erzählweise bei Dokumentarfilm-Pitchen sehr der Erzählweise bei Spielfilmen angenähert. Rudy Buttignol, ein kanadischer

Redakteur von TV Ontario, hat dazu folgendes Resümee gezogen: »Seit den sechziger Jahren werden die Kameras leichter und leichter, große Profimaschinen mutieren zu winzigen und ebenso professionellen Heimkameras, sie sind so klein, daß sie bald in der Hosentasche verschwinden. Und da war plötzlich die gesamte Welt mit allen ihren Aspekten dokumentiert. Im Prinzip gibt es heute doch nichts Neues mehr. Was also läßt mich noch aufhorchen und neugierig werden, ein Projekt zu finanzieren, einen ›neuen‹ Film zu sehen? Das, was jetzt wichtiger ist denn je, ist die Erzählform, das narrative Element als treibende Kraft – sei es, daß es uns durch einen brillanten Plot oder außergewöhnliche Charaktere erzählt wird. Wenn ein Dokumentarfilm das nicht leistet, handelt es sich lediglich um Nachrichten.«

Setzen Sie Ihren U.S.P. gleich zu Anfang eines Pitches. Ich möchte hierzu das Beispiel eines Dokumentarfilm-Projekts nennen, das 1994 in Amsterdam auf dem DOCUMENTARY FORUM gepitcht wurde. Das DOCUMENTARY FORUM ist die größte öffentliche europäische Pitching-Veranstaltung für Dokumentarfilme und findet jedes Jahr Anfang Dezember statt. Anschließend werde ich dieses Beispiel anhand der ersten paar Sätze analysieren und eine sinnvolle Verbesserung vorschlagen.

Versetzen Sie sich in die Situation eines TV-Redakteurs für Dokumentarfilme, der im Laufe von drei langen Tage in einem riesengroßen Saal, einer alten umgebauten Kirche ohne Tageslicht sitzt, zusammen mit weiteren 400 Menschen, und sich 65 bis 70 Pitchings für Dokumentarfilme anhören muß. Im Viertelstundentakt ein neues Projekt.

Hier der Original-Pitch: »Das Projekt, das wir heute vorstellen möchten, beschäftigt sich mit der Geschichte des Kommunismus in Europa. Es ist eine Serie von 5 x 60 Minuten geplant, in der wir Zeitzeugen interviewen und Archivmaterial verwenden werden. Durch den Fall der Mauer sind wir nun in der einmaligen, spannenden Situation, Zugang zu Archiven zu haben, die bisher verschlossen und für uns nicht zugänglich waren. Auch haben wir Personen in ehemaligen Schlüsselpositionen gefunden, die sich jetzt bereit erklärt haben, für uns exklusiv als Zeitzeugen zur Verfügung zu stehen. [...]«

Nehmen Sie den ersten Satz – und stellen Sie sich vor, Sie sind der Entscheider! »Das Projekt, das wir heute vorstellen möchten, beschäftigt sich mit der Geschichte des Kommunismus in Europa.« Wie geht es Ihnen, wenn Sie diesen Satz hören? Wahrscheinlich stöhnen Sie innerlich auf und denken sich »O nein, nicht schon wieder ein Projekt über den Kommunismus in Europa. Es gibt doch bereits Hunderte davon, außerdem habe ich noch drei weitere Projekt-Vorschläge zu dem Thema auf meinem Schreibtisch liegen, die ich auch noch nicht gelesen habe.« Sie schalten ab und hören den folgenden entscheidenden Satz, in dem es um die Besonderheit des Projektes geht, gar nicht mehr. So ging es auch den seinerzeit anwesenden Redakteuren.

Hätte der Pitch mit dem weitaus attraktiveren Satz angefangen, sprich hätte der Produzent die Neuartigkeit, den besonderen Unterschied zu all den anderen schon vorhandenen Projekten zum Thema Kommunismus in Europa hervorgehoben, wäre die Aufmerksamkeit und Neugierde der Anwesenden auf den Pitch garantiert ungleich höher und gespannter gewesen!

Formulieren wir also den Pitch um und heben den *Unique Selling Point* hervor bzw. setzen ihn an den Anfang, könnte er so lauten: »Durch den Fall der Mauer sind wir in der einmaligen, spannenden Situation, Zugang zu Archiven zu besitzen, die für uns bisher verschlossen und nicht zugänglich waren. Auch haben wir Personen in ehemaligen Schlüsselpositionen gefunden, die sich jetzt bereit erklärt haben, für uns exklusiv als Zeitzeugen zur Verfügung zu stehen. Das Projekt, das wir heute vorstellen möchten, beschäftigt sich mit der Geschichte des Kommunismus in Europa. Das einmalige und bisher nicht gezeigte Material erlaubt es uns, eine neue Sichtweise über unsere kurz zurückliegende Geschichte zu erlangen. Es ist eine Serie von 5 x 60 Minuten geplant, in der wir diese Zeitzeugen interviewen und das brisante Archivmaterial verwenden werden. [...]«

Um die Hervorhebung genau dieser Besonderheit eines jeden Projekts geht es bei dem Informations-Modul des *Unique Selling Point*. Im Bereich des Dokumentarfilms können dies das besondere Thema, der Filmemacher, der Kameramann, ein bisher unzugänglicher Drehort, neue Erkenntnisse zu einem Thema oder neue Archivmaterialien sein.

Ich möchte an dieser Stelle noch ein Beispiel nennen, das ebenfalls auf dem FORUM in Amsterdam präsentiert wurde und seine Entscheider, respektive das entsprechende Zielpublikum, ebenfalls nicht erreicht hat und abgelehnt wurde: Es geht in dem Projekt um zwei Mediziner, die versuchen, einen Impfstoff zu entwickeln, der HIV-Infektionen verhindert und präventiv als Mittel im Kampf gegen Aids eingesetzt werden soll, wenn die Entwicklung denn gelingt. Die Präsentation fing sehr vielversprechend an, der Produzent stellte den anwesenden Autor des Projektes vor und hob dessen Fähigkeit hervor, Themen ausfindig zu machen und zu recherchieren, bevor andere Autoren auf die entsprechenden Themen stoßen. Dies konnte mit Referenzen und Verweisen auf bisherige Arbeiten sogar belegt werden. Dann wurde auf die enorme Aktualität und Relevanz dieses Themas hingewiesen und ein Präsentations-Trailer zum Projekt gezeigt. Dieser zeigte unter anderem von der Krankheit Betroffene und ihre Lebenssituationen sowie die beiden Mediziner, wie sie rege diskutieren und in ihrem Labor forschen. So weit so gut, aber dann kam der alles entscheidende Sprecher-Kommentar im Trailer, der die Präsentation ruinierte: »Das Problem für unsere beiden Forscher ist allerdings nach wie vor, daß, jedesmal wenn sie kurz vor einem positiven Resultat in ihrem Bemühen um einen wirksamen Impfstoff stehen, das Virus den neu entwickelten Wirkstoff abstößt und die beiden wieder um Jahre zurückwirft.« – Der leicht zynische Kommentar eines britischen BBC-Redakteurs war nur zu verständlich, als er den Pitch damit kommentierte, daß er nicht nachvollziehen könne, für wen es interessant sein solle, sich anzuschauen, wie zwei Forscher ihre Mißerfolge erzählen. Und es sei schließlich ein gravierender Unterschied, ob eine Dokumentation zu diesem Thema uns vermittelt, daß zwei Forscher ein Mittel gegen Aids erfinden, oder ob diese kurz vor dem erhofften Erfolg dann leider doch immer wieder scheitern.

Erforderlich bei der Hervorhebung des *Unique Selling Points* ist also auch, daß er hält, was er anfangs verspricht. Er muß die Zuhörer neugierig machen, so daß sie mehr zu dem Thema erfahren wollen, und ihre Aufmerksamkeit am Ende auch belohnen. In diesem Fall wurde ein *Loop* zu Beginn der Präsentation aufgemacht, ein thematisches Versprechen gegeben, das am Ende gebrochen wurde. Das hinterläßt beim Zuhörer Enttäuschung und Ärger.

Das gleiche Thema, also das bisherige Scheitern unserer heutigen Wissenschaft in bezug auf die Entwicklung eines HIV-Impfstoffes, hätte eine spannende und außergewöhnliche Präsentation werden können, wenn nicht die Forscher, sondern das Virus die Perspektive bestimmt hätte: Ein Film über die enorme Flexibilität der Viren, die sich immer wieder kurz vor ihrer Bekämpfung und ihrem Todesstoß so verändern, daß die Wissenschaft jedesmal erneut daran scheitern muß. Das Virus als »Protagonist« im Mittelpunkt und die Forscher als die von seiner Kraft und Zielstrebigkeit betroffenen Antagonisten wären für einen erfolgreichen Pitch die richtige Lösung gewesen.

Ein Pitch benötigt ebenso wie ein fertiger Film eine attraktive Identifikationsmöglichkeit für den Entscheider als Zuhörer, respektive für den späteren Zuschauer. Solche Identifikationsmöglichkeiten liegen zumeist in den generellen menschlichen Bedürfnissen, die hier nur unvollständig genannt sein können. So kann ich mich mit der Neugier des Kindes, die nicht nur in Forschern, sondern in uns allen schlummert, identifizieren, mit der Angst vor Einsamkeit, mit dem Wunsch nach Liebe und Anerkennung, mit dem Kampf gegen Naturgewalten und dem ums Überleben, oder auch dem Wunsch nach persönlicher Entwicklung. Faktoren, wie sie in der Spielfilmdramaturgie auf der klassischen »Reise des Helden« in Form von schier unüberwindlichen Hindernissen auf dem Weg und in der positiven Konsequenz als das lohnende und belohnende Ziel am Ende stehen. In dem eben genannten Beispiel geht es einerseits um Neugier und Entdeckerlust des Forschers, aber auch um den grundsätzlichen Themenkomplex von Macht und Ohnmacht in der Forschung und der Konsequenz von Leben und Tod. Auf dieser Ebene verkörpern in dem Dokumentarprojekt Forscher und Virus das klassische Paar von Protagonist und Antagonist.

Wie sieht es nun im Spielfilmbereich aus? Auch hier gilt es ein besonderes Element für die Präsentation hervorzuheben. Um dieses herauszuarbeiten, können Sie sich drei Fragen stellen, die direkt an das eben Gesagte anknüpfen: Ist der Held liebenswert? Ist das, wofür er kämpft, ein lohnenswertes Ziel? Kann ich mich mit ihm identifizieren bzw. welche charakterliche Eigenschaft und welches Ziel visiert er an, daß mich mit ihm eins werden und gemeinsam für das Ziel kämpfen läßt? Am Filmbeispiel von *Knockin' on heaven's door* lassen sich die gestellten Fragen gut nachvollziehen. Die beiden Jungs (gespielt von Til Schweiger und Jan Josef Liefers) kämpfen trotz der Krankheit und aller widrigen Umstände mit aller Kraft darum, noch einmal das Meer zu sehen. Danach sind sie und der Zuschauer, der mit ihnen leidet, erlöst.

Die Antworten auf die erwähnten drei Fragen und die Motivation durch den Charakter der Protagonisten stammen aus der gesamten Bandbreite menschlicher Emotionen, Werte und Zielsetzungen. Diese archaischen Grundgefühle samt ihrer emotionalen Effekte gilt es beim Pitchen herauszustellen und nachvollziehbar zu machen.

Wir haben uns an diesem Punkt der Tiefenpsychologie angenähert, ein Thema, das hier leider nicht weiter ausgeführt werden kann. Es ist aber empfehlenswert, sich speziell für diesen Teil einer Präsentation mit den verschiedenen Archetypen sowie mit Analysen von Märchen, Träumen und Mythologien auseinanderzusetzen. Einige Bücher von und über C.G. Jung oder auch Interpretationen und Zusammenfassungen durch andere Autoren sind schon mehr als ausreichend. Sehr empfehlenswert ist Joseph Campbells Buch *Der Heros in tausend Gestalten*.

Letztlich geht es bereits in dem frühen Stadium des Projektes darum, daß Sie mit Ihrer Idee den Entscheider so tief berühren, daß er zusammen mit Ihnen den Weg geht, bis Ihr Projekt auf der Leinwand oder dem Bildschirm zu sehen ist. Mit dem gleichen Identifikationspotential wird schließlich auch Ihr Endprodukt Film das Publikum erreichen. Archetypische Bilder wirken bekanntermaßen unabhängig von sozialen Kontexten. Insofern ist der Pitch an einen Entscheider ein effektiver Prüfstein für Ihr Projekt. Funktioniert er auf dieser frühen Entwicklungsstufe nicht, so können Sie relativ sicher sein, daß die Idee auf der späteren Ebene des großen Publikums auch kaum standhalten wird. Für einen Entscheider ist dies jedoch die vorrangige, wenn nicht sogar die alles entscheidende Frage – denn nur wenn ein großes Publikum angesprochen werden kann, rentiert sich seine Investition.

Sophie Horvath, eine Autorin und Teilnehmerin an einem Workshop, hat diesen Prozeß einmal so beschrieben: »Als Drehbuchautorin wünsche ich mir, Geschichten zu erzählen, die zugleich eine Wirklichkeitstreue und eine phantastische bzw. märchenhafte Dimension in sich tragen, so daß der Zuschauer denkt: ›Das ist es! Diese, jene Figur leuchtet mir ein!‹ – und doch eine Irritation verspürt, die womöglich auf ihn selbst zurückweist.«

Psychologische Wirkungskomponenten sind viel, aber nicht alles in den Medien und somit auch nur *ein* möglicher *Unique Selling Point* im Bereich des Spielfilm-Pitch.

Sie können ebenfalls durch alle noch im folgenden genannten Informationsmodule ersetzt werden, je nachdem, wie attraktiv diese Faktoren für die Vermarktung Ihres Filmes sind. Neben Besetzung und dem kreativen Team sind es auch besondere Fähigkeiten und/oder Neuartigkeiten von Kameraführung und Schnitt, die es hervorzuheben gilt. Auf den Punkt der *visuellen Umsetzung* komme ich später noch ausführlich zu sprechen. Die Beantwortung der Fragen dazu soll erklären, warum eine Idee als Film und nur als Film umgesetzt werden soll und nicht als Theaterstück, Buch oder Hörspiel.

Vielleicht fragen Sie sich jetzt, warum es, wenn ich immer wieder von Besonderheit, Neuartigkeit, Hervorhebung der Einzigartigkeit spreche, dann von einigen Action-Filmen so viele Sequels gibt, da sie ja alle nach dem gleichen Strickmuster funktionieren. Wo ist der *Unique Selling Point* bei Sequels wie *Rocky 1* bis *5*, *Rambo* oder *Terminator 1* und *2*, mit Teil 3 und 4 in Planung?

Ich habe eingangs gesagt, daß *jegliches Detail* eines Projektes der U.S.P. sein kann und bei den genannten Beispielen ist dies ganz profan, aber sehr essentiell und existentiell der finanzielle Erfolg des ersten bzw. vorangegangenen Teils. Ein weiteres Argument sind Besetzung und Idee, die phantastisch funktioniert haben – selbst wenn Sylvester Stallone parallel zur Oscar-Verleihung im März 2000 die »Goldene Himbeere« für den schlechtesten Schauspieler des Jahrhunderts verliehen bekommen hat. Seinerzeit haben die Hauptfiguren den Nerv der Zeit getroffen, das Publikum konnte und wollte sich mit ihnen identifizieren – und somit war der kommerzielle Erfolg für die Produktionsfirmen ein Grund, weiter zu produzieren.

Bei *Terminator* waren es damals die neuartigen Special Effects, die als U.S.P. und somit als Zugpferd bei der Entscheidung für eine Fortführung fungierten. Arbeiten Sie also für Ihren Pitch immer das für Sie und den Entscheider attraktivste Modul heraus, und stellen Sie es unbedingt an den Anfang.

Die fünf Kardinalfragen für Ihr Projekt

Alle nachfolgenden Informationsmodule sind gleichermaßen relevant und sollten in einer von Ihnen ausgewählten Reihenfolge in die gesamte Präsentation integriert sein und dargestellt werden. Das A und O ist natürlich Ihre Idee, Ihre Geschichte – nichtsdestotrotz: Pitching ist *selling the story and not only telling the story.*

Die folgenden fünf Hauptpunkte sind neben dem *Unique Selling Point* die Elemente, welche die Entscheider am meisten interessieren, nach denen sie ihre Entscheidungen ausrichten – und sollte einer dieser Punkte beim Pitch vergessen werden, so können Sie sicher sein, daß Ihr Gegenüber nachfragen wird. Die Kardinalfragen lauten:

Worum geht es?

Was werde ich sehen?

Für welches Publikum?

Warum machen Sie diesen Stoff?

Budget & Finanzierung.

1. Worum geht es?

Um eine Geschichte gut zu pitchen, müssen mehrere Elemente erläutert werden: die Story selbst, die Figuren, der Kontext, das immanente Gefühl und was es bewirken soll.

Darum geht es im ersten Teil dieses Abschnitts. Der zweite Teil handelt von der Art und Weise, wie man diese Inhalte sprachlich so optimal vermittelt, daß ein Entscheider auch wirklich gerne zuhört.

Der Stoff in unterschiedlichen Längen und Versionen

Stellen Sie sich Ihren Computer vor: Sie haben auf Ihrer Windows-Oberfläche Ordner, Dateien, Dokumente mit den unterschiedlichsten Inhalten. Ein Maus-Klick und der gewünschte Inhalt erscheint auf dem Bildschirm. Genauso sollte ein Pitch ablaufen. Die Ordner, Dateien und Dokumente für Ihre verschiedenen Projekte sind angelegt, vorbereitet und zum Abruf bereit. In jedem dieser Dokumente befindet sich für Ihren Pitch eine Inhaltsangabe Ihres Projektes in unterschiedlicher Länge und somit Dauer, die zwischen einem Satz und zwei Seiten variieren sollte.

Dabei sollte man sich darüber im klaren sein, wieviel Zeit man benötigt, um z.B. eine Seite vorzutragen – um dann in der Vorbereitung zu entscheiden, wieviel vom Inhalt der Geschichte Sie sinnvoll in eine Präsentation von zehn Minuten integrieren können. Wie gesagt: *It is not only telling, but mainly selling!*

Ein gutes Gefühl für *Timing* zu entwickeln ist für das Pitchen sehr wichtig. Der Unterschied, den wir zwischen subjektiv empfundener Zeit und objektiver, also realer Zeit wahrnehmen, ist oft sehr groß. So vergehen manchmal Stunden wie im Flug – wie der Volksmund schon sagt –, meist wenn wir uns besonders wohl fühlen, amüsieren, in anregende Gespräche vertieft sind. Umgekehrt aber, bei Langeweile, unangenehmen Aufgaben, in Streß- oder Angstsituationen, haben wir das Gefühl, die Zeit schreite unendlich zäh und langsam voran.

Ein praktischer Tip, um Ihr Zeitempfinden für den Pitch zu schulen: Nehmen Sie sich Ihre Projekt-Synopsis und lesen Sie sie im üblichen Sprechtempo laut vor. Beachten Sie dabei, daß Sie genügend Pausen setzen und nicht schneller als üblich sprechen, eher etwas langsamer. Stoppen Sie die Zeit. Im Normalfall braucht man für eine DIN-A4-Seite mit 50 Zeilen und 85 Anschlägen bei durchschnittlichem Vorlesetempo knapp vier Minuten.

Zurück zum Speichersystem in Ihrem Kopf. Bietet sich in unerwarteten Situationen die Chance, Ihr Projekt ad hoc zu pitchen, hilft ein gutes Zeitgefühl, um souverän zu reagieren. Das Gefühl für das richtige Timing erhöht Ihre Flexibilität und die Geschwindigkeit, mit der Sie auf die jeweils benötigte Datei in Ihrem Gehirn zugreifen, sofern sie dort auch schon abgespeichert ist! Zu wissen, Sie haben lediglich eine Minute oder drei Minuten Zeit bei dieser Begegnung, läßt Sie genau die richtige Version des Projekts »anklicken« und pitchen. Je nach Situation werden Sie in der Lage sein, eine Zeitspanne von 30 Sekunden gut auszunutzen oder aber drei Minuten mit Ihrer Geschichte spannend zu füllen.

Die unterschiedlichen Versionen einer Geschichte zu kennen hat viele praktische Gründe. Bei einem öffentlichen Pitch gibt es immer eine fixe Zeitvorgabe, meist zwischen 5 und 7 Minuten, innerhalb der der komplette Pitch abläuft und die nicht überschritten werden darf. Gerade Produzenten, die neben der Geschichte auch noch über Geld, Besetzung, Team und Vertriebsstrategien sprechen, brauchen ein gutes Zeitempfinden. Maximal die Hälfte der Zeit sollte darauf verwandt werden, die Synopsis selbst zu erzählen.

Mit Autoren geht man bei öffentlichen Präsentationen der Stoffe etwas milder um – sie können die gesamte Zeit, wobei auch hier 5 bis 7 Minuten als Standardvorgabe gelten, über die Geschichte sprechen. Ich höre schon das Stöhnen; Sie sagen jetzt bestimmt: »Oh, das ist doch viel zu kurz, meine Geschichte ist so komplex und kompliziert strukturiert, da genügen drei Minuten nicht!« Leider muß ich Sie enttäuschen, denn ein Entscheider verlangt von Ihnen, auch die komplizierteste oder komplexeste Struktur so zu vereinfachen, daß er sie begreifen kann und die *Storyline* versteht. Nebenplots sind in dieser Situation nicht gefragt. Der kurze Pitch dient ja lediglich dazu, sein Interesse so weit an Ihnen und dem Stoff zu wecken, daß es zu einem nächsten Gespräch kommt.

Auch in der Verwertungsphase des Projektes werden ständig Kurzfassungen der Geschichte benötigt. Kein Festivalkatalog, keine Fernsehzeitschrift hat übermäßig viel Platz für die Beschreibung eines Werks, das sich durch besondere Komplexität auszeichnet. Sogenannte *One-Liner* formulieren zu lernen ist für genau diese Situationen und Zwecke eine absolute Notwendigkeit.

Ein ganz anderes Szenario, bei dem Sie Ihre Geschichte in einem prägnanten Satz, der neugierig macht, formulieren müssen: Sie sind auf einem Festival, einer Filmmesse oder sitzen vielleicht einfach nur in einem Restaurant. Ein Bekannter stellt Ihnen ganz unerwartet genau den Entscheider vor, den Sie bisher noch nicht persönlich kennengelernt haben, aber von dem Sie wissen, er wäre der Richtige ... und jetzt haben Sie plötzlich die Chance, ihn von Ihrem Projekt zu überzeugen. Sie haben in dieser Situation höchstens eine Minute Zeit, denn gerade auf Festivals und Messen hetzen die meisten Anwesenden von Termin zu Termin. Jetzt können Sie schlecht sagen, daß Sie eigentlich zehn Minuten benötigen, um Ihre Geschichte darzulegen.

Bei solchen Chancen geht es vielmehr darum, sofort auf eine der oben erwähnten Dateien für einen Ein-Minuten-Pitch zum entsprechenden Projekt in Ihrem Gehirn zuzugreifen. Funktioniert dieser Zugriff reibungslos, professionell und mit Überzeugungskraft und können Sie Ihr Gegenüber mitreißen und begeistern, dann stehen die Chancen gut, daß er Ihnen einen Folgetermin anbietet. Und dann können Sie über das Projekt in aller Ausführlichkeit sprechen. Es gibt einen prägnanten Satz, den Sie verinnerlichen sollten: Der Zweck eines ersten Treffens mit einem Entscheider besteht darin, ein zweites Treffen zu initiieren.

Schreiben Sie Ihre Idee in Variationen und verschieden langen Synopsen auf, um jederzeit bei einem sogenannten *Cold Pitch* darauf zurückgreifen zu können. Entschuldigungen, daß man nicht vorbereitet sei, sind nicht zulässig und schlichtweg unprofessionell.

Ich sage ganz bewußt *aufschreiben*. Wir haben oft das Gefühl, daß wir ja *eigentlich wissen*, was und wie wir unsere Geschichte, an der wir gerade arbeiten, erzählen werden. Dies ist jedoch oft genug ein Trugschluß – da wir dieses Gefühl nur selten einer konkreten Überprüfung unterziehen …

Ich kann mich gut an erste Prüfungssituationen und Vorträge von Seminararbeiten an der Universität erinnern, auf die ich mich vorbereitet und beim Lesen der Bücher ein Gefühl von »Ich *verstehe* das, was da geschrieben steht« entwickelt hatte. Ehrlicher wäre es gewesen zu sagen »Ich *glaube*, ich *weiß* oder ich *fühle* das, was da geschrieben steht«. Als es dann aber um das konkrete Formulieren und Wiederholen eines bestimmten Inhaltes oder einer entwickelten These ging, wich das Gefühl des »subjektiven Verstehens« schnell einem sehr unangenehmen Gefühl des »objektiven Nicht-Wissens«. Glauben heißt eben leider nicht wissen …

Eine konkrete Überprüfung, ob etwas klar und deutlich formulierbar ist und welche Aussagekraft es besitzt, ist am besten möglich, wenn man es aufschreibt oder laut ausspricht. Pitchen hat gerade anfangs, wenn man es noch nicht so oft gemacht hat, Ähnlichkeit mit einer Prüfungssituation. Ich erlebe oft Autoren, die sagen: »Eigentlich weiß ich ja, worum es in meiner Geschichte geht, aber wenn ich es laut formulieren soll, kommen plötzlich so viele andere Möglichkeiten und neue Aspekte dazu.« Insofern ist das laute Aussprechen der Gedanken auch kreativitätsförderlich. In der Vorbereitung auf einen Pitch gilt es zu kontrollieren, wo im Vortrag der Geschichte noch eventuelle Schwachstellen liegen. Heinrich von Kleist hat zu diesem zuletzt aufgeführten Gedanken den überaus lesenwerten Aufsatz »Über die allmähliche Verfertigung der Gedanken beim Reden« verfaßt.

Ein weiterer Punkt, warum die Reduzierung des Inhalts Ihrer Geschichte essentiell ist: Bisher haben wir von der effektiven Nutzung der Zeit gesprochen, jetzt geht es um die effektive Nutzung der Aufmerksamkeit des Zuhörers.

Das chronologische Erzählen einer Geschichte führt in den meisten Fällen dazu, daß Ihr Gegenüber relativ schnell das Interesse verliert. Ein Beispiel: »Als Anabel dann nach Hause kam, machte sie sich sofort daran, den Kuchen für den morgigen Tag vorzubereiten. In Gedanken versunken über das, was ihr vorhin passiert war, stand sie in der Küche, um die Äpfel zu schälen und den Teig anzurühren, als es plötzlich an der Tür klingelte. Anabel erschrak.«

Was bei diesem kurzen Abschnitt auffällt, sind vorerst drei Fakten. Erstens läßt man dem Zuhörer zuviel Freiraum zum Spekulieren, also seine eigenen Gedanken und Interpretationen zu dieser Situation zuzulassen. Was ist Anabel wohl passiert? Worüber dachte sie nach? Die Aufmerksamkeit des Zuhörers konzentriert sich auf seine eigene Gedankenwelt, seinen »eigenen Film«, und die Gefahr ist groß, daß Sie ihn dabei verlieren, wenn er selbst versucht, die Nebenplots zu finden und die Zusammenhänge zu erklären.

Zweitens: Das wäre vielleicht noch nicht ganz so schlimm, denn es könnte ja noch gelingen, den Hauptplot nach diesem kleinen Schlenker wieder aufzugreifen und die Aufmerksamkeit wieder auf das Wesentliche zu lenken – wenn nicht plötzlich das Problem des Rückbezugs auftreten würde. Da wir wissen, daß unser Gegenüber bestimmte Fakten, die zu einer bestimmten Konsequenz in der Geschichte führen werden, noch nicht kennt, da diese noch nicht exponiert worden sind, meinen wir, diese noch schnell in einem Nebensatz erklären zu müssen. Nicht nur beim Zuhörer, sondern jetzt auch beim Erzähler, ist das Chaos perfekt, und orientierungslos versucht man, den Faden der Geschichte wiederzufinden.

Drittens: Mit der Verwendung von zeitlichen Konjunktionen verfällt man automatisch in eine chronologische Erzählform, die schlimmstenfalls in einem reihenden »und dann, und dann, und dann« gipfelt. Die Konjunktionen, die man im Pitch der Story vermeiden sollte, sind »als«, »dann« und »während«. Die Konzentration und die Lust zuzuhören läßt bei dieser Erzählform schnell nach.

Vielleicht können Sie bei einem Vier-Augen-Gespräch das Ruder noch herumreißen, wenn Sie den ermüdeten, genervten oder gelangweilten Blicks des Entscheiders wahrnehmen. Es wird Ihnen aber höchstwahrscheinlich nicht gelingen, ein größeres Auditorium bei einem öffentlichen Pitch aus der Kollektivtrance zu holen. Es sei denn, Sie sind ein brillanter Entertainer.

Hauptsache ist, daß die Hauptsache die Hauptsache bleibt!
Beim chronologischen Erzählen Ihrer Geschichte können Sie einfach nicht in der Kürze, die Ihnen bei Ihrem drei Minuten- oder Eine-Seite-Pitch zur Verfügung steht, die ganze Geschichte mit ihren dramatischen und dramaturgischen Vernetzungen vermitteln – schließlich wären das dann die ganzen 90 Minuten Ihres Films. Für einen Kurz-Pitch müssen Nebenplots wegfallen; nur der Hauptplot zählt.

Viele Autoren versuchen es dennoch immer wieder, und müssen sich dann anhören, daß sie doch bitte mal auf den Punkt der Geschichte kommen mögen.

Auch hierzu ein typisches Beispiel: »Als die rote Corvette von Johannes plötzlich um die Ecke bog (welche Corvette?, welcher Johannes?) – ach so, das ist wichtig zu wissen, das ist der Ex von Anabel, der spielt nachher noch eine wichtige Rolle, weil er nämlich Anabel, kurz bevor sie zur Tür gehen will, als es klingelt, anruft und ihr somit das Leben rettet, da draußen doch der Mörder steht ...«

Ich denke, es ist deutlich geworden, wo die Probleme des chronologischen Erzählens und der zeitlichen Rückbezüge liegen. Sie verwirren sich und den Zuhörer innerhalb kürzester Zeit, wenn Sie den roten Faden der Geschichte verlieren und sich in Details ergehen.

Zudem steigt die Tendenz, in unterschiedlichen Zeitformen zu sprechen, je mehr wir beim Erzählen der Geschichte vom Hauptplot abweichen und uns in den zeitlichen Verschachtelungen der Rückbezüge, Erläuterungen und Nebenplots verlieren. Synopsen jeglicher Länge, Exposés, Treatments werden immer im Präsens erzählt! Die direkte Gegenwartsform bezieht den Zuhörer in die Geschichte mit ein. Der Satz »... als es plötzlich an der Tür klingelte. Anabel erschrak« signalisiert unserem Unterbewußtsein, daß das Geschen bereits vorbei und somit nicht mehr relevant ist. Das Präsens hingegen erzwingt die Aufmerksamkeit und die sofortige emotionale Beteiligung: »Plötzlich klingelt es an der Tür. Anabel erschrickt.«

Pitchen Sie eine Geschichte immer im Präsens. Es hilft dem Zuhörer, sich die Welt, in der sich Ihre Geschichte abspielt, besser vorzustellen und direkt dort einzutauchen. Und das ist es letztlich, was perfektes Geschichtenerzählen ausmacht: Das Gegenüber in eine andere Welt zu »ver-führen«, so daß der Zuhörer das Gefühl hat, mit allen Sinnen darin aufzugehen und die Abenteuer der Personen mitzuerleben.

Wie funktioniert das bei Geschichten, die nicht in der Gegenwart spielen? Ganz einfach: Sie stellen die Zeit, in der die Handlung spielt, direkt an den Anfang, indem Sie eine Jahreszahl nennen. Der Zuhörer kann dadurch problemlos eine entsprechende Atmosphäre assoziieren.

Welche Bilder sehen Sie vor Ihrem inneren Auge, wenn Sie das folgende lesen:

Rom, 50 nach Christi Geburt. Soldaten ...
Rom, 1943. Soldaten ...
Rom, 2007. Soldaten ...

Nur dieses »kleine« Detail einer Jahreszahl läßt uns eine andere Atmosphäre wahrnehmen, andere Bilder sehen, erweckt andere Gefühle. Beim Pitchen werden diese Details gerne vergessen, da der Pitchende selbst sein Projekt genauestens vor Augen hat, er weiß schließlich, wann und wo es spielt. Der andere aber nicht!

Erzählt man eine Geschichte ohne diese zeitlichen Angaben, so siedelt der Zuhörer sie erst einmal ganz automatisch in der Zeit an, die ihm am nächsten ist. Das ist verständlicherweise die Gegenwart, und darauf beziehen sich auch die entsprechenden Bilder, die er kreiert:

Rom. Soldaten marschieren ... – wenn Sie dann Ihre Geschichte pitchen und erst zum Ende plötzlich einwerfen, »ach so, das Ganze spielt im Mittelalter«, müssen sämtlich Wahrnehmungen und Bilder, die Ihr Gegenüber in seinem Kopf erstellt hat, neu sortiert und konfiguriert werden. Und das beansprucht, wie bei einem Computer, unnötig Zeit und Kapazität. Deshalb seien Sie unbedingt präzise in den Beschreibungen des Kontextes, in dem sich Ihre Geschichte abspielt.

Die Verwendung eines spezifischen Ausdrucks verändert das sinnliche Umfeld der Wahrnehmung und die Stimmung des Zuhörers sofort: Was sagt uns: »H_2O« und was bewirkt: »Murmelnd, an manchen Steinen leise plätschernd, fließt der Bach ...«? Wasser ist also doch nicht gleich Wasser!

Wege zu einer guten Synopsis
Die beste Synopsis schreibt man selbstverständlich, nachdem das Drehbuch fertig ist. Künstlerisch und dramaturgisch gesehen, macht eine ein- bis zweiseitige Synopsis nicht sehr viel Sinn. Als Pitching- und Finanzierungsinstrument ist eine exzellente Synopsis absolut erforderlich. Sie muß den Entscheider fesseln und dient später gleichzeitig als hoffentlich positive Gedankenstütze zu Ihrem Projekt.

Es gibt zwei sehr effektive Übungen, die Sie für jedes Ihrer Projekte machen sollten, um zu klären, worum es in Ihrer Geschichte plot- und themenbezogen wirklich geht. Basierend auf dem Grundkonstrukt, sollte erst dann eine Synopsis geschrieben werden.

1. Übung:
Schreiben Sie eine sehr dissoziierte, lediglich beobachtende Wiedergabe, ohne die Beweggründe der Personen zu reflektieren oder die Situation emotional auszuschmücken.

Schreiben Sie pro Akt – im Präsens – lediglich einige wenige Sätze die ganz schlicht wiedergeben, was passiert. Dabei werden Sie merken, daß manche Geschichten mehr Information in der Exposition verlangen, um den Plot und seinen Kontext bzw. die Charaktere zu etablieren. Andere Geschichten wiederum müssen ausführlicher im 2. Akt erzählt werden. Die Auflösung im 3. Akt benötigt erfahrungsgemäß bei solchen abgespeckten Kurzversionen am wenigsten Platz, muß aber unbedingt formuliert werden.

Beginnen Sie in dieser Übung mit zwei bis drei Sätzen pro Akt. Sie werden schnell merken, welcher Akt mehr Ausführlichkeit benötigt, um die Handlung wiederzugeben. Danach erst fügen Sie die atmosphärischen Kontexte hinzu sowie die Motive der Hauptfigur und das, was diese auf ihrer »Reise des Helden« erlebt.

2. Übung:
Nun schreiben Sie Ihre Geschichte als Synopsis in unterschiedlichen Längen auf. Beginnen Sie mit einer Version auf zwei Seiten, und werden Sie dann immer kondensierter und kürzer: auf einer Seite, einer halben Seite, einer viertel Seite und zum Abschluß zusammengefaßt in einem Absatz und einem einzigen Satz, Ihrem *One-Liner*. Als Hilfsmittel dient die oben genannte erste Übung, sowie die *Sechs Journalistischen W*, auf die ich beim Themenbereich des *One-Liners* ausführlich eingehe.

Der unvermeidliche 3. Akt
Es ist immer erforderlich, auch den 3. Akt zu erzählen. Eine komplette Synopsis in einem Pitch muß verdeutlichen, ob Sie das Talent haben und das Handwerk beherrschen, einen starken Schluß zu schreiben.

Ich hebe diesen Punkt extra hervor, da unterschiedliche Meinungen darüber bestehen, ob man den 3. Akt beim Pitchen erzählen sollte oder nicht. Ich bin der Meinung, daß kein Entscheider die Katze im Sack kauft. Warum sollte sich jemand für eine Geschichte interessieren, wenn er nicht erfährt, wie sie ausgeht? Ein Drehbuch, das kein starkes Ende hat, muß erst gar nicht verfilmt werden. Deshalb müssen Sie es auch entsprechend präsentieren. Ich habe viele Präsentationen gelesen und gehört, bei denen am Ende der Synopsis die geheimnisvollen drei Pünktchen standen: »Und dann passierte das völlige Unerwartete ...« Konsequenterweise wird dann die Frage aufkommen, woraus denn das völlig Unerwartete besteht?

Ein Entscheider wird zu Recht verärgert sein, wenn ihm der Schluß vorenthalten wird. Sie müssen zumindest einen Vorschlag dafür anzubieten haben, sollte das Drehbuch noch nicht vollständig abgeschlossen sein. Es läßt sich dann immer noch diskutieren, ob der 3. Akt so stark genug ist – je nachdem, wie weit Sie in der Geschichte sind.

Leider passiert es immer wieder, daß Projekte in der eben erwähnten, vermeintlich spannungserzeugenden, »Auslassungspünktchen«-Form gepitcht werden. Diese Art, ein Projekt zu pitchen, wird sogar noch an der einen oder anderen Filmhochschule präferiert, obwohl dieser Ansatz die Realität des Produzierens und Finanzierens ausblendet; ein Pitch dient aber vordringlich dem Zweck der Finanzierung bzw. der Akquirierung eines Verleihs oder sonstigen Partners. Daher gilt es, alles zu erzählen; etwas zu verheimlichen nützt überhaupt nichts, es kommt früher oder später sowieso an den Tag und führt nur zu unnötigen Verwirrungen und Animositäten bei der gemeinsamen Arbeit. Es zeugt vielmehr von Professionalität, eventuellen Problemen auch im Gespräch mit einem Entscheider offen ins Auge zu blicken und gemeinsam nach Lösungen zu suchen.

Nur zur Vervollständigung: In dem Moment, in dem die Pressearbeit einsetzt, man im übertragenen Sinne sein Publikum pitcht, da wird selbstverständlich das Ende Ihrer Geschichte nicht erzählt. Hier müssen Sie *teasen* und das Publikum mit der Ahnung, der Hoffnung auf »das völlig Unerwartete ...« neugierig machen und ins Kino locken. Fazit: Ein Pitch ist kein Teaser und kein Trailer – er ist eine gut vorbereitete Information – spannend konzipiert und begeistert präsentiert!

Die beiden oben genannten Übungen, sind höchst effizient, auch wenn sie einige Arbeit machen – aber sie verdeutlichen auch sehr schnell, ob die Geschichte wirklich eine Geschichte ist und einen eindeutigen Schwerpunkt hat, der in einem Satz zusammengefaßt werden kann.

Ein Gefühl für die unterschiedlichen Längen, Variationen und Erzählperspektiven einer Geschichte bekommt man recht schnell, wenn man sich in den diversen Filmfachzeitschriften Inhaltsangaben und Filmbesprechungen unter den eben genannten Aspekten genauer anschaut und untereinander vergleicht.

In der Filmfachzeitschrift *Blickpunkt:Film* zum Beispiel ist dieser Vergleich über mehrere Ausgaben hinweg einfach nachzuvollziehen. Man findet von längeren »Previews«, über die knappe »5-Wochen-Kino-Vorschau« bis zu Kurznotizen von einem Satz die Synopsen zu aktuellen Kinofilmen.

Zusatzübung: Trainieren Sie Ihre Fähigkeit, unterschiedliche Erzählperspektiven zu wählen, indem Sie die beiden genannten Übungen mit »Fremdmaterial«, also Filmen, die Sie gesehen haben, durchführen. Vergleichen Sie Ihre Version mit den Synopsen aus Zeitschriften, oder lassen Sie sich die Filminhalte von einem Freund nacherzählen, so, wie er sie wahrgenommen hat. Man trainiert damit, aus unterschiedlichen Blickwinkeln zu erzählen sowie unterschiedliche Schwerpunkte beim Erzählen eines Films zu setzen.

Charaktere und Kontext

Was gehört noch in eine gute Synopsis? Erzählen Sie Geschichten von und über Subjekte, seien es nun Menschen oder Tiere, oder gesellschaftliche Konflikte, die ihre Charaktere lösen. Sie haben die Wahl, je nach Sujet Ihrer Idee, mit den Personen oder dem Thema anzufangen. Viele Projekte lassen sich einfacher pitchen, wenn zu Beginn die beteiligten Personen und ihre intrapersonellen bzw. interpersonellen Beziehungen und Konflikte eingeführt werden. Die Alternative ist, mit dem Umfeld der Figuren, dem *Setting* der Geschichte, anzufangen.

Ich habe als Beispiele die Kurzsynopsen zweier Liebesgeschichten gewählt. Das erste Beispiel ist eine Kurzzusammenfassung zum Kinostart von Joseph Vilsmaiers *Marlene* aus der *Blickpunkt:Film* »5-Wochen-Kino-Vorschau«. Sie beginnt mit den Personen und bettet diese in den Kontext ein.

»*Marlene*: Als sie nach dem Sturz bei einem Auftritt ins Krankenhaus kommt, erinnert sich Marlene Dietrich an den Beginn ihrer Karriere, als Josef von Sternberg sie zum Star von *Der blaue Engel* und zu seiner Geliebten macht. Kurz bevor sie den Schritt nach Hollywood wagt, lernt sie die Liebe ihres Lebens kennen, entscheidet sich aber für ihre Karriere.«

Das zweite Beispiel ist einer Pressemitteilung des ZDF entnommen. In diesem Fall werden zuerst das Umfeld und der zeitliche Kontext erklärt, in denen sich die Geschichte entwickeln wird.

»*Der englische Patient*: Schauplatz ist ein verfallenes Kloster in Italien. Es wird während der letzten Tage des Zweiten Weltkriegs zur Begegnungsstätte für eine Handvoll gestrandeter Menschen. Im Mittelpunkt stehen die Krankenschwester Hana und ihr »englischer Patient«, der schwer verletzte Flugzeugpilot Almásy. Wer dieser Mann ist und was er Dramatisches erlebt hat, enthüllt sich im Laufe eines schmerzhaften Erinnerungsprozesses.«

Welchen Weg Sie für Ihr Projekt wählen, hängt jeweils vom Schwerpunkt und dem inhaltlichen *Unique Selling Point* der Geschichte ab. Es gibt insofern keine richtige oder falsche Herangehensweise.

Des weiteren wird am letzten Beispiel noch einmal der Unterschied verdeutlicht, der bezüglich der Erzählung des 3. Aktes zwischen einem Pitch und einer Pressemitteilung liegt. Als Pitch wäre der Text aufgrund des letzten Satzes nicht geeignet, denn der Zuhörer muß genau das erklärt bekommen, was hier vage ist und offen bleibt. Wir erfahren nichts über die große Liebesgeschichte zwischen den beiden. Als Pressemitteilung hingegen muß der Text die Entwicklung offenlassen, um uns zu teasen.

Ich möchte allerdings folgendes zu bedenken geben: Wäre der Stoff in dieser Art der Kurzzusammenfassung gepitcht worden, so vollkommen trocken und leidenschaftslos und ohne weitere Informationen zur Besetzung, hätte er sicherlich niemanden überzeugt … und es wären nicht so viele Tränen geflossen.

Kurz & bündig: One-Liner, Pitch- bzw. Log-Line

Der One-Liner
Ein *One-Liner* ist, ähnlich einer sehr kurzen Inhaltsangabe, die Zusammenfassung der Geschichte in einem Satz. Es ist ein branchenspezifischer Begriff ebenso wie Pitch- oder Log-Line. Den One-Liner findet man in Verkaufsbroschüren von Weltvertriebsfirmen, in Festival-Katalogen und sonstigem Werbematerial, für die eine extrem kurze Zusammenfassung der Geschichte benötigt wird. Des weiteren verwendet man einen One-Liner für alle möglichen Anträge, sei es nun für Fördermittel, Festival-Teilnahmen oder, wie gesagt, als Mini-Inhaltsangabe Ihres Projekts, wenn Sie unverhofft auf einen Entscheider treffen, der von Ihnen wissen will, um was es – ganz kurz gesagt – in dem Projekt geht.

Die Sechs W
Die *Sechs Journalistischen W* sind eine gute Hilfestellung bei der Erstellung des One-Liners und auch der diversen Kurzversionen einer Synopsis. Es handelt sich dabei um die Fragen nach dem *Was, Wer, Wann, Wo, Warum* und *Wie*.

Ich möchte anhand eines Beispiels die einzelnen Punkte erläutern. Die meisten von Ihnen werden *Taxi Driver* von Martin Scorsese kennen. Folgenden One-Liner fand ich in einem Festival-Katalog: »Ein einzelgängerischer Taxifahrer im heutigen New York, von seinem Lebensmilieu fasziniert und abgestoßen zugleich, steigert sich in einen missionarischen Wahn, die Stadt in nächtlichen Kreuzzügen und mit tödlicher Selbstjustiz von der Flut von Schmutz und Gewalt zu befreien.«

Zugegeben ein langer Satz, aber er beinhaltet die Beantwortung aller sechs W-Fragen. Es ist alles abgedeckt, worum es grundsätzlich in dem Projekt geht:

- *Wer*: Hauptfiguren der Geschichte
- *Wo*: Ort der Handlung
- *Wann*: Zeit der Handlung
- *Was*: Hauptplot, was geschieht, was erlebt der Protagonist mit wem, was tut er?
- *Wie*: Wie erlebt er, tut er das *Was*?
- *Warum*: Motive und Motivation der Figuren.

Der One-Liner ist immer in der 3. Person verfaßt, stilistisch ist er eher distanziert und hört sich manchmal spröde an. Selbst die persönlichen Motive der Hauptfigur werden analytisch und deskriptiv formuliert. Sein einziger Zweck ist, kurz und knapp das Skelett der Geschichte zu skizzieren.

Die Pitch- oder Log-Line
Es sei kurz vorangestellt, daß es sich um zwei Namen der gleichen Sache handelt, die je nach Gewohnheit oder Vorliebe verwendet werden. Die Amerikaner tendieren eher zur Benutzung des Begriffs *Log-Line*, die Engländer mehr zu *Pitch-Line*. Das ist die einzige Unterscheidung. Ich werde im folgenden den Begriff Log-Line verwenden.

Wodurch unterscheidet sich die Log-Line vom eben genannten One-Liner? Der One-Liner soll lediglich informieren. Ganz anders die Log-Line: Sie soll das Publikum animieren,

57

ins Kino zu gehen. Sie spielt mit unseren Gefühlen, sie macht neugierig, attackiert das Publikum auf einer tieferen, eher unbewußten Ebene. Sie lockt, sie verführt.

Deshalb werden Log-Lines auch bei mündlichen Präsentationen nie verwendet, sie werden speziell für die Werbung eines Films kreiert. Beim Pitchen gibt es lediglich einen Verwendungszweck für die Log-Line: bei der Erstellung der schriftlichen Präsentationsunterlagen, dem Exposé, das Sie an potentielle Entscheider im Vorfeld eines Termins schicken. Auf einem Deckblatt einer Präsentationsmappe sowie auf dem Kinoplakat hat die Log-Line ihren Platz, nicht aber in einem persönlichen Gespräch.

Schauen Sie sich Kinoplakate einmal daraufhin an. Manchmal sind es nur Untertitel, die uns nähere Hinweise auf den Inhalt geben, manchmal sind es aber auch Log-Lines, welche die eben beschriebene Wirkung haben sollen. Mischformen aus beidem gibt es auch, diese sind aber eher selten.

Ein weiteres Kennzeichen der Log-Line ist, daß sie nicht den Inhalt der Geschichte wiedergibt, sondern das Thema und zudem die Emotionen beim Publikum aktiviert: Sie will einen emotionalen Effekt evozieren. Dabei geht es wieder um die tiefenpsychologisch wirksamen Komponenten, die archaischen Grundgefühle, das Spiel mit den Archetypen, die für jeden Zuschauer auf seiner individuellen Erfahrungs-Ebene und auf dem Hintergrund seiner persönlichen Geschichte nachvollziehbar sind.

Gern werden auch Metaphern und Allegorien verwendet oder Anspielungen auf bekannte Filme und deren Themen gemacht. Meist dreht es sich aber um das Erwecken der tiefsten Urängste, Wünsche und Hoffnungen, die wir selbst vielleicht nicht ausleben können oder manchmal auch nicht wollen und die der Held des Films für uns durchlebt. Die Log-Line spielt mit der Möglichkeit des Publikums, sich mit dem Filmhelden zu identifizieren. Ich möchte das anhand einiger Beispiele verdeutlichen. Ich analysiere sie nicht, sondern möchte nur, daß Sie beim Lesen der Beispiele prüfen, was die einzelnen Beispiele emotional bei Ihnen bewirken und inwiefern Sie die

Sogwirkung mancher dieser Beispiele nachvollziehen können. Diese Wirkung bei sich zu spüren hilft, selbst Log-Lines besser schreiben zu lernen. Es ist eine große Kunst, wirklich berührende Log-Lines zu entwickeln. Einige der Beispiele werden englische sein, da die besten Log-Lines von den Amerikanern und Engländern kreiert werden und ich sie Ihnen nicht vorenthalten möchte. Die berühmten drei Auslassungspünktchen dürfen hier übrigens gesetzt werden!

Bleiben wir beim Beispiel *Taxi Driver*: Die Log-Line des Films wurde wortwörtlich aus der amerikanischen Version übersetzt – Gutes sollte man beibehalten! – und für die deutsche Werbung verwendet.

Es gibt allerdings leider auch viele wortwörtliche Übersetzungen, die aufgrund der interkulturellen Unterschiede nicht funktionieren können. Das ist ein wichtiges Kriterium, das bei der Kreation von Log-Lines beachtet sein will.

Bei der Log-Line von *Taxi Driver* fällt zunächst auf, daß sie im Gegensatz zu anderen Log-Lines ungewöhnlich lang ist: »In jeder Straße ist ein Niemand, der davon träumt, Jemand zu sein. Er ist ein einsamer, vergessener Mann, der verzweifelt zu beweisen versucht, daß er lebt.« Man könnte ohne weiteres den zweiten Satz weglassen. Die sehr universelle Aussage des ersten Satzes hätte für eine Log-Line schon genügend Aussagekraft.

Roland Emmerich – *Godzilla*: Für die deutsche Kampagne und die amerikanische Kampagne wurde dieselbe Log-Line verwendet: »Size does matter …«

Steven Spielberg – *Jurassic Park 2. Vergessene Welten*: »Etwas hat überlebt!«

Renny Harlin – *Deep Blue Sea*: »Deine tiefe Angst taucht auf …«

Paul Verhoeven – *Starship Troopers*: »Bis heute regieren die Menschen die Welt. Bis heute …«

Clint Eastwood in *Dirty Harry*: »You don't have to assign him to murder cases – just turn him loose …«

Georg Lucas – *The Empire strikes back*: »Do or do not – there is no try.«

Friedemann Fromm – *Schlaraffenland:* »Wenn Du alles willst, geh da hin, wo es alles gibt.«

Das Spiel mit Zitaten und ihrer Verfremdung hat man bei dem Heinz-Becker-Film versucht – *Tach Herr Dokter*: »Er kam, sah und sägte«.

Auffällig ist, daß in der Werbung für deutsche Spielfilm-Produktionen leider eher selten mit Log-Lines gearbeitet wird.

Eine der wohl berühmtesten Log-Lines ist aus *Aliens*: »Out in space – no one hears you screaming«. Es wurde noch eine andere Log-Line für eine weitere Kampagne benutzt, die lautete: »Jaws in space«. Man bediente sich hier des Grusels aus *Jaws*, also dem weißen Hai.

Wunderbar gelungen sind die folgenden Beispiele, bei denen die Protagonisten im Vordergrund stehen – und es primär um die Erfahrung und menschliche Entwicklung der Figuren geht, die individuellen Werte sowie den Kampf für und um etwas Essentielles:

Joseph Vilsmaier – *Marlene*: »Willst Du berühmt werden … oder glücklich sein?«

Julia Roberts in *Erin Brockovich. Eine wahre Geschichte*: »Sie brachte eine kleine Stadt auf die Beine und zwang ein großes Unternehmen in die Knie.«

Emily Lloyd in David Lellands – *Wish you were here:* »Some people march to the beat of a different drummer. Lynda has got her own brass band …«

Mel Gibson in *Braveheart*: »Everybody has to die. But who has really lived?«

Mischformen, die als Log-Line gedacht sind, aber doch eine stärkere inhaltliche Ausrichtung besitzen sind zum Beispiel:

Agnieska Holland – *Washington Square*: »Um sich selber zu finden, mußte sie erst alles verlieren.«

Rob Reiner – *An deiner Seite*: »Gibt es die ewige Liebe?«

Kevin Costner in *Postman*: »Das Jahr 2013. Ein Krieg hat unsere Zivilisation zerstört. Unsere einzige Hoffnung ist ein Held wider Willen.«

Und da wir schon bei den Helden sind, darf eine sehr geschickte Variante zu *Gottes Werk & Teufels Beitrag* nach dem Roman von John Irving nicht fehlen: »Von einem der auszog, um der Held seines eigenen Lebens zu werden.«

Zusammenfassend kann man gut das Muster erkennen, nach dem Log-Lines erstellt werden: Sie haben Aufforderungscharakter, sich etwas vorzustellen. Sie wirken direkt auf der emotionalen Ebene, denn das, was wir uns vorstellen, dient entweder unserer eigenen Heldenreise oder erweckt bestimmte Ängste.

X Meets Y

Ich werde immer wieder gefragt, was ich von der angeblich so verbreiteten amerikanischen Variante der Log-Line halte: *X meets Y*, im Sinne von *Boy meets Girl*, aber übertragen auf Filmtitel. Gar nichts!!!! Sie sind überhaupt nicht aussagekräftig. Das einzige, was sie bewirken, ist zu verwirren und Bilder beim Zuhörer entstehen zu lassen, die nichts mit dem Projekt zu tun haben, was gerade gepitcht werden soll.

Vom Winde verweht meets La Strada. Oder was ich kürzlich gehört habe: *Pippi Langstrumpf meets Babe.* Was soll mir das sagen? Um gleich beim letzten Beispiel zu bleiben: Es ging um ein finnisches Projekt, einen Kinderfilm, in dem ein kleines Sami-Mädchen im zarten Alter von zwei Jahren von Polarfüchsen gerettet wird, nachdem ihre Eltern bei einem Autounfall ums Leben gekommen sind. Sie wächst mit den Füchsen in der Wildnis auf und entwickelt sich zu einem munteren kleinen Ding, das viel Spaß am Leben dort in der Tundra hat. Ähnlich wie Pippi Langstrumpf stellt sie die originellsten Sachen an, als sie wieder mit Menschen in Kontakt kommt. Außerdem kann sie mit Tieren sprechen.

Was der Produzent ausdrücken wollte mit *Pippi Langstrumpf meets Babe,* war folgendes: In dem Projekt soll die Hauptfigur ähnliche Charakterzüge wie *Pippi Langstrumpf* haben und in der technischen Umsetzung soll für die Polarfüchse die Animationstechnik mit Puppen wie bei *Ein Schweinchen namens*

Babe benutzt werden. Es bedurfte allerdings erst einer längeren Erklärung, um das zu erfassen.

Zieht man andere Filme als Vergleiche heran, muß explizit und eindeutig dargelegt werden, welche Komponenten des gewählten Films als Vergleich benutzt werden und warum. Das können unglaublich lange Kamerafahrten wie im Peter-Greenaway-Film *Der Koch, der Dieb, seine Frau und ihr Liebhaber* sein oder aber der schnelle Schnitt, die Dynamik wie in *Lola rennt*. Beschreibt man den Charakter eines von einer Idee Besessenen, kann man Klaus Kinski in *Fitzcarraldo* als Vergleich heranziehen.

Jeder Film hat unzählige Komponenten, die als Vergleiche herangezogen werden könnten, deshalb benennen Sie diese ganz exakt. Tun Sie das nicht, besteht die Gefahr, daß der Zuhörer sich eine ganz andere Komponente aus diesem Film vorstellt, und das ist viel zu riskant.

Das Thema und der emotionale Effekt

Bisher ging es um Geschichten und wie sie in Synopsen in unterschiedlich langen und kurzen Versionen erzählt werden können. Wenn Sie während eines Pitches Ihre Geschichte erzählen, gehört dazu selbstverständlich auch das grundsätzliche Thema, das in Ihrer Geschichte behandelt wird, also das, worum es zwischen den Zeilen geht. Dies hängt sehr stark mit den Ambitionen eines Autors zusammen; was möchte er der Welt mit diesem Projekt mitteilen? Man kann es vielleicht sogar als die »alles beherrschende Idee« bezeichnen, die einen Autor dazu drängt, diese Idee als Drehbuch und Film zu verwirklichen. Andere Künstler drücken dieses Bedürfnis auf anderen kreativen Ebenen aus. Sei es Tanz, Bildhauerei oder Gesang. Ihr Medium ist es, Drehbücher zu schreiben und Filme zu machen. Der emotionale Effekt charakterisiert die emotionale Wirkung des Themas in Ihrer Geschichte auf das anvisierte Publikum. Wie soll das Publikum sich fühlen, nachdem es den Film gesehen hat? Um es für sich selbst näher zu definieren, können Sie sich einfach folgende Szene vorstellen:

22.00 Uhr. Sie stehen vor dem Premieren-Kino einer Groß-
stadt. Im Hintergrund hören Sie noch den letzten Applaus
des Publikums. Auf der Außenreklametafel über dem Kino-
eingang steht in dicken Lettern der Titel Ihres Films. Die Be-
sucher verlassen das Kino ... Jetzt ist der Moment gekommen, in dem Sie das Publikum fragen können, was der Film,
den es eben gerade gesehen hat, ihm gegeben hat. Was möchten Sie, daß diese Menschen antworten? Wie sollen sie sich
fühlen? Was soll in ihnen vorgehen? Worüber sollen sie ge-
rührt, motiviert, wütend, erregt, nachdenklich sein? Stimmen
die Antworten mit dem überein, was Sie mit Ihrer Umsetzung
zum Thema erreichen wollten, ist es gut.

*Welche Grundkomplexe treffen auf mein Thema zu? Die Es-
senzen und ihr emotionaler Effekt*
Ich bleibe bei *Taxi Driver* als unserem Fallbeispiel, da ich davon ausgehe, daß die meisten Leser den Film kennen. *In jeder
Straße ist ein Niemand, der davon träumt, Jemand zu sein.* Es handelt sich um ein menschliches Bedürfnis, »jemand« zu sein,
wenn nicht gar »jemand Besonderes«. Die Wege, wie ich diese
Aufmerksamkeit errege und von der Umwelt wahrgenommen werde, sind ganz verschieden. Hauptsache man erkennt,
da ist ja jemand!
»Jemand zu sein, wahrgenommen zu werden« ist bei *Aliens*
ebenfalls das Grundthema, allerdings mit einer inhaltlich und
stilistisch vollkommen anderen Herangehensweise. Das
Grundgefühl findet sich bereits in der Log-Line: »Out in
space, no one hears you screaming«. Die Grundangst, die mit
dieser Log-Line geschürt werden soll, ist die Furcht vor der
Einsamkeit. Niemand nimmt einen wahr, man existiert im Va-
kuum, in der Leere, ohne Kontakte zur Außenwelt.
Viele Filme ähneln sich in ihrem Grundthema und unter-
scheiden sich lediglich durch stilistische, zeitliche oder geo-
graphische Elemente.
Hierzu ein Vergleich von vier Filmen, die auf den ersten
Blick vollkommen verschieden sind und doch auf einem
emotionalen Grundthema aufbauen: auf den Schwierigkei-

ten, die entstehen, wenn sich zwei Menschen aus unterschiedlichen sozialen Schichten ineinander verlieben und aufgrund ihrer unterschiedlichen Herkunft diverse Hürden zu überwinden haben.

Die Filme sind *Zimmer mit Aussicht, Titanic, Pretty Woman* und *Notting Hill*. Alle vier haben das Anliegen, das dem emotionalen Effekt entspricht, zu beweisen, daß die Liebe stärker ist als gesellschaftliche Konventionen.

Die Unterschiede sind auf den ersten Blick erst einmal zeitlich und geographisch bedingt: die Toskana im 19. Jahrhundert; mitten im Atlantik Anfang des 20. Jahrhunderts; Los Angeles in den achtziger Jahren und London heute. Zudem sind die stilistischen Unterschiede offenkundig.

Dem Film *Zimmer mit Aussicht* von James Ivory liegt die Idee zugrunde, daß eine junge Frau aus der gesellschaftlichen Oberschicht nicht ihr eigenes Leben lebt und erst durch die Liebe zu einem jungen Mann aus einer sozial niederen Schicht zu sich selbst und der Entfaltung ihrer wahren Persönlichkeit findet.

Verlagert man diese Handlungsidee nun auf ein großes Schiff, das untergeht, erhält man *Titanic* von James Cameron.

Bei *Pretty Woman* haben wir dann das Aschenputtel-Motiv: Der Prinz erlöst die Hure, und so wird auch sie durch die Kraft der Liebe aus den Fängen ihres alten Systems befreit.

Notting Hill spielt mit der Befreiung aus gesellschaftlichen Zwängen. Die modernen, scheinbar unvereinbaren Gegensatzpaare sind Liebe und Karriere sowie ein unterschiedliches Selbstverständnis der verschiedenen Berufsstände. Der Super-Star und der »kleine« Buchhändler. Die Konvention soll gebrochen werden, und die Liebe hilft dabei.

Bleiben wir noch etwas beim Lebensgefühl von heute: Dieser Bereich birgt viele menschliche Probleme in sich, die – in einem Film entsprechend aufgearbeitet – beim Publikum einen ganz spezifischen Aufmerksamkeitsgrad erreichen wollen, also einen spezifisch gewünschten emotionalen Effekt haben.

Der große Erfolg von Sam Mendes' *American Beauty* liegt

u.a. sicherlich darin, daß er den Nerv der Zeit getroffen hat. Ein authentischer Film über das Leben in Amerika. Er könnte aber genausogut in jeder anderen westlichen, übersättigten Industrienation spielen. Sam Mendes selbst faßt seinen Film in einem Interview so zusammen: »Es ist das Porträt einer Nation, das vor allem die Doppelmoral und die Verlogenheit im US-Alltag hervorhebt. Und es ist ein Film über 1999 und die Dinge, über die wir nachdenken. [...] Er räumt mit hoher Präzision mit dem *American Dream* auf.« (vgl. *Blickpunkt:Film* 52/99)

Eine noch kürzere Variante dessen, als Kommentar eines Kinobesuchers zu dem Film: »Seelenmüll hinter Hochglanzfassaden. Nichts ist, wie es scheint.«

In der gleichen Ausgabe des Fachblatts wird die Essenz so beschrieben, daß *American Beaty* ein Film ist, der uns ein komplexes Modell liefert, wie Gewalt in einer Mischung aus Identitätslosigkeit, Verunsicherung, sozialer Verelendung und Vereinsamung entstehen kann.

Die genannten unterschiedlichen Ansätze für die Definition einer Essenz und die Zusammenfassungen einer Geschichte sollen aufzeigen, wie Sie für Ihr Projekt ebenfalls mehrere unterschiedliche Ansätze finden können, die Ihnen bei einem Pitch zur Verfügung stehen sollten.

Praktischer Tip: Großmutters Zitatensammlungen und so manche Binsenweisheit sind ein großartiger Fundus. Sie können bei der Erstellung von Log-Lines dienlich sein, sollten dann aber unbedingt sprachlich »modernisiert« werden.

Ein Beispiel, das sich sowohl eines alten Sprichwortes als auch einer Binsenweisheit bedient und in ein weiteres modernes Lebensgefühl-Thema, die »Vielfalt der Möglichkeiten«, einfließt: »Die Qual der Wahl«, ein Sprichwort, das den Zuhörer fast immer in eine irgendwann einmal persönlich gelebte und somit nachvollziehbare Situation führt. »Du kannst Deinen Kuchen nicht essen und gleichzeitig behalten!« Jeder von uns hatte bestimmt schon mal Schwierigkeiten, sich zu entscheiden, wollte möglichst alles gleichzeitig, und stand damit vor einem großen Problem. Die Benutzung eines

Sprichworts in einem Pitch könnte zum Beispiel so aussehen: »In einer Zeit, in der alles möglich ist, fällt das Entscheiden schwer. Alles kann falsch, alles kann richtig sein. Zuviel von allem führt allerdings zu Orientierungslosigkeit und zum Verharren. Diese Qual der Wahl hat Simon, 27, als er …«. Jetzt kann eine Liebesgeschichte folgen, in der Simon sich zwischen zwei Frauen entscheiden muß, oder ein Plot, in dem es um eine verlockende neue Karriere in einem anderen Land geht, er aber dafür alles, was ihm in seiner Heimat lieb ist, aufgeben muß.

Weitere Beispiele für emotionale Effekte, Thema und Essenz
Bei *Taxi Driver*, so haben wir gesehen, geht es darum, »Jemand zu sein«, wahrgenommen zu werden, mit welchen Mitteln auch immer. Bei *American Beauty* dreht es sich unter anderem darum, nicht nur überhaupt jemand zu sein, sondern »man selbst zu sein«. Das gelingt durch den Ausstieg aus dem großen gesellschaftlichen Spiel. Und indem gegen alle Widerstände die eigenen Bedürfnisse wieder wahrgenommen und gelebt werden. Ein Thema, mit dem sich zur Zeit viele Menschen in unserer Gesellschaft auseinandersetzen.

Weitere Beispiele für die universellen, menschlichen Grundgefühle, die im Drehbuch und Film den gewünschten emotionalen Effekt auslösen sollen, sind, um nur einige zu nennen: Angst vor Vereinsamung, Wunsch nach Anerkennung, Suche nach der eigenen Identität, Getrenntsein von sich und anderen, Sehnsucht nach Liebe, Problematik der Liebe zwischen unterschiedlichen sozialen Schichten, Freiheit, Selbstfindung und Individuation, Veränderung, Distanz und Nähe, Macht und Ohnmacht, die ihre Verzweigung in Triumph und Erniedrigung finden. Die Dramatisierung eines Stoffes geschieht durch die Verwendung der jeweiligen Gegensatzpaare.

Es sind alles Komponenten des menschlichen Daseins, die, wenn sie durch den Leinwandhelden verkörpert werden und er sie stellvertretend für uns durchlebt, etwas in uns ansprechen, verändern, und über die Lösung im Film eventuell auch für uns gelöst und wir erlöst werden können. Zur Vertiefung des Themas: Dirk Blothner beschreibt in seinem Buch *Erlebniswelt Kino* diese und weitere psychologische Grundkomplexe mit ihren Wirkmechanismen auf die menschliche Psyche.

Der Titel des Films

Bei außergewöhnlichen Titeln ist eine beliebte Frage von Entscheidern, inwiefern der Titel des Film auf seinen Inhalt schließen läßt. Der Titel sollte das Thema und die Essenz eines Films komprimiert widerspiegeln ebenso wie ein Untertitel oder eine Log-Line, die zusätzlich zum Titel bei der Bewerbung eines Films diesen Sinn erfüllen. Sollte dies bei Ihrem Titel nicht der Fall sein, sollten Sie sich unbedingt eine Antwort zu der etwaigen Frage überlegen.

Der Titel ist ja bekanntlich das erste, was wir von einem Film wahrnehmen, und manchmal hängt die Entscheidung, sich einen Film anzusehen, von der Prägnanz und Originalität des Titels und seiner Wirkung auf uns ab. Bei *Das merkwürdige Verhalten geschlechtsreifer Großstädter zur Paarungszeit* war sicherlich der originelle Titel einer der ausschlaggebenden Faktoren, ihn sich anzusehen.

Fazit: Der Titel Ihres Projekts sollte sich im Pitch über den Inhalt der Geschichte schlüssig von selbst erklären, bzw. sich inhaltlich im Film wiederfinden.

Das Genre

Ist es sinnvoll, bevor Sie die Geschichte zu erzählen beginnen, das Genre Ihres Projektes zu benennen? Ich halte es für einen sinnvollen Schritt. Besonders wenn man noch nicht sehr geübt darin ist, die entsprechend kohärente, genrespezifische Sprache zu benutzen, hilft es, dem Zuhörer einen ersten Anhaltspunkt zu geben, in welche Stimmung er sich beim Zuhören versetzen soll. Die Ankündigung, ob es sich zum Beispiel um eine Komödie oder einen Thriller handelt, löst bei Ihrem Gegenüber sofort unterschiedliche Erwartungen aus. Je nach Genre differiert dementsprechend die innere Bildersprache, die in uns auftaucht. Wir spüren unterschiedliche Atmosphären, und im inneren Ohr können andere Musiken erklingen. Insofern ist es förderlich, diese von Ihnen intendierte Atmosphäre gleich zu Beginn zu etablieren. Sie müssen sich immer vorstellen, daß Ihr Gegenüber nichts von der Story weiß, in seinem Kopf liegt praktisch ein weißes Blatt Papier, das Sie mit Ihrem Pitch beschriften und bebildern müssen. Im Endeffekt geht es darum, daß er die gleichen Bilder sieht wie Sie.

Das Genre am Anfang zu nennen ist bei Pitching-Veranstaltungen in Europa allgemein akzeptiert. Noch. Besser ist es, wenn sich die atmosphärische Eigenart wie von selbst aus Ihrer Art und Weise zu erzählen ergibt und Ihre Präsentation durchdringt, so daß der Zuhörer sie fühlt und in die jeweilige Emotion direkt eingebunden wird. Je geübter Sie im Pitchen werden, desto seltener sollten Sie das Genre vorab angeben müssen.

In den USA gilt dieses Vorgehen schon lange als Fauxpas, wenn nicht gar als Todsünde.

Ich habe von einem Pitch der Filmstudenten an der Columbia University gehört, wo ein Teilnehmer damit startete: »Bei der Geschichte, die ich Ihnen vorstellen möchte, handelt es sich um eine Komödie ...« Schon nach dem ersten Satz wurde er von einem der anwesenden Entscheider unterbrochen und bekam erklärt: »Don't tell me that it is a comedy. Tell me one. Either I can decide, based on your pitch if it is funny. But never tell me that it is funny!«

Ich unterstütze diesen Ansatz hundertprozentig, denn ich möchte als Zuhörer begeistert, in andere Welten entführt werden und eben nicht aus einer leicht distanziert wirkenden, analytischen Haltung heraus erklärt bekommen, um was es sich handelt. Aber ich würde bei jedem Anfänger in Sachen Pitching beim ersten Mal die Augen zudrücken. Deshalb studieren Sie Ihre ersten Präsentationen anfangs ruhig so ein wie oben beschrieben. Als Profi sollte das aber nicht mehr notwendig sein.

Als theoretischen Grundstock sollten Sie sich unbedingt

mit Genredefinitionen und -kategorisierungen beschäftigt haben. Sie finden sie in Fachbüchern zum Thema Film, Theater, Literatur. Oliver Schütte hat in seiner *Kunst des Drehbuchlesens* eine sehr gute Auflistung der unterschiedlichen Genres geliefert und sie mit entsprechenden deutschen Filmbeispielen komplettiert. Mediadaten-Statistiken geben Aufschluß über den Beliebtheitsgrad der diversen Genres beim Publikum. Den jeweils aktuellen Trend von Themen und Genres sollte man kennen, um gezielt und schnell auf die Produktbedürfnisse von Entscheidern reagieren zu können und entsprechende Projekte anbieten zu können.

Große Gefühle pitchen
Im zweiten Teil zur Beantwortung der ersten Kardinalfrage (»Worum geht es?«) geht es um die Darstellung, wie man die erarbeiteten Inhalte emotional treffend pitcht. Das Stichwort heißt Leidenschaft, die durch eine kohärente Verwendung der Sprache entsteht. Bleiben wir direkt beim Genre und dem spezifischen Gefühl, das es vermitteln will. Es ist Ihre Aufgabe, durch eine adäquate Verwendung der Sprache, durch Lebendigkeit im Ausdruck, durch eine stimmige Gestik und Mimik das Gefühl einer Komödie, eines Horrorstreifens oder eines Melodrams in den Raum zu zaubern. Wenn Sie selbst von Ihrer Geschichte leidenschaftlich überzeugt sind, wird Ihnen das gelingen. Der Regisseur des Films *Tuvalu*, Veit Helmer, hat das sehr treffend in einem Interview zum Ausdruck gebracht: »Ich denke, jeder, der von seinem Stoff besessen ist, wird Leute finden, die er mit seiner Begeisterung ansteckt.«

Das ist es, worum es letztlich beim Pitchen und emotionalen Geschichtenerzählen geht, sei es nun ein Entscheider oder Ihr Publikum, das begeistert werden will.

Der Pitcher, seine Gefühle und sprachlich kohärente Formulierungen
Die deutsche Sprache bietet uns eine Vielfalt an Möglichkeiten, die wir zur unterstreichenden, emotional verstärkenden Beschreibung jeglicher Situationen benutzen können. Jedes

Projekt sollte im Pitch seine eigene kohärente Sprachform finden. Das gilt sowohl für die Beschreibung der Situation als auch für die damit verbundenen Gefühle.

Das bezieht sich sowohl auf das WAS als auch das WIE bei unseren Erzählungen. Ein temporeicher Actionfilm wird mit einem anderen sprachlichen Ausdruck – verbal und nonverbal – gepitcht als eine besinnliche Milieustudie oder ein Drama.

Ich hörte auf einem Workshop dem Pitch eines Projektes zu, verstand auch die Geschichte, die mir erzählt wurde, war aber weit davon entfernt, mitzufühlen. Der Autor vermittelte das WIE, also die Stimmung und das Gefühl, die in der Geschichte vorherrschen, weder verbal noch non-verbal. Vielmehr hintließ er bei seinen Zuhörern eine große Verwirrung.

Das Beispiel: Die Geschichte handelte von einem 12jährigen Jungen, der von zu Hause abhaut, weil das Leben für ihn unerträglich ist und er sich absolut einsam, unverstanden und verlassen in seiner Familie fühlt. Er versteckt sich im Park der Stadt, baut sich dort ein Baumhaus und freundet sich langsam mit dem Parkwächter und einem Imbißbuden-Besitzer an. Die beiden helfen ihm, wo sie nur können: verstecken ihn, als die Polizei auftaucht, um ihn zu suchen, versorgen ihn mit Essen, verstehen ihn und seine Probleme, muntern ihn auf, und schon bald sind die drei die besten Freunde. Endlich ist er nicht mehr allein auf dieser Welt. Als er eines Morgens aus seinem Baumhaus klettert, entdeckt er etwas Grausames. Seine Freunde liegen ermordet im Gebüsch. Er ist zutiefst schockiert.

Gepitcht wurde mir diese letzte Szene der Geschichte mit folgendem Wortlaut und einem unterdrückten, peinlichen Lacher: »Ja, und dann stellen Sie sich mal vor, da springt der Felix vom Baum und stolpert plötzlich über Andreas und Walter. Echt blöd, die beiden liegen da rum und sind einfach tot – mausetot.« – Eine hochdramatische Szene in der Geschichte, die für den Jungen der Alptraum schlechthin ist, denn für ihn scheint nun doch wieder alles verloren zu sein. Er ist erneut allein auf der Welt und weiß sich im Anblick seiner zwei einzigen, jetzt toten Freunde, nicht mehr zu helfen. Er ist vollkommen verzweifelt.

Wird so eine tragische Schlüsselszene mit einem unterdrückten Grinsen oder Lachen erzählt, verliert die Situation sofort ihre Dramatik. Die Anspannung und psychologische Tragweite, die dieses Ereignis für die Figur des Felix darstellt, werden eliminiert.

In meinen Seminaren kommt es öfter vor, daß Autoren, die ihre – manchmal vielleicht auch eigene Geschichte – pitchen, plötzlich mit ihrer persönlichen Betroffenheit von dieser Geschichte konfrontiert werden und Angst vor der aufwallenden Emotionalität bekommen.

Es ist ein häufig beobachtetes psychologisches Phänomen, daß Menschen, wenn sie tief bewegt sind, besonders im Fall von Trauer und Schmerz, einen Mechanismus des Selbstschutzes entwickeln. Das geschieht häufig über ein Grinsen oder Lachen, um nicht zu tief in die plötzlich ausgelösten schmerzhaften Gefühle und Erinnerungen eintauchen zu müssen. Eine andere Form, die persönliche Betroffenheit zu verdrängen und die Distanz zu solchen Gefühlen aufrechtzuerhalten, ist die Verwendung einer dissoziierten und kommentierenden Erzählweise auf der Metaebene der Geschichte. Gerade aber die Emotionalität und Begeisterung für den eigenen Stoff sollte in einem Pitch spürbar werden. Und da hilft es auch, die Angst vor den eigenen Gefühlen zuzulassen.

Die Filmsprache, ihre Atmosphäre und sprachlich kohärente Formulierungen im Pitch

Eine nicht der Geschichte und ihrer Atmosphäre entsprechende kohärente Tonalität verwirrt leicht, und man verliert nur zu schnell die Aufmerksamkeit seines Zuhörers. Nimmt man das umgekehrte Beispiel und erzählt eine heitere, schnelle oder temporeiche Szene mit monotoner, eher distanzierter Stimme und schleppender Modulation, kann der Zuhörer sich ebenso schwerlich auf die gewünschte Emotionalität einlassen und in die Situation eintauchen.

Es gibt eine einfache Übung, um zu lernen, den richtigen Ton zu treffen: Nehmen Sie sich Kurzgeschichten, Gedichte – vorzüglich sind auch Kindergeschichten geeignet, weil sie einfache und kurze Sätze zum Üben haben –, und lesen Sie diese Geschichten oder auch nur Sequenzen unterschiedlicher Gefühlssituationen laut vor. Versuchen Sie dabei, das jeweilige Gefühl durch eine entsprechend andere Intonierung, Lautstärke und Modulation auszudrücken. Geheimnisvolle Sequenzen werden etwas langsamer, leiser, tiefer moduliert und mit einem mysteriösen Timbre gesprochen. Das Satzende wird weniger intensiv betont. Bei fröhlichen Geschichten ist die Stimme heller, das Tempo leicht erhöht und das Satzende ausdrucksvoll betont.

Es ist sinnvoll, dies zuerst mit fremden Geschichten zu üben, da die nötige Distanz zur Geschichte das Üben erleichtert. Beim lauten Probe-Vorlesen der eigenen Geschichte besteht anfangs manchmal noch eine gewisse Befangenheit. Erst wenn Sie ein Gespür für alle möglichen Stimmungen entwickelt haben, gehen Sie an Ihr eigenes Projekt und üben daran. Finden Sie die Art zu erzählen, die den Gefühlen und Stimmungen Ihres Projektes gerecht werden. So erlangen Sie langsam aber sicher die Fähigkeit, Aufmerksamkeit erregend und fesselnd zu erzählen. Eltern haben es etwas einfacher, da sie in der Pflicht und Übung trainiert sind, Gute-Nacht-Geschichten vorzulesen ... Und es ist eine reine Trainings-Frage, auf Abruf spannend und fesselnd zu erzählen.

Eine weitere gute Möglichkeit, lebendiges, empathisches Erzählen zu erlernen, besteht darin, sich Hörspiele und Hörbücher anzuhören. Man lernt schnell, Unterschiede zu *erhören* – und indem man die Wirkung auf sich selbst reflektiert, kann man schließlich auch erspüren, wie nicht nur durch das WAS, sondern auch durch das WIE des Erzählens der Zuhörer in eine Geschichte eingebunden wird. Sie können zur Übung mit Hilfe von Hörbüchern auf Cassette oder CD ganze Sätze mit der jeweiligen Emotionalität nachsprechen.

Ebenso unumgänglich ist die richtige Wortwahl, um die filmische Atmosphäre und die Gefühle der Figuren in einem Pitch kohärent zu beschreiben. Jede Geschichte und ihre mit den Personen verbundenen Gefühle haben je nach Herkunft, sozialem Milieu und Alter der Personen, ihre spezifische Sprache, die Sie beim Pitch treffen müssen. Sprachliche Verfehlungen verwirren beim Zuhören.

Folgendes Beispiel ist eine Geschichte, die mir von einem Produzenten während einer Übung gepitcht wurde. Es geht um zwei verliebte Teenager, die eine erste romantische Liebesnacht miteinander verbringen möchten. Sie haben einen heimlichen Treffpunkt vereinbart. Wichtig ist in so einer Szene, daß die Heimlichkeit, die Sehnsucht, auch die Ängstlichkeit, erwischt zu werden, atmosphärisch so erzählt werden, daß wir als Zuhörer auch die Einstellung der Protagonisten zu Liebe und Sex nachvollziehen können, schließlich sind sie erst 14 und 15 Jahre alt! Man könnte von Liebe machen, miteinander schlafen, einer ersten gemeinsamen Nacht, dem zaghaften Verlangen oder anderen zarten Umschreibungen sprechen. Der Produzent verbalisierte die Szene in seinen Pitch mit folgendem emotionslosen Satz: »… und dann büchsen sie aus, mit der festen Absicht, Geschlechtsverkehr zu praktizieren, um endlich ihre sexuelle Neugier zu befriedigen.« Es fängt mit dem Wort »ausbüchsen« an. 8- bis 10jährige Trotzköpfe büchsen vielleicht aus, aber keine verliebten Teenager, die sich heimlich in ihrem Versteck treffen wollen. Auf den Rest des Satzes und seine eher akademische Verklausulierung und elaborierte klinische Wortwahl muß wohl nicht näher eingegangen werden …

Ähnlich absurd wäre es, in einer Bordell-Szene zwischen einer Prostituierten und ihrem Freier von »Liebe machen« zu sprechen.

Kohärenz bei der Auswahl von Figurennamen
Nicht nur die Wortwahl illustriert die Atmosphäre eines Films, sondern auch die Verwendung von Namen. Achten Sie bei der Wahl von Figurennamen auf den zeitlichen Kontext, in dem Ihre Geschichte spielt. Es kam schon vor, daß Ent-

scheider erstaunt gefragt haben, warum der Autor für eine Geschichte, die in der Gegenwart spielt, einen sehr altmodischen Namen gewählt hat. Können Sie ihre Entscheidung begründen und soll der Name vielleicht die traditionelle Einstellung der Eltern der Figur reflektieren, ist es vertretbar. Auf jeden Fall sollten Sie wissen, warum Ihre Figur einen bestimmten Namen trägt. Die eben gestellten Frage beantwortete der Autor mit der Begründung, daß er alte Namen so schön finde. Das ist unprofessionell. Jede Zeit hat Vornamen, die gerade in sind, und die sollte man kennen. So wie Eltern in den sechziger Jahren ihre Kinder gerne Sabine, Elke, Anette oder Stefan, Frank und Thomas nannten, lagen in den neunziger Jahre die Kevins, Florians, Tanjas und Julias im Trend. Auch hatten Brunhilde, Ragenhild, Gertrud, Hermann und Siegfried ihre Zeit.

Die Verwendung von Namen in Synopsen
Gibt es in einer Geschichte nur wenige für den Pitch relevante Figuren, muß man die Namen nennen. Figuren mit Namen erwachen zum Leben. Eine »sie mit ihm« oder »die Frau mit dem Mann« ist emotional leblos und nicht greifbar. Beim Pitchen müssen die Personen auferstehen, lebendig und spürbar werden.

Geht es um mehr als vier bis sechs Personen in einer komplexen Geschichte, ist es für den Zuhörer, der noch gar nichts über die Geschichte weiß, beim ersten Zuhören schon etwas schwieriger, diese auseinanderzuhalten.

Wenn die beiden Hauptpersonen Vera und Hannes Streit haben und Veras Mutter Anita den Streit schlichtet, genügt es zu sagen, daß Veras Mutter den Streit schlichtet. Hauptpersonen sollten mit Namen bezeichnet und die Nebenfiguren besser mit ihren Rollen benannt werden. Dem Zuhörer fällt es meist leichter, über die Beziehungsstränge zu erfassen, wie die Personen zueinander stehen.

Vorsicht auch bei Namen, die vielleicht witzig, schick oder exotisch sind, aber für den Zuhörer beim ersten Mal zu komplex sein können. Auch dort ist es sinnvoller, nur die Rolle des *Staatsanwalts* zu benennen und den *Heinrich Remagen-Linfielt* beim mündlichen Pitch zu streichen.

In einem schriftlichen Pitch, also einer Synopsis, die einer Präsentationsmappe beiliegt, sind die Rollen unbedingt mit Namen zu versehen. Namen geben uns sofort ein Gefühl für die Figuren und ihre entsprechenden Charaktereigenschaften.

Es gibt eine Regel beim Drehbuchschreiben, die auch beim schriftlichen Pitch gilt. Taucht eine neue Person im Drehbuch bzw. in unserem Fall in einer schriftlichen Synopsis das erste Mal auf, so wird sie z.B. fett oder in einer anderen Typo, die sich vom sonstigen Layout abhebt, gesetzt. Der Entscheider kann dadurch mit einem Blick auf die ein- oder zweiseitige Inhaltsangabe sofort erkennen, wie viele Hauptfiguren die Geschichte hat. Wird es eine kammerspielartige Inszenierung à la *Glasmenagerie* mit zwei Schauspielern oder eine Art Reigen wie *Das merkwürdige Verhalten geschlechtsreifer Großstädter zur Paarungszeit* mit Unmengen gleichberechtigter Hauptfiguren?

Die Anzahl der Schauspieler bestimmt maßgeblich das Budget *above-the-line*. Ein Entscheider wird schon in einem frühen Stadium im Hinterkopf rechnen. Das gleiche gilt übrigens für einen schnell hingeschriebenen, kreativen Satz: *Plötzlich verliert der Hubschrauber an Höhe und zerschellt am Kölner Dom.* Jedem Produzenten werden die Haare zu Berge stehen bei dem Gedanken an die Finanzierung solcher kostspieliger Extravaganzen.

Die Verwendung von Dialogen und ganzen Szenen in einem Pitch

Einem Exposé oder Treatment Dialog- und Szenenproben beizulegen ist eine sinnvolle Illustration des schriftstellerischen Talents. Bei einem mündlichen Pitch ist davon abzuraten, ganze Szenen vorzutragen. Das wird meist zu komplex und birgt die Gefahr, daß der Erzählende sich in der Schönheit oder Intensität der Szenen verliert und nicht mehr zur Storyline zurückfindet.

Geht es im weiteren Verlauf des Pitches um die Darstellung der visuelle Umsetzung, kann man ohne weiteres eine ganze Szene erzählen.

Integriert man kurze Dialoge geschickt in die Erzählung der Geschichte, können diese sehr zur Lebendigkeit und Charakterisierung der Figuren beitragen. Das ist besonders hilfreich bei Projekten, die von einem spezifischen Wortwitz leben.

Ich bin oft gefragt worden, ob es gut ist, eine komplette Szene mit Dialog aus dem Drehbuch vorzulesen. Wir haben es ausprobiert – und es war grauenhaft, gekünstelt und kam eher einer Lesung gleich. Ablesen ist grundsätzlich *die Kardinalsünde* schlechthin beim Pitchen.

Der »Stille-Post-Effekt«

Zum Schluß des Abschnitts zur ersten Kardinalfrage, »Worum geht es?«, noch ein guter Grund, kurz und bündig formulieren zu lernen: Die meisten Entscheider diskutieren die Projekte, die ihnen gepitcht worden sind, entweder mit anderen Personen innerhalb der Produktionsfirma oder präsentieren ihrerseits die Stoffe, die ihnen vorliegen, in der Programm-Konferenz. Jede vage Formulierung, jede Unklarheit, die Sie gepitcht haben, hat die Eigenschaft, sich zu verstärken, also noch vager, noch unklarer zu werden. Und oft ist das, was am Ende dabei herauskommt, etwas ganz anderes, als das, was ursprünglich intendiert war. Als Kinder konnten wir über dieses Phänomen beim Spiel »Stille Post« herzhaft lachen, beim Pitchen dagegen kann es fatale Konsequenzen haben.

2. Was werde ich sehen?

Das Visualisierungskonzept

»You must show how a rose smells«, zeigen, wie eine Rose duftet – das ist die Forderung, die Robert Flaherty, 1884-1951, der Vater des Dokumentarfilms, an seine Schüler gestellt hat.

Immer wieder werden von Entscheidern bei öffentlichen Pitching-Foren oder auch in persönlichen Gesprächen die Fragen gestellt: Und wie wollen Sie das in Bilder umsetzen? Was genau werde ich auf der Leinwand zu sehen bekommen? Wie sehen wir die Emotionen? Wie stellen Sie bildlich dar, was das Publikum berühren soll?

Noch direkter drückte es Simon Nasht, ein englischer Produzent, nach einer Präsentation aus: »We are in the *tele-vision* business, so pitch me your visions – it is a great idea, but not a film yet. I cannot see it!«

Warum also ist die eine oder andere Idee prädestiniert, in einem Film umgesetzt zu werden, und nicht in einem Buch, einem Hörspiel oder einer wissenschaftlichen Ausarbeitung über das Thema? Und wie genau begründen Sie diese Überzeugung? Welche Visualisierungskriterien sind zwingend?

Das Beispiel eines Schweizer Filmemachers aus einem Pitching-Workshop für Dokumentarfilmer verdeutlicht das. Das eigentliche Thema einer geplanten 45-minütigen Fernsehdokumentation war: »Die japanische Shinto-Religion und ihre Kami-Götter«. Der Untertitel zum Projekt hieß: »Diese Konfrontation mit den Göttern Japans provoziert Esoteriker und Rationalisten mit der simplen Frage: *Was ist Religion?*« Drei kleine Wörter, ein interessantes Thema, aber für einen Filmemacher in einem einzigen Leben vermutlich nicht zu bewältigen, wenn es nicht näher eingegrenzt wird. Würde ein realer Pitch mit einer derartigen Einleitung beginnen, was in der Übungs-Situation der Fall war, würden die Entscheider sicherlich erst einmal milde lächeln. Dann käme die Frage, ob das nicht vielleicht ein wenig zu komplex für einen *Slot* von 45 Minuten sei. Und die nächste Frage würde auf den relativ jungen Autor selbst abzielen: Wie er in seinem Alter die Beschäftigung mit einem so umfassenden Thema und dessen kompetente Bewältigung rechtfertigen kann.

Der darauffolgende Schritt bei einem so komplexen Thema ist mit Sicherheit die Frage nach der visuellen Umsetzung desselben. Welche inhaltlichen und visuellen Brücken werden geschlagen, damit der Zuschauer sich darauf einlassen und sich mit bestimmten Aspekten des Projekts identifizieren kann. Für den Pitch eines Dokumentarfilms gilt genau wie für ein Spielfilmprojekt die Frage: Kann ich das, was da passiert, nachvollziehen? Hat das Thema eine besondere Relevanz für mein Leben? Kann ich mich mit der Hauptperson identifizieren? Was verkörpert sie für mich?

Bei der folgenden Arbeitshypothese, die gepitcht wurde, war eine Annäherung an das Thema für die Zuhörer nicht möglich. Die verwendeten Begriffe »Christentum« und »Shinto« sind sehr abstrakt damit für den Zuhörer meist kaum greifbar; Begrifflichkeiten dieser Art rufen fast nie konkrete Bilder im Kopf des Zuhörers ab.

Die Arbeitshypothese lautete: »... Im Vergleich mit dem Christentum sollen die Ähnlichkeiten und Unterschiede zu Shinto herausgearbeitet werden.« Als erste Reaktion der Gruppe kam die Frage, warum das ein Film werden solle und keine Doktorarbeit.

Der Filmemacher erklärte uns weiter, daß die Ähnlichkeiten und Unterschiede der beiden Religionen, die er im Film zeigen wollte, mit Hilfe einer Gegenüberstellung verschiedener Rituale, unterschiedlicher Feste, Pilgerreisen und Priesterausbildung dokumentiert werden sollten. Das erklärte aber leider immer noch nicht das WIE. Wie erfährt man, was welches Ritual ist, woher wissen wir, welche Festivitäten welche Bedeutung haben?

Erst als er begann, über den Protagonisten, einen Schweizer Jesuiten, zu sprechen, der bereits seit 40 Jahren in Japan lebt und sich dort als Religionswissenschaftler intensiv mit Shintoismus beschäftigt, bekam man einen emotionalen Träger und somit auch die mögliche Form der Visualisierung angeboten. Es ging vom Abstrakten ins Konkrete. Von der theoretischen Ebene in die Beispielsebene. Das ist ganz wichtig für einen Pitch! Denn im Film können wir ja keine Theorie und auch kein abstraktes Konstrukt sehen. Es gibt schlichtweg keine Bilder für derartige theoretische Gebilde. Deshalb bot sich erst jetzt eine konkrete Bildebene an, mit der Möglichkeit, einen außergewöhnlichen Mann zu porträtieren, der dem Publikum als Vermittler zwischen Christentum und Shintoismus deren Unterschiede erklärt und sie zu den oben genannten Ritualen, Festen usw. führt.

Diese Umarbeitung half dem Filmemacher nicht nur im eigentlichen Pitch, sondern auch dabei, sich über die Struktur seines Projekts Klarheit zu verschaffen. Die dezidierte Frage danach, was genau ich in der ersten Minute sehen werde, was in der zehnten und der fünfundvierzigsten, zwingt uns, unsere inneren Bilder zu strukturieren und dem Gegenüber entsprechend zu präsentieren.

Es genügt nicht zu sagen: »Der Film soll sich durch emotionale Nähe zu den Protagonisten und deren Offenheit auszeichnen. Die religionswissenschaftlichen Erklärungen und die Quervergleiche zum Christentum machen den Film einzigartig.« Die Frage, wie genau man denn die emotionale Nähe sehen kann, wie Sie die Offenheit zeigen werden, ist nur über die Beispielsebene zu beantworten.

Ich analysiere diesen Pitch im Einverständnis mit dem Filmemacher weiter. Woher nimmt ein relativ junger Produzent, Mitte Dreißig, die Selbstverständlichkeit und die Sicherheit, sich mit so einem komplexen Thema zu befassen? Übrigens eine beliebte Frage bei öffentlichen Präsentationen. Was der Filmemacher in seinem Übungs-Pitch bis dahin verschwiegen hatte, war sein persönlicher *Unique Selling Point*, seine Referenzen: Er hat Japanologie und Sinologie studiert und selbst einige Zeit in Taiwan und Japan gelebt. Aus dieser Zeit kennt er den Jesuitenpater und hat dessen exklusives und schriftliches Einverständnis, für das Projekt zur Verfügung zu stehen. Seine Filmographie beinhaltet einige kürzere Filmberichte sowie einen langen Dokumentarfilm aller Beiträge, die er in Japan zu ähnlich komplexen Wissenschaftsthemen gedreht hat.

Das heißt, dieser Filmemacher hat sowohl Erfahrungen im Themenkomplex und in der Kultur und hat bewiesen, daß er in einem fremden Kulturkreis mit ganz anderen Rahmenbedingungen Filme drehen kann. Das sind ganz oft für einen

Entscheider die ausschlaggebenden Argumente. Man weiß, man gibt sein Geld jemandem, der auch damit umgehen kann. In diesem Fall wäre das sein *Unique Selling Point*, den er in der Präsentation nach vorne hätte stellen müssen. Zusätzlich hätte ich ihm empfohlen, zur Unterstreichung seiner Referenzen gleich zu Beginn der Präsentation ein *Show Reel* mit Ausschnitten aus dem in Japan gedrehten Material zu zeigen. Gutes Bildmaterial ist speziell bei solchen Themen äußerst hilfreich beim Pitchen.

»Besser als *mit* bewegten Bildern kann man *für* bewegte Bilder nicht werben.« Bei Dokumentarfilmen, die über Personen erzählen, ist es sinnvoll, einen kurzen Piloten zu drehen, der die Hauptperson vielleicht in einem kurzen Interview oder in der Umgebung zeigt, in der Sie sie porträtieren möchten. Im vorgenannten Beispiel des Jesuitenpaters hätte dies den Pitch sehr gut illustrieren können. In der Phase der Vorrecherche lassen sich mit einer kleinen Digital-Kamera die Personen und/oder besondere Drehorte ohne großen technischen Aufwand und in relativ guter Qualität festhalten. Das ist eine Möglichkeit.

Zur Illustration der künstlerischen Arbeit von Regie und Kamera kann es zudem sinnvoll sein, Arbeitsproben der entsprechenden Personen mitzubringen. Um sich ein besseres Bild machen zu können, fordern viele Entscheider solche Entscheidungshilfen sogar ausdrücklich zusammen mit den schriftlichen Angeboten an.

Im Rahmen der angesprochenen Möglichkeiten sind Dokumentarfilme entschieden leichter zu pitchen als Spielfilmprojekte. Das liegt wohl auch an den eindeutigeren Anforderungskriterien, die eine klare Kategorisierung der Sendeplätze den Entscheidern vorgeben.

Ein Bild sagt mehr als 1000 Worte

Sei es nun mit Hilfe eines Demotapes, eines *Show Reels* oder Ihrer Worte: Sie müssen bei einem Pitch Bilder im Kopf des Zuhörers entstehen lassen. Ähnlich der Schriftsprache eines Romans, hat jeder Film seine ganz eigene Bildsprache, die ihn von anderen Filmen unterscheidet. Diese gilt es, wenn man von der Visualisierung eines Filmes spricht, sehr präzise zu beschreiben und beim Pitchen sichtbar zu machen.

Die Crux in diesem Punkt liegt darin, daß es relativ schwierig ist, Ihre subjektiven Bilder und Gefühle rational zu objektivieren und zu vermitteln, so daß Ihr Gegenüber möglichst nahe an Ihre Sichtweise herangeführt wird. Nichtsdestotrotz muß in einem Pitch zumindest die Atmosphäre, die Sie vor Augen haben, transportiert werden.

Drehbücher beschränken sich in ihrer Sprache nur auf das knappe Wesentliche wie: Innen/Außen, Tag/Nacht, Bar, Hotelhalle, Bürogebäude usw. Bei einem Pitch muß aus der Szenenbeschreibung INNEN/NACHT/BAR eine Bar, so wie Sie sie sich im Film vorstellen, werden. Ob die Bar in schummriges Licht getaucht ist, mit dunkelrotem Samt und Plüsch bestückt oder eine supermoderne Hightech-Bar aus Stahl und Glas ist, liegt an Ihnen. Schicken Sie Ihr Gegenüber gedanklich und visuell in die Bar, die Sie sehen! Die Gefahr ist sonst sehr groß, daß Ihr Gegenüber in einem »anderen Film in seinem Kopf spazieren geht«, sollten Sie ihm nicht die genaue Wegbeschreibung für Ihre Richtung geben.

Wie unterschiedlich die jeweiligen Bilderwelten von verschiedenen Rezipienten sind, kann man gut am Beispiel einer Romanadaptation sehen: Viele, die *Die unendliche Geschichte* von Michael Ende gelesen und anschließend den Film gesehen haben, sagten in ihrem Kommentar: »Das hatte ich mir ganz anders vorgestellt!« Ob das nun begeisterte oder enttäuschte Kommentare sind, tut nichts zur Sache. Eine Adaptation eines bekannten Buchs zu pitchen ruft beim Zuhörer zuerst einmal seine eigenen alten Bilder hervor, die gelöscht werden müssen, um die neuen Bilder aktiv werden zu lassen, die Sie sich für Ihr Projekt vorgestellt haben.

Persönliche Konflikte und innere Dialoge visuell umsetzen
»Heute muß beim Drehen alles immer schneller gehen. Das bedeutet, daß man mehr über Konflikte spricht, statt sie zu zeigen, und das möchte ich nicht – ich möchte, daß der Zu-

schauer den Konflikt erlebt.« (Michael Verhoeven, in: *Blickpunkt:Film* 52/99)

Bei einem Pitch würde man fragen:»Wie genau soll der Zuschauer den Konflikt erleben? Wie wollen Sie die Gefühle, die inneren Dialoge, die innere Entwicklung der Person sichtbar machen?« Das ist sicherlich in einer Präsentation eine der schwierigsten Hürden. Im Pitch für einen Spielfilm löst sich das Problem, wenn Sie die intrapersonellen Konflikte der Figur so erzählen, daß wir sie nachvollziehen und uns in die Welt der Figur vertiefen können. Eine andere Möglichkeit ist, dies mit Hilfe der verwendeten stilistischen Mittel darzustellen. Gibt es zum Beispiel in der Rückblende auf die Kindheit des Protagonisten eine kindliche Erzählerstimme?

Oder wird aus der Sicht der Hauptfigur kommentiert, wie in *Forrest Gump*? Oder sind es zeitliche Schnittelemente wie in *Lola rennt*, die die »Was wäre, wenn«-Thematik zu definieren helfen? Die einführende szenische Beschreibung des Settings führt uns in die Zeit, an die Orte und somit in die Atmosphäre, in der sich die Figuren befinden. Erst dann macht es Sinn, den eigentlichen Plot einzuführen.

Beim Pitch von Dokumentarfilmen kann man sich mit einer schon fast systematischen Beschreibung der Struktur sehr gut behelfen. Es gibt technische Elemente, die dazu dienen, eine Struktur zu installieren, in die sich dann Bilder und Visionen besser integrieren lassen. So wird es für den Zuhörer leichter, sich Ihren Visionen bestmöglich zu nähern.

Solche Elemente sind beispielsweise Erläuterungen zur grundsätzlichen Klassifizierung eines Dokumentarprojekts. Geht es um Naturfilme, Landschaftsfilme, Porträts, Industriefilme etc.? Ist der Stil narrativ, beschreibend, observierend, argumentativ oder essayistisch?

Weitere visuelle Hilfestellung können sein, wie Sie mit den Figuren umgehen werden: Wird die Kameraführung subjektiv oder objektiv sein, führt uns der Film also mit den Augen unseres Protagonisten durch das Thema, oder wird er von der Kamera beobachtet? Gibt es ein Voice Over, erläuternde Zwischenkommentare, oder auch einen Moderator? Wie nah oder fern sind wir als Publikum der Hauptfigur, welche Kamera- und Tonperspektiven gibt es? Wie ist der Film strukturiert; wie sehen die einzelnen Elemente der Struktur in den einzelnen Akten aus? Wie werden die inneren Zusammenhänge dargestellt? Welches Filmmaterial wird verwendet: 35mm, S16, BetaSP? Jedes Material hat seinen ganz spezifischen *Look*.

Das scheinen im ersten Augenblick sehr technisch anmutende Fragen zu sein, aber genau diese werden Ihnen die Entscheider stellen, wenn Sie sie bei einem Dokumentarfilm-Pitch nicht von sich aus präsentieren.

Bei einem Pitch müssen Sie sprachliche Visualisierungshilfen zur Orientierung leisten: Ähnlich einem *Storyboard* liefern Sie ein *visuelles Moodboard*.

Als Abschluß zu der Frage »Was werde ich sehen?« möchte ich den Künstler Christo anführen. In seinem Bereich sicherlich einer der besten Pitcher. Er pitcht die pure Illusion und bekommt ziemlich viel Geld im voraus für seine Ideen. Könnte er dies nicht professionell und leidenschaftlich, wären viele Dinge auf dieser Welt sicherlich nicht eingepackt worden!

3. Wie sieht die Zielgruppe aus?

Die Beantwortung der Frage, wer sich den Film anschauen soll, ist äußerst komplex und muß von mehreren Seiten betrachtet werden. Jeder Film hat sein ganz spezifisches Publikum. Können Sie Ihre Zielgruppe für das jeweilige Projekt genauestens definieren? Um dies zu tun, müssen Sie wissen, welche Wirkung Sie mit Ihrem Projekt beim Publikum erzielen möchten: Der emotionale Effekt ist bei der Eingrenzung des Publikums von großen Bedeutung!

Sind diese Fragen geklärt, richtet sich das Augenmerk des Pitches auf die Entscheider. Die nächste Frage, die zu beantworten ist, lautet: »Welcher Entscheider braucht welches Material?« Insofern bestimmt die Antwort auf die Frage nach

Ihrer Zielgruppe auch, welchen Entscheidern Sie Ihre Projekte pitchen.

Die Recherche zum Marktplatz und das Positioning des Projekts

Was unterscheidet einen guten von einem schlechten Angler? Der schlechte Angler nimmt einen Stock, bindet eine Schnur darum, befestigt einen Haken, geht irgendwann zum Bach hinunter, wirft die Angel aus und ... fängt keinen Fisch. Ein guter Angler weiß, welcher Fisch sich zu welcher Tageszeit wo aufhält und was er am liebsten frißt. Dann nimmt er das beste Futter, das er hat, und geht an eine ganz bestimmte Stelle am Bach. Zwar dauert das länger als im ersten Fall und bedarf einer guten Beobachtungsgabe – doch dieser Angler wird den Fisch fangen.

Lernen Sie Ihre Fangplätze kennen und einschätzen. Wen spreche ich als potentiellen Produktions- und Finanzierungspartner an? Ist der »Marktplatz« allgemein definiert, ist noch die Frage des *Positioning* zu klären. Dieser Punkt wendet sich primär an Medienschaffende im Dokumentarfilmbereich. Der Begriff Positioning stammt aus der Betriebswirtschaft und bedeutet nichts anderes als die Klärung der Frage, ob es das Produkt, das ich am Markt plazieren möchte, bereits gibt. Respektive, wie sich mein Projekt von ähnlichen Konkurrenzprodukten unterscheidet. Ich erinnere an den U.S.P.! Es gibt immer wieder populäre Themen, die, wenn sie unterschiedlich beleuchtet werden, ohne weiteres ihre Berechtigung haben und auch nebeneinander existieren können. Ihre Aufgabe ist es allerdings, bei einem Pitch explizit die Unterschiede zu möglicherweise bestehenden Projekten herauszuarbeiten.

Gleich zu Beginn ein Beispiel von einem Workshop in Oslo vor einigen Jahren. Die Gruppe bestand aus zwölf jungen norwegischen Dokumentaristen, die kurz davor standen, ihre Projekte während eines *Public Pitch* vor skandinavischen Redakteuren zu präsentieren. Die erste Vorstellungsrunde begann, und ich war sprachlos, ebenso die Workshop-

Teilnehmer, die sich gegenseitig ihre Projekte vorstellten: Sieben von zwölf Projekten hatten den norwegischen Maler Edvard Munch zum Thema … Zum Glück war innerhalb des Themenkomplexes zu Edvard Munch eine gewisse Bandbreite zu finden, so daß wir den Redakteuren mit viel Augenzwinkern eine skandinavische Munch-Kollektion pitchen konnten oder mußten: Munch und die Frauen, Munch und sein Selbstverständnis als Maler, Munch und seine Kindheit, Munch und seine Kollegen und so weiter. Es war viel Kreativität erforderlich, die Projekte, die ja alle produziert werden wollten, in ihrer Präsentation so umzustrukturieren, daß jedes Projekt seinen *Unique Selling Point* bekam. Nichtsdestotrotz ist eine derartige Situation unmöglich, wenn man bedenkt, wie relativ klein die Dokumentarszene in Norwegen ist.

Ähnlich wie der gesamte journalistische Bereich darauf achten muß, ob Kollegen oder die Konkurrenz eventuell schon an einem bestimmten Thema arbeiten oder recherchieren, müssen Dokumentarfilmer das Positioning akribisch betreiben.

Gleiches gilt im Spielfilmbereich für die Verfilmung historisch wahrer Begebenheiten und der Umsetzung von *Public Domaine*-Stoffen, auf die jeder öffentlich Zugriff hat, da es sich nicht um neue originäre Ideen handelt.

Geschichtsträchtige Daten wie Geburts- und Sterbedaten berühmter Persönlichkeiten bieten immer wieder Anlaß, ihr Leben zu verfilmen. Ansonsten taucht das Problem im fiktionalen Bereich eher selten auf. Bei Adaptationen von literarischen Werken werden Optionen seitens der Rechteinhaber vergeben, so daß eine Doppelung in der Regel auszuschließen ist.

Recherchieren Sie also im Vorfeld gründlichst, ob bereits ein ähnliches Projekt zum gleichen Thema oder einem thematischen Unterzweig existiert oder in Bearbeitung ist.

Allerdings stelle ich immer wieder fest, daß einige Autoren im tiefsten Innern so von der Einmaligkeit »ihrer« Idee überzeugt sind, daß sie diese Recherche für überflüssig halten.

Leider hat diese Nachlässigkeit manchmal Konsequenzen, die den Betroffenen oft gar nicht bewußt sind. Dazu noch ein Beispiel. Während der Fernsehtage in Baden-Baden im November 1999 wurde ein Projekt gepitcht, das auf einer wahren Begebenheit des Nachkriegs-Berlins basierte. Der Stoff über den letzten Henker sollte als fiktionaler Fernsehfilm umgesetzt werden. Die Präsentation verlief sehr gut. Der Vortrag war informativ und lebendig. In der anschließenden Diskussion über das Projekt fiel allerdings auf, daß von seiten der anwesenden Redakteure ungewöhnlich viele Detailfragen in bezug auf die inhaltliche Recherche und die visuelle Umsetzung des Stoffes gestellt wurden. Es ging primär um Fragen, inwieweit zu dem Thema Archivmaterial vorhanden sei und ob dieses auch in die Spielhandlung integriert werden solle. Und wenn ja, wie? Der Autor beantwortete alle Fragen zufriedenstellend und trotzdem blieb eine merkwürdige Stimmung im Saal zurück.

Nach der Veranstaltung kam einer der Redakteure zu mir und fragte mich, ob der Autor denn wirklich nicht wisse, daß die Geschichte des letzten Henkers von Berlin bereits verfilmt und schon vor 10 Jahren als TV-Film gesendet wurde. Durch die dezidierten Fragen wollten die Anwesenden nur herausfinden, ob der Autor bewußt ein Plagiat verkaufen wollte oder nur naiv an die ganze Sache herangegangen war. Was mich dabei sehr verärgert hat, ist, daß man ihn nicht während seines öffentlichen Auftritts ganz konkret zu diesem Punkt gefragt hat. Als Erinnerung an den jungen Autor blieb womöglich bei den anwesenden Redakteuren der Eindruck von Unprofessionalität hängen. Und so etwas ist mehr als ärgerlich.

Seien Sie sich auch darüber im klaren, welche Themen für das Publikum heute überhaupt eine Bedeutung haben. Ist hier die Frage nach der Henne oder dem Ei – was war zuerst da? – zu stellen? Sie können jetzt entrüstet sagen, daß Sie nur das schreiben oder produzieren, was Sie für richtig halten, was Sie interessiert. Richtig, sollten Sie auch unbedingt. Trotzdem bringt es nichts, an den Bedürfnissen der Konsumenten und den vorhandenen Vermarktungsmöglichkeiten vorbei zu schreiben. Es hilft Ihnen nicht, sich einen Namen zu machen, geschweige denn, einen Redakteur zu überzeugen, wenn er keinen Sendeplatz für Ihr spezielles Thema hat. Dann verschwindet Ihr Werk gleich wieder in der Versenkung.

Der direkteste und einfachste Weg, um einen ersten groben Überblick zum Sende-Schema zu bekommen, ist, sich aus einer Fernsehzeitschrift die für Ihr jeweiliges Projekt geeigneten Sendeplätze zu notieren.

Schauen Sie sich die jeweiligen Programme, die an diesen Plätzen ausgestrahlt werden, über einen gewissen Zeitraum hinweg an, und vergleichen Sie sie mit Ihren Projekten. Paßt Ihr Projekt in das jeweilige Sendungsprofil? Welches Publikum wird über das entsprechende Profil bedient? Das Gros des Publikums tendiert in seinem Rezeptionsverhalten dazu, sich inhaltlich Ähnliches anzuschauen und hat neben diesen Sehgewohnheiten auch eine Tendenz zur Senderbindung. Ein eingeschworener *Musikantenstadl*-Fan in der Zielgruppe ab 50 käme nicht auf die Idee, diese Sendung bei RTL2 zu suchen. Machen Sie sich diesen Prozeß der Programm- und Senderbindung bewußt und selektieren Sie Ihre Fangplätze im Vorfeld.

Im Internet wird dieses Rezeptions- und Konsumverhalten dahingehend genutzt, daß im Buchvertrieb – zum Beispiel bei amazon.de – weitergehende Empfehlungen ausgesprochen werden: Leser, die dieses Buch gelesen haben, würden zum Thema X des weiteren die folgenden Bücher empfehlen …

Für Ihren Pitch können Sie diese Strategie zur möglichen Positionierung auf einem bestimmten Sendeplatz ebenfalls benutzen. Wo und wann werden Filme mit ähnlichen emotionalen Grundthemen ausgestrahlt?

Manchmal ist es auch gerade nicht der richtige Zeitpunkt für ein bestimmtes Thema. Es gibt Dokumentarfilme, die beim ersten Pitch keinerlei Resonanz gefunden haben, den Nerv der Zeit nicht getroffen haben, aber Jahre später, aus welchen Gründen auch immer, plötzlich aktuell wurden und dann doch noch gedreht wurden. Viele Themenvorschläge waren zuvor für Redaktionen zu spekulativ, zu hypothetisch. Ein Beispiel dafür ist die heute mögliche Aufarbeitung von Themen über Ost- und Westdeutschland seit 1989.

Aus der Musikbranche stammt der berühmte Satz: »Overnight success takes ten years.« Viele Künstler haben bereits lange im Hintergrund an ihren Karrieren gearbeitet, wenn es zu einem ersten großen Hit kommt. Auch Caroline Links *Jenseits der Stille* ist bekanntermaßen ziemlich lange auf dem Markt angeboten worden, bevor er endlich realisiert werden konnte.

Die Zielgruppen

Zielgruppen definieren sich primär über die Kriterien Geschlecht, Alter, Bildungsniveau und Einkommen (Werbezielgruppe!). Entsprechend sind bestimmte Filmthemen für die eine Gruppe aus einem bestimmten sozio-demographischen Gefüge relevant und für eine andere Gruppe zugleich irrelevant.

Ist die Zielgruppe für ein Projekt klar, wird ein Entscheider gezielt angesprochen werden, entsprechend der Themen, die er mit seinen Sendeplätzen vertritt.

Bringen Sie diese Daten in Erfahrung. Sie werden regelmäßig von Marktforschern erhoben und in den Fachzeitschriften veröffentlicht. Ein Kriterium der klassischen Publikumsforschung ist besonders zu beachten: das Alter. Es wird bei der Erhebung der Quote unterschieden zwischen vier Altersgruppen: 3-13, 14-29, 30-49 und ab 50 Jahre. Altersbezogene TV-Nutzerdaten aller Haushalte finden Sie wöchentlich in *Blickpunkt:Film*. Sie stammen aus folgenden Quellen: AGF/GfK-Fernsehforschung/PC#TV/MGM Research & Development. Die TV-Hits der jeweiligen Woche mit Senderangaben, Sendezeit und Zuschauerzahlen in Millionen stammen von Media Control/GfK-TV Quick Inmarkt.

Obwohl diese Daten natürlich programmabhängig großen Schwankungen unterworfen sind, lassen sich über längere Beobachtungszeiträume Schwerpunkte erkennen. Die prozentualen TV-Marktanteile waren im Verlauf des Jahres 1999 wie folgt auf die jeweiligen Altersgruppen verteilt: Bei ARD und ZDF lag der höchste Marktanteil bei den ab 50jährigen, RTL war zusammen mit Pro 7 in der Gruppe der 14- bis 29jährigen am stärksten vertreten und SAT 1 bei den 30- bis 49jährigen. Bei den 3- bis 13jährigen lag Super RTL mit Abstand vorne. In der Gesamtwertung der für die Werbung interessantesten Gruppe der 14- bis 49jährigen lag RTL an der Spitze. (*Blickpunkt:Film*, 01/02/2000)

Produkte für Kinder erfordern eine noch spezifischere Altersgruppendefinition – und insofern halte ich die Klassifizierung der jungen Zuschauergruppen in Deutschland für viel zu weitreichend. Eine Neudefinition gerade der beiden ersten Gruppen 3 bis 13 und 14 bis 29 Jahre sollte erwogen werden. Das tatsächliche Rezeptionsverhalten bei den Kinder- und Jugendlichenprogrammen ist durch extrem enge Alterssegmente gekennzeichnet.

Bei der *Bourse de la Coproduction*, einer Pitching-Veranstaltung während der MIPCOM, einer Messe für TV- und Filmrechte in Cannes, wurde ein Serienkonzept für Kinder gepitcht. Der Produzent definierte die Altersgruppe zwischen 4 und 14 Jahren. Diese Aussage erscheint unqualifiziert und bedenkt in keinster Weise das tatsächliche Rezipientenverhalten. Welcher 14jährige würde sich ein Programm anschauen, das gleichzeitig auch interessant für einen 4jährigen ist? Auf der anderen Seite muß ein Programm für 14jährige ein Kleinkind überfordern.

Noch ein Beispiel für die sehr eng verwobenen Korrelationen zwischen Sendeplätzen und Mediennutzern: Sie haben die brillante Idee für eine Talk-Show, in der sich Männer zum Thema »Nutzung der Lebenszeit: Wie löse ich den Konflikt zwischen Karriere, respektive Arbeitszeit, und der Zeit, die ich für meine Familie zur Verfügung habe?« äußern. Ein *human interest*-Thema, das sich im weitesten Sinn in den Nachmittags-Programmen tummeln könnte. Zudem ist es ein Thema, das eine große Zielgruppe finden könnte, da es eine verbreitete Alltagsproblematik ist. Männliche Zuschauer, die dieses Thema betreffen und interessieren könnte und die aus dieser Zielgruppe stammen, haben nur ein winziges Problem: Sie werden nachmittags um 16.00 Uhr aus besagten Gründen nicht fernsehen. So fallen viele Themen den nicht vorhandenen Sendeplätzen zum Opfer, Tendenz zunehmend. Selbst der gewillteste Redakteur scheitert an der Programmplanung und dem Haushalt des Senders.

So viel zu Alter und Geschlecht. Die mannigfaltigen anderen Faktoren können Sie getrost den Programmplanern und den Marketing- und Werbefachleuten überlassen. Nichtsdestotrotz schadet es heutzutage nicht, über das Thema Bescheid zu wissen.

Vermarktungspotential und -möglichkeiten

Wer braucht was?
Die Quote zählt: Das Senderinteresse und der Mediennutzer. Senderinteressen müssen heute, speziell seit der Existenz der Privatsender, mehr denn je berücksichtigt werden. Ein Fernsehfilm, neudeutsch TV-Movie, ist für einen Sender kein Imageprojekt mehr. Die Sender stehen im Konkurrenzkampf um die Quote, denn daran messen sich die Werbeeinnahmen.

Chris Haws, Discovery Channel, hat das vor einigen Jahren so formuliert: »A broadcaster's goal – like in every enterprise – is to generate revenues, to fill the fridge with food. That's our main motivation to invest. And we also have shareholders to whom we have to report – we are in a business here. This means on our side: we have to commission programs, with which our advertising-people can offer high ratings with a certain audience. Discovery delivers factual entertainment – it's our objective to entertain – to keep our audience – and gain new viewers.«

Um das jeweilige »certain audience« eines Senders und seiner Sendeplätze zu identifizieren, benötigt man detailliertere Daten zur Publikumsforschung. Das Alterskriterium ist hier nicht mehr ausreichend. Fordern Sie von den Pressestellen der Sender deren Informationsbroschüren, Programm-Schemata der Sendereihen und Sendeplatzdefinitionen an. Aus diesen Unterlagen können Sie Marktpositionierungen, Hauptzielgruppen, Werbekunden-Umfeld, Programmpolitik und viele andere Daten mehr erfahren. Mittlerweile haben die Sender alle eine Internet-Website, aus der Sie ebenfalls Unmengen von Informationen abrufen können. Oder Sie lassen sich auf die kostenlosen Verteiler der jeweiligen Pressestelle setzen. Man bekommt direkt per E-Mail die aktuellsten Informationen ins Haus geliefert.

Empfehlenswert ist zudem der Besuch von entsprechenden Fachmessen, auf denen sich die Sendeanstalten präsentieren. In Deutschland gibt es zwei jährlich stattfindende Veranstaltungen, bei denen man sich ausreichend informieren kann: die *Cologne Conference* im Juni in Köln, die parallel zum *medienforum NRW* stattfindet, und die *Telemesse* in Düsseldorf im August.

Doch zurück zur Quote, denn die allein zählt. Zwei Beispiele aus dem Dokumentar- und dem Spielfilmbereich sollen den Ausspruch von Chris Haws illustrieren. Bleiben wir bei Discovery US: Ein Erfolgskriterium beim Pitch für Discovery US ist das Timing der *Cliffhanger*. Das Wissen um die genauen Zeiten der Werbeblöcke bestimmt die Dramaturgie des Projekts. Konkret bedeutet das, daß der Zuschauer die ersten sechs Minuten an das Programm gebunden werden muß, damit er den ersten Werbeblock konsumiert. Entsprechend muß ein Cliffhanger, also ein dramaturgisch spannender Moment, direkt vor der Werbung plaziert werden, damit der Zuschauer auch nach der Werbung bei dem Programm bleibt und nicht wegzappt. Inwiefern die neuen TV-Richtlinien bezüglich der Werbezeitenregelung, die seit 1.4.2000 in Kraft sind, diesen Zuständen auch bei uns mehr Raum schaffen, wird die Praxis zeigen. Im Unterhaltungsbereich, bei Spielfilmen, Soaps und Serien, ist diese Praxis auch in Deutschland schon seit langem üblich. Diese wirtschaftlich gesteuerte Dramaturgie auch im Dokumentarbereich durchzusetzen, halte ich für bedenklich.

Die Quote zählt: Das Budget des Mediennutzers. Das Beispiel, das ich Ihnen jetzt schildere, wird vielleicht dazu führen, daß sich der eine oder andere Kreative die Haare rauft, aber es reflektiert schlichtweg die alltäglichen Entscheidungsmechanismen in unserer heutigen TV-Landschaft, speziell in der privatwirtschaftlichen. Die Quote definiert die Werbeeinnahmen – RTL, RTL2 und Super RTL hatten 1999 einen Nettoerlös an Werbeeinnahmen von drei Milliarden Mark, ein Betrag, den ein Privatsender wohl nicht kulturell hochwertigen Filmen zuliebe riskieren wird.

Wann haben Konsumenten am meisten Geld zur Verfügung, das sie gewillt sind, mit vollen Händen auszugeben? Und wann läuft die Werbemaschinerie auf Hochtouren? Vor allem bei der Auszahlung des Weihnachtsgeldes am Ende des Jahres. Das bedeutet für die Programmplanung, daß speziell in dieser Zeit quotenstarke Programme ausgestrahlt werden müssen. Die Werbezeiten werden zu Höchstpreisen mit schmückendem Programm-Beiwerk verkauft. Hat ein Produzent einen Sendetermin für seinen Film in dieser Periode des Jahres, kann er es sich unter keinen Umständen leisten, aufgrund welcher Verzögerungen beim Dreh auch immer, verspätet abzuliefern.

Die genannten Zusammenhänge zwischen Konsumentenverhalten, Werbeintensität und quotenstarken Filmen hat bei den Privatsendern eine zunehmende Bedeutung bei der Entscheidung für oder gegen ein Projekt eingenommen. Wie auch immer Sie dazu stehen, es ist einzig wichtig, daß Sie sich der genannten Entscheidungskriterien der Sender bewußt sind und diese bei der Vorbereitung Ihres Pitches mit in Erwägung ziehen.

Woher bekommt man alle diese Informationen?
Gerade als Berufseinsteiger ist es viel Arbeit, sich alle relevanten Informationen zusammenzusammeln.

Die informellen Quellen
Aussagekräftige Informationen, ein fundiertes Wissen scheinen gut gehütete Geheimnisse zu sein. Eine hilfreiche Möglichkeit, Informationen zu erlangen, besteht in dem Besuch

von Pitching-Foren, wo man sich auch als Beobachter akkreditieren lassen kann, in Seminaren und Workshops, auf denen Entscheider, die als Referenten eingeladen sind, gerne aus dem Nähkästchen plaudern. Ebenso geben Festivals und sonstige filmspezifische Veranstaltungen, Podiumsdiskussionen, auf denen Entscheider über Projekte sprechen, die sie gerade entwickeln oder für die sie sich interessieren, ausreichend Material. Eine sehr ausführliche Auflistung der weltweit existierenden Festivals, Märkte und Filmmessen findet sich in einer 1999 veröffentlichten Publikation der MEDIA BUSSINESS SCHOOL mit dem in diesem Zusammenhang irritierenden Titel *The Film Finance Handbook, Volume 2*. Diese Auflistung ist sowohl alphabetisch als auch chronologisch nach Monaten sortiert.

Achten Sie auf jene Kriterien, die von den einzelnen Entscheidern auf solchen Veranstaltungen besonders betont werden: So läßt sich relativ leicht feststellen, welche persönlichen Schwerpunkte ein Entscheider setzt. Ist es das Interesse an Regie-Debüts, ist es ein besonderes Anliegen, junge Talente zu entdecken und zu fördern, oder die Neugierde, wie das Licht oder die Schnitte gesetzt sind, oder interessiert er sich generell eher für die Geschichte oder die Figuren eines Projekts?

Sowohl die Reihenfolge der Kriterien, die jemand nennt, als auch das, was jemand über bestimmte ausschlaggebende Elemente mit welcher Begeisterung sagt, verrät einiges über seine Vorlieben. Neben den vom Sender vorgegebenen Sendeplätzen und deren Inhalten können Entscheider ganz persönliche Vorlieben in bezug auf Projekte haben. Ein Redakteur, der einen Sendeplatz für abendfüllende Dokumentarfilme beim WDR betreut, erklärte mir während einer Pitching-Veranstaltung, daß er bei einem Pitch erst dann neugierig wird, wenn ein Produzent ihm etwas zur anvisierten Regie für das Projekt erzählt. Sein Hauptanliegen und seine größte Freude in der Arbeit mit Dokumentaristen ist die Entdeckung von neuen Regie-Talenten. Es ist dementsprechend sinnvoll, in einem Pitch an ihn genau mit dem Thema der Regie zu beginnen.

Sich zu informieren ist das A & O in unserer Branche! Die

Kenntnis solcher subjektiver Vorlieben hilft oftmals, einen Pitch für sich zu entscheiden. Man könnte dies als den *Unique Buying Point* bezeichnen. Noch ein praktischer Tip: Legen Sie sich eine Datei an, in der Sie solche Vorlieben und Herangehensweisen vermerken. Dort können Sie auch notieren, zu welcher Gelegenheit Sie sich kennengelernt haben, wie der weitere Geschäftskontakt abgelaufen ist. Im Verkauf nennt man das eine Kundenkartei, die in erfolgreichen Unternehmen penibel gepflegt wird.

Auch Mitgliedschaften in Fachverbänden liefern wertvolle Informationen, gerade in bezug auf finanzielle und rechtliche Fragen. Viele junge Autoren haben keine konkrete Vorstellung, welche Honorare sie verlangen können – beklagen sich dann aber, wenn sie von den Honoraren anderer Autoren hören. Des weiteren bieten Fachverbände auch juristische Beratungen für Vertragsverhandlungen an.

Viele Informationen erhält man vor allem im Erfahrungsaustausch und der Netzwerk-Arbeit mit Kollegen. Man kann es kaum glauben, aber es gibt auch Autoren und Produzenten, die richtig Spaß am Pitchen haben. Fragen Sie sie aus, wie sie sich selbst motiviert haben, welche Erfahrungen sie auf solchen Veranstaltungen gemacht haben. Das Internet bietet auf mannigfaltigen Medien-Webseiten Chatforen an, auf denen sich Autoren austauschen können.

Informationen über Fachzeitschriften und Studien einholen
Ein Großteil der offiziellen Informationskanäle sind eingangs aufgezählt worden. Weitere detaillierte Quellen finden Sie im Anhang.

Marktforschungs-Firmen, die den Media-Bereich analysieren, liefern neben Standarddaten zu den täglichen TV-Quoten und Hitlisten, die nach den gewünschten Kriterien (Alter, Geschlecht, Genre und Thema, Region, Zeitschiene etc.) sortiert sind, auch maßgeschneiderte, d.h. nach Ihren Bedürfnissen zusammengestellte, weitreichendere Analysen. Ebenso liefern sie Ihnen einen Überblick der Presseberichte einzelner Sender. Dieser Service hat allerdings seinen Preis.

Billiger ist es natürlich, wenn Sie die Eigeninitiative ergreifen.

Einen gesammelten Überblick der für Sie relevanten Media-Daten liefert die Fachpresse, in der in regelmäßigen Abständen Sonderausgaben beiliegen, die in Zusammenarbeit mit Mediadaten-Analysten der Agenturen und der SPIO erstellt werden.

Sehr interessant zum Verständnis der Fernsehprogrammplanung sind die kommentierten Analysen zu den Medien-Nutzer-Typologien (MNT). Sowohl die Sinus-Studie als auch die ARD/ZDF-Medienkommission informieren ausführlich über Zuschauerinteressen mit Themen-, Inhalts- und Genrepräferenzen, zeitlichen Nutzungsübersichten und weiterer Detailinformationen. In den *Media Perspektiven* finden Sie regelmäßig Zusammenfassungen der Studien, die als Grundlage für die Fernsehprogrammplanung der öffentlich-rechtlichen als auch der privaten Sender dienen. Sie werden monatlich von der Arbeitsgemeinschaft der ARD Werbegesellschaften veröffentlicht und kostenlos versendet.

Ich stelle in meinen Seminaren regelmäßig eine Frage, die meistens eine peinliche Stille im Raum verursacht.»Wie viele von Ihnen lesen regelmäßig mindestens eine Fachzeitschrift?« Leider nur zögerlich heben sich einige Finger. Ich kann Ihnen nur ans Herz legen, tun Sie es – und zwar regelmäßig. In einer Landschaft, die sich im Personalbereich durch eine relativ hohe Fluktuation auszeichnet, ist das ein Muß. Redakteure und andere Entscheider haben einen ganz persönlichen Geschmack, ihre Vorlieben bezüglich der Filmstoffe, die sie auf ihren Sendeplätzen einsetzen. Zudem ändern sich Sehgewohnheiten des Publikums für bestimmte Sendeplätze, so daß es oftmals inhaltliche Umstrukturierungen gibt. Solche inhaltlichen und strategischen Überlegungen kann man in Fachzeitschriften genau nachlesen, wenn Entscheider in neue Positionen kommen und zu ihren Stellenwechseln interviewt werden.

In bezug auf Produktionsfirmen erklären die Verantwortlichen gerne das *Mission Statement* ihrer Firma und sprechen über die Anzahl und ungefähren Inhalte der nächsten Produktionen sowie die groben Richtlinien für die Budgets. Dies alles sind wichtige Anhaltspunkte zum Beispiel für Autoren, um herauszufinden, ob ein Projekt zu einem bestimmten Unternehmen paßt. Wenn Sie also gerade an einem historischen Stoff schreiben, der ein voraussichtliches Budget von zehn Millionen Mark hat, macht es keinen Sinn, sich an eine Produktionsfirma zu wenden, die sich auf Low-Budget-Filme spezialisiert hat, auch wenn Sie die Firma vielleicht noch so interessant finden. Ein unnötiger Hinweis? Nein, das hat es alles schon gegeben – viele Peinlichkeiten in allen Variationen.

Oft wechseln natürlich auch Mitarbeiter ihre Positionen und somit Verantwortungsbereiche innerhalb eines Unternehmens. Eine junge Autorin in Los Angeles erzählte mir zu diesem Thema eine Geschichte, die sie dazu brachte, sich vor einer Besprechung immer ausführlich über die Position von Entscheidern zu informieren und die Fachpresse zu studieren.

Ein ihr bekannter Redakteur, mit dem sie während seiner Zeit als Redakteur für Serien schon zusammengearbeitet hatte, war innerhalb des Senders auf die Position des Redakteurs für die Sendereihe *Movie-of-the-week* gewechselt. Dies wurde in den gängigen Fachzeitschriften annonciert, es gab Interviews, und sie hätte es eigentlich wissen müssen, als sie um einen Termin mit ihm bat. Ein Termin wurde vereinbart, sie packte ihr neuestes Serienkonzept in die Tasche und machte sich auf den Weg. Im Sender angekommen, wollte sie sogleich ihr Konzept pitchen, bemerkte aber, daß ihr Gegenüber relativ schlecht gelaunt war. Zum Glück wechselten beide erst ein paar unverbindliche Worte, und sie fragte ihn, was denn mit ihm los sei. Daraufhin fing er an, sich bitterlich zu beklagen, daß er nun schon seit einigen Wochen der zuständige Redakteur für die Movies-of-the-week sei, dies aber von den Autoren, die zu ihm kämen, nicht wahrgenommen worden sei. Er stellte schimpfend in Frage, wozu die teuren Anzeigen in den Fachzeitschriften zu seiner neuen Position überhaupt geschaltet worden seien, wenn sie doch niemand lesen würde. Und schließlich befinde er sich auch im Zugzwang, er müsse in der bald anstehenden Programm-Konferenz erste Ergebnisse vorweisen für seine neue Position. Man kann sich gut vorstellen, daß der jungen Autorin mit ihrem Serien-Konzept bei dem Gedanken heiß und kalt wurde, daß auch sie nur ein Serien-Konzept zu pitchen hatte. Zum Glück war sie recht eloquent und flexibel, ließ ihr Konzept wohlweislich in der Tasche stecken und konnte auf seine Frage hin, was für ein Projekt – hoffentlich endlich ein erstes Movie-of-the-week in der neuen Position – sie denn nun zu pitchen habe, antworten, daß sie eine Idee zu einer spannenden Figur entwickelt habe. Dies sei allerdings noch in einem sehr frühen Stadium, und sie habe das heutige Gespräch eigentlich nur dazu nutzen wollen, um zu erfahren, an welcher Art Geschichten er denn grundsätzlich interessiert sei. Hätte sie in diesem Moment ihr Serien-Konzept aus der Tasche geholt, hätte sie den Sender bzw. diesen Redakteur nie wieder zu besuchen brauchen. Sie war flexibel genug, lediglich die charakterliche Struktur ihrer Hauptfigur zu pitchen, und beide begannen, eine Story für die Figur zu entwickeln. Das Projekt kam in der Tat zustande. Für den Redakteur das erste, was er in seiner neuen Position vorweisen konnte, und zugleich der Anfang einer für beide Seiten fruchtbaren Zusammenarbeit.

Was ich mit dem Beispiel verdeutlichen will, ist, daß es absolut erforderlich ist, sich permanent auf dem laufenden zu halten. Es gibt nichts Peinlicheres und Unprofessionelleres, als einem Entscheider einen Stoff zu pitchen, der dafür nicht zuständig ist. Oder gehen Sie zum Gemüsehändler und verlangen ein Pfund Hackfleisch?!

Jacques Laurent, *Head of Documentary* bei arte, hat im November 1999 in einer Diskussion während eines Seminars ebenfalls genau dies beklagt. Er sähe mittlerweile rot, wenn er immer und immer wieder danach gefragt werde, wie arte funktioniere oder wer welche Programme im Haus akquiriere. Am schwerwiegendsten zähle dabei die Zeit, die vergeudet werde. Er bat die Teilnehmer der Veranstaltung ihn nie wieder damit zu belästigen, sie sollten ihm bitte nur einen

Zettel mit ihrem Namen und ihrer Adresse geben und sagen, ob sie die arte-Broschüre in deutsch, französisch oder englisch haben wollten, und erst nach deren intensivem Studium dürften sie wieder mit ihm sprechen.

Ich führe oft Gespräche mit Entscheidern, in denen diese die fehlende Informiertheit und Naivität mancher Autoren bitter beklagen. Intensive Recherche und Vorbereitung darauf, was wer für seinen Programmplatz oder Vertriebsweg benötigt, ist ein absolutes Muß!

Die niederländische Consultance-Firma BT Agency hat 1998 eine Umfrage unter 125 internationalen Redakteuren und Einkäufern im Bereich Dokumentarfilm gemacht. Abgefragt wurden ihre Anforderungskriterien und Bedürfnisse, die sie an einen Pitch stellen. 65 Prozent der Befragten beklagten die Kommunikationsdefizite sowie die fehlende Begeisterung in den Verkaufsgesprächen, meist bedingt durch mangelnde Vorbereitung. Am höchsten ist der Frustrationslevel beim Thema Zeitverlust. Die Entscheider müssen viel zu viel Zeit damit verbringen, den Anbietern zu erklären, was sie *nicht* einkaufen, was sie *nicht* interessiert und was sie *nicht* senden können in ihrem Sendeschema, anstatt sich mit den tatsächlich interessanten Projekten zu befassen.

Sich die notwendigen Daten zu beschaffen ist heutzutage relativ einfach, und insofern ist unter keinen Umständen mehr die Ausrede akzeptabel, man wisse nicht, wer was brauche, obwohl ich das immer noch häufig höre.

4. Warum machen Sie diesen Stoff?

Die Betonung liegt auf SIE und auf DIESEN. Dahinter versteckt sich das Interesse der Entscheider, mehr über Ihre berufliche Laufbahn zu erfahren und zu checken, was Sie speziell an diesem Stoff fesselt. Hier stellt sich also noch einmal die Frage nach dem emotionalen Effekt, der Ihren gesamten Pitch wie ein roter Faden durchzieht und auf alle Kardinalfragen einwirkt. In der Frage nach der persönlichen Motivation, sich mit einem bestimmten Thema zu befassen, rückt er erneut in den Mittelpunkt des Interesses.

Der Stoff

Wenn man Sie danach fragt, warum Sie dieses spezielle Thema bearbeiten, dann genügt es nicht zu sagen: »Weil es ein interessantes Thema ist …« Hier sind sehr spezifische und manchmal auch sehr persönliche Antworten gefragt.

Es gab irgendwann bei jedem Projekt, das Sie begonnen haben – und genauso wird es bei denen sein, die Sie noch beginnen werden –, einen kurzen, sehr intensiven Augenblick, der Sie hat entscheiden lassen: »Ja, darüber will und muß ich unbedingt ein Drehbuch schreiben, einen Film machen!« Diesen Augenblick, den Urknall der Idee, sollten Sie sich unbedingt wieder für den Pitch Ihres Projekts in Erinnerung rufen, denn mit genau der Intensität, mit der die Idee Besitz von Ihnen genommen hat, könnte sie auch Ihr Gegenüber interessieren.

Reflektieren Sie, was es genau war, das Sie tief im Inneren getroffen oder berührt hat. So können Sie in den ursprünglichen Moment dieser Kraft zurückkehren und sie dafür nutzen, Ihr Projekt unter allen Umständen voranzutreiben – mit aller Unterstützung, aber auch gegen alle Widrigkeiten auf dem Weg der Realisierung. Insofern gilt auch für Autoren und Produzenten auf dem manchmal steinigen Weg der Projekt-Realisierung die Dramaturgie der »Reise des Helden« … – ein Ziel zu haben, für das es sich zu kämpfen lohnt!

Die Hauptforderung von Entscheidern, die sich in Qualifizierungsmaßnahmen als Tutoren und Mentoren engagieren, lautet in bezug auf das Pitchen einer Geschichte an die Erzählenden immer wieder: mehr Leidenschaft und Hingabe an das Thema, man will das Feuer für die eigene Geschichte spüren.

Warum aber fällt es uns oft so schwer, eine Geschichte wirklich motiviert und damit entflammt zu präsentieren? Auf der formalen Ebene liegt es daran, daß wir in der Schule vor allem gelernt haben, Geschichten *nachzuerzählen*. Nacherzählungen sind aber lediglich die chronologische Aufzählung eines Geschichtenverlaufs. Sie enthalten keine unmittelbaren Beschreibungen von Gefühlen oder anderen Elementen der inneren Welt ihrer Figuren.

Ein weiterer Grund liegt in der Schwierigkeit oder auch Scheu, die persönliche Betroffenheit zu thematisieren. Damit kommen wir zur Frage der Motivation zurück, warum Sie diesen Stoff ausgewählt haben. Die meisten Projekte tragen auf irgendeiner Ebene einen Funken der eigenen Erfahrung in sich.

Das Beispiel einer Dokumentaristin belegt das: Sie steckte in der Entwicklung eines Projekts zu dem Thema bzw. der Frage:»Ein Elternteil stirbt durch Unfall oder Krankheit, und wie vermittelt man das als noch überlebendes Elternteil den eigenen kleinen Kindern?« Die Präsentation war eher distanziert, das Thema schwer nachvollziehbar für die anwesenden, meist noch jüngeren Workshop-Teilnehmer. Erst als wir nachfragten, warum sie diesen Film realisieren möchte, und sie, sichtlich berührt, erklärte, daß sie selbst vor ein paar Jahren in der tragischen Situation war, ihrem kleinen Sohn zu erklären, daß der Vater gestorben sei und nie mehr wiederkommen werde, waren die Teilnehmer von der Intensität dieser Thematik ergriffen. Die persönliche Nähe und direkte Nachvollziehbarkeit gab den Teilnehmern die Chance, die Stärke der Produzentin und ihren Willen, das Projekt zu realisieren, zu akzeptieren.

Einige Präsentierende haben jedoch die Befürchtung, daß sie, wenn sie über persönliche Beweggründe in einem Pitch sprechen, öffentlich angreifbar und kritisierbar werden. Spätestens zum Zeitpunkt der Veröffentlichung des Films sind sie das aber sowieso. Auch die ähnliche Befürchtung, die Intimität eines Projekts zu verraten, findet man bei Autoren, und zwar in dem Moment, in dem sie damit an die Öffentlichkeit treten und ihr »Baby« weggeben. Viele Autoren trauen ihren Produzenten die Funktion der pflegenden »Amme« nicht zu. Wie manche Mütter Angst haben, ihr Kind loszulassen und es in die große, grausame Welt zu entlassen – weil sie nicht wissen, was ihren Kindern widerfahren wird, dort draußen. Aber nur so werden sie sich weiterentwickeln und als eigene Persönlichkeiten im Leben bestehen können.

Auch deshalb ist es so nützlich, sich über die eigene Motivation klar zu werden, warum man an einem Projekt arbeitet. Sie sollten das für sich explizit klären, bevor Sie den Stoff oder die Idee pitchen. Das, was Sie beim Publikum mit der Geschichte und ihrem emotionalen Engagement bewirken wollen, muß bereits beim Pitchen deutlich und spürbar werden. »Wie im kleinen so im großen«. Gelingt es Ihnen, einen Entscheider mit der Geschichte zu berühren, so ist das wie ein Probelauf für die spätere Wirkung beim Publikum.

Stehen Sie zu dem, was und warum Sie es machen, sonst verliert eine Präsentation schnell an Leidenschaft und nötiger Überzeugungskraft.

Die Person

Neben den persönlichen Gründen und der Entscheidung für einen bestimmten Stoff zählen auch die Erfahrung und die Referenzen, die jemand mitbringt. Das Beispiel des Filmemachers aus der Schweiz hat das ausreichend illustriert.

Entscheider tendieren verständlicherweise zuerst einmal dazu, auf bestehende Arbeits-Allianzen, die sich als kreativ, zuverlässig und erfolgreich erwiesen haben, zurückzugreifen. Bevor sie in Betracht ziehen, ein Projekt zu realisieren, wird oftmals erst überprüft: Ist es jemand, mit dem ich schon einmal zusammengearbeitet habe?

Wenn ja: Wie war die Zusammenarbeit? Wie bin ich als Mensch mit demjenigen ausgekommen?

Wenn nein: Kenne ich frühere Projekte? Sind die bisherigen Arbeiten gut und erfolgreich am Markt aufgenommen worden?

Der Pitch selbst ist ein Marketing-Instrument, mit dem man sein Projekt und sich selbst vermarktet. Es gibt leider eine weitverbreitete Befangenheit unter europäischen Filmschaffenden, über sich selbst und ihre Erfolge mit einem gewissen Stolz zu sprechen. Bescheidenheit in allen Ehren, aber es gibt Momente, da muß man lernen, sich selbst angemessen darzustellen. Dazu gehört auch, über seine bisherige berufliche Laufbahn und Filmographie Auskunft zu geben. Was ist in einer Selbstdarstellung der persönliche *Unique Selling Point*? Was können Sie, was andere nicht können? Hierzu gehört auch das *Mission Statement* der eigenen Firma: Was ist das besondere der Unternehmensphilosophie?

Was haben Sie bisher produziert? Für welchen Sender? Welcher Verleih hat den Film veröffentlicht? Sind Ihre Filme für Auszeichnungen nominiert worden? Haben Sie Preise gewonnen? Gibt es Einladungen zu Festivals?

Die Referenzen eines Autors sind die Bücher, die er geschrieben hat. Ausschlaggebend dabei ist, ob diese Bücher auch verfilmt und erfolgreich veröffentlicht worden sind. Auch hier: Gibt es Auszeichnungen etc.?

Für Hochschulabgänger sind zum Beispiel Abschlußfilme, die auf Hochschul-Screenings und -Festivals gezeigt worden sind, eine besondere Referenz. Viele Redakteure besuchen diese Veranstaltungen, da sie dort über das *Screenen* der Filme hinaus leicht Kontakt zu den Studierenden herstellen können, zu den Regisseuren und Autoren von morgen ...

Eine ungarische Regisseurin sagte mir, nachdem sie mit ihrem Abschlußfilm auf etlichen europäischen Dokumentarfestivals für die beste Nachwuchsregie nominiert und ausgezeichnet wurde: »Das nervt doch alles, dieser Trubel um mich, ich will doch nur Filme machen.« Einerseits verständlich, aber dieser Trubel um sie und ihren Film wird ihr langfristig die Möglichkeit, »doch nur Filme zu machen«, unglaublich erleichtern und ihre Chancen, aufgrund dieser Referenzen an Finanzierungsquellen für weitere Projekte zu kommen, extrem verbessern.

Machen Sie sich klar, daß Sie über Dinge sprechen, die Sie selbst erschaffen und die in der Öffentlichkeit Anerkennung erfahren haben. Sie präsentieren beim Pitch lediglich die Wahrheit, und da ist eine falsche Bescheidenheit fehl am Platz. Die öffentliche Akzeptanz und positive Resonanz auf

Ihre bisherige Arbeit sind wichtige Referenzen und dienen immer als Entscheidungshilfe.

Dadurch, daß Referenzen so viel Gewicht haben, ist es für »Neulinge« in der Branche relativ schwierig, in vorhandene Strukturen einzudringen. Aus diesem Grund kann es sehr hilfreich sein, sich dem Markt auf großen öffentlichen Pitching-Veranstaltungen vorzustellen. Dort erreichen Sie mit einer einzigen starken Präsentation eine große Anzahl von Entscheidern auf einmal. Außerdem sind diese Veranstaltungen als Talentbörsen etabliert. Redakteure suchen dort gezielt nach neuen Ideen und Talenten. Eine Auflistung solcher Veranstaltungen befindet sich im Anhang.

Noch einen Satz zur Darstellung der beruflichen Laufbahn. Beziehen Sie eine aktive Haltung zu dem, was Sie gemacht haben. »Das mit dem Studium an der DFFB hat sich so ergeben.« »Dann bin ich bei Endemol gelandet.« Das hört sich an, als hätten Sie nichts Besseres zu tun gehabt. »Seit 1993 bin ich beim Film.« »Ich war acht Jahre beim WDR.« Als was? Als Runner oder als Herstellungsleiter? Seien Sie spezifisch in Ihren Aussagen.

5. Budget und Finanzierung

Vier magische Worte, die ebenfalls für gute Referenzen sorgen, lauten: ON TIME UNDER BUDGET.

In diesem Abschnitt gebe ich formale Hinweise, an die Sie während eines Pitches denken sollten. Alles Thematische und Fachliche dazu läßt sich in diesem Rahmen nicht allgemein und erschöpfend beantworten. Welche Erträge für Fernsehrechte in welchen Ländern zu erzielen sind, findet man regelmäßig in diversen, allerdings meist internationalen Fachzeitschriften. *RealScreen*, eine kanadische Publikation, veröffentlicht zum Beispiel regelmäßig einen »Price Guide for Factual Programs«. Interessenverbände der einzelnen Berufsgruppen veröffentlichen Richtwerte dessen, was am Markt ungefähr zu erzielen ist. Im Spielfilmbereich gibt es aufgrund der vielen Faktoren, die den Wert und Preis der Rechte eines Projektes bestimmen, solche Richtlinien nicht. Dieses Wissen kann man sich nur durch praktische Erfahrungen erarbeiten.

Auf jeden Fall sollten Sie über Geld reden! Deshalb machen Sie letztlich Ihren Pitch, um Geld für Ihre Projekte zu bekommen. Filmemachen ist ein Geschäft, und Geschäfte werden in unserer Gesellschaft nun mal mit Geld abgewickelt. Doch viel zu oft wird gerade von Berufseinsteigern das Thema Geld während einer Präsentation nicht angeschnitten. Auf manchen Foren mußten die Entscheider die alles entscheidende Frage selbst stellen: »Wieviel wollen Sie denn von mir?«

Eine Antwort wie: »Na, so hunderttausend wären eigentlich gut«, ist ein Unding. So geschehen auf einem internationalen Treffen in Skandinavien. Abgesehen davon, daß die Antwort unprofessionell und unspezifisch war, hatte jeder der anwesenden europäischen Entscheider eine andere Vorstellung von »hunderttausend«. Jeder Redakteur dachte in seiner Heimatwährung, und da gibt es schon gravierende Unterschiede zwischen einem irischen Pfund, einer deutschen Mark oder einer italienischen Lira. Wenn Sie zu solchen Treffen anreisen, um Ihre Projekte zu präsentieren, mit der Absicht, internationale Coproduktionspartner zu akquirieren, dann ist es unabdingbar, daß Sie genau wissen, wieviel Sie in jedem Territorium erzielen müssen und können und wieviel das umgerechnet in der jeweiligen Währung ist. Die genannten Quellen im Bereich des Dokumentarfilms sind eine erste Hilfe dabei.

Bei der Erstellung von Verkaufsexposés für den internationalen Markt, seien es jetzt Messebesuche oder die Teilnahme an Pitching-Foren, sollte man darauf achten, daß die Ausarbeitungen zu Budget und Finanzierung in einer für alle Länder gültigen Währung notiert sind. Das sind entweder Euro oder US-Dollar.

Eine grundsätzliche Überlegung im Vorfeld zu einem Pitch ist zu recherchieren, wieviel Geld seitens eines Entscheiders für die Finanzierung von Projekten überhaupt zur Verfügung steht. Anhaltswerte lassen sich aus Vergleichen gewinnen.

Wie groß waren die Budgets von Projekten, die ein Produzent oder ein Sender bisher realisiert hat? In welchem Stadium wird investiert, welche Rechte werden dafür verlangt, wird generell nur coproduziert oder kommen auch Cofinanzierungen in Betracht? Liegt der Schwerpunkt auf Auftragsproduktionen, oder wird mehr *inhouse* produziert? Recherchieren Sie die Produktions- und Finanzierungspolitik, *bevor* Sie ein Projekt pitchen. Es macht wenig Sinn, ein Projekt mit einem Budget von zwei Millionen Mark dem *Debüt im Dritten* anzubieten.

Auch wenn es immer wieder Ressentiments und kontroverse Diskussionen zu diesem Thema gibt: Nicht nur Produzenten müssen sich mit diesem Thema auseinandersetzen, sondern auch Autoren. Ich gebe lediglich das wieder, was ich auf den unzähligen Veranstaltungen von Entscheidern jeglicher Couleur immer wieder gehört habe. Die einen sagen, Autoren sollen nur schreiben und sonst nichts, und die anderen meinen, daß ein Autor zumindest im Ansatz überschlagen können sollte, wie teuer sein Projekt ungefähr wird. Wie er auch wissen sollte, wen er für den geeigneten Ansprechpartner hält und welches Publikum er anvisiert. Welchen Weg Sie wählen, bleibt Ihnen überlassen – ich glaube nur, daß zuviel Wissen noch nie geschadet hat. Auf jeden Fall erspart es viele milde lächelnd ausgesprochene Absagen, wenn Sie zwar eine Superidee zum Beispiel für einen Science-fiction-Film haben, die Realisierung aber hinsichtlich der Amortisierung der Produktionskosten im eigenen Land utopisch ist. Einer der Gründe, warum Roland Emmerich seinerzeit nach Los Angeles gegangen ist, war der, daß die Budgets seiner Filme in Deutschland weder finanzierbar noch über die nationalen Einspielergebnisse refinanzierbar waren. Das Risiko solcher Budgets war und ist für den deutschen Markt zu hoch.

Das heißt, je früher Sie sich mit dem Thema der Finanzierung und der Rückflußpläne auseinandersetzen und sich Gedanken zum Vertrieb und dem Marketing machen, um so schneller werden Sie über eine realistische Einschätzung verfügen, ob ein Projekt überhaupt begonnen werden sollte.

In vielen Exposés oder Akkreditierungsformularen für Pitching-Veranstaltungen werden Sie aufgefordert, neben dem Budget auch die Anteile der bereits gesicherten Finanzierung zu beziffern sowie die anvisierten Partner für die noch offenen Beträge zu benennen. Kennzeichnen Sie die noch nicht gesicherten und bestätigten Beträge immer besonders, und schreiben Sie zum Finanzierungsplan einen entsprechenden Vermerk wie »angefragt, noch nicht bestätigt« oder »angefragt, Benachrichtigung erfolgt bis zum …« oder »in Betracht gezogen, weil …«. Auf jeden Fall ist es wichtig, kenntlich zu machen, welche Partner fest in ein Projekt eingebunden sind und welche noch nicht.

Die Nennung der Finanzierungspartner fördert manchmal auf indirektem Weg, ohne daß Sie es pitchen müssen, im Rahmen von internationalen Coproduktionen die Zusammenarbeit. Es gibt Netzwerke von Redakteuren, die sich, speziell im internationalen Dokumentarbereich, untereinander informieren, wenn sie interessante Projekte auf den Tisch bekommen. Diese Redakteure decken inhaltlich mit ihren Sendeplätzen die gleichen Themen ab – und so kommt es vor, daß einige andere Länder fast unbesehen ebenfalls mit einsteigen, wenn z.B. der finnische Redakteur Iikka Vehkalahti von YLE TV2 an einem Projekt beteiligt ist. Auch im Bereich der Entscheider gibt es Trendsetter. Diese und ihre strategischen Allianzen gilt es zu kennen und mit ihnen effektiv umzugehen.

Weitere Bestandteile eines erfolgreichen Pitches

Ein zusätzliches Informationsmodul, das sich an die Beantwortung der fünf Kardinalfragen anschließen sollte, ist die Erklärung, wie weit ein Projekt in seiner Entwicklung vorangeschritten ist. Das beinhaltet auch die Fragen nach dem Status eines Projekts und dem *Package*, also der beabsichtigten Einbindung von zusätzlichem kreativem Potential.

Definition des Projektstatus im Zusammenhang der Geschichte und ihrer Entwicklung

Gibt es den idealen Zeitpunkt für einen Pitch? Das Dilemma liegt darin, daß die Antwort davon abhängig ist, wer die Frage gestellt hat. Für den Entscheider sinkt das Risiko, sich für ein Projekt zu entscheiden, je mehr Klarheit auf Ihrer Seite über das Projekt besteht, d.h. je weiter entwickelt Buch und Package sind. Dagegen liegt das Problem der Finanzierung von Ihrer Seite aus noch vor der Phase des *Developments*. Die tägliche Praxis zeigt, daß dieses Problem nicht für beide Seiten befriedigend gelöst werden kann.

Auf jeden Fall sollte ein Projekt nicht zu früh gepitcht werden, sonst ist es nur »*a project about a project*«. Es ist relativ sinnlos und auch naiv zu denken, daß man sich die Phase der Recherche vorfinanzieren lassen kann. Viele junge Dokumentarfilmer und unerfahrene Autoren fragen allerdings immer noch danach.

Welches sind die üblichen Stadien, um den Status eines Projekts zu definieren, und welche Unterlagen muß man hierfür erstellen? Ich fange bei dem für einen Entscheider wünschenswertesten Stadium an, dem für einen Autor oder Produzenten aber am risikoreichsten.

Kann ein Entscheider ein fertiges Produkt sehen, läßt sich relativ gut einschätzen, ob es am Markt funktionieren wird oder nicht. Obwohl das Finanzierungsrisiko auf Seiten der Entscheider geringer wird, je weiter ein Projekt fortgeschritten ist, kann niemand eine Erfolgsgarantie geben. Letztendlich entscheidet darüber das Publikum.

Auch wenn man sein Projekt noch so liebt, ist das Risiko, seinen Film komplett selbst zu finanzieren, viel zu hoch, wenn nicht gar halsbrecherisch. In Hollywood ist das Befolgen der schlichten Aussage »Never use your own money« Garantie für das eigene Überleben. Also verpfänden Sie bitte nicht Haus und Hof für ein Projekt. Nichtsdestotrotz gibt es immer wieder Ausnahmen. *Sonnenallee* von Leander Haußmann ist entgegen aller Unkenrufe der Branche während der

Finanzierungsphase mit viel persönlichem Engagement der Beteiligten ein großer Erfolg geworden. Immerhin hatte der Film ganz entgegen der Erwartungen im Vorfeld innerhalb von sechs Monaten nach seiner Veröffentlichung 2,34 Millionen Kinobesucher in Deutschland erreicht.

Das nächste Stadium und heutzutage auch das übliche, um ein Projekt realistisch zu beurteilen, ist ein fertiges Drehbuch.

Viele Entscheider möchten, bevor sie sich überhaupt mit einem Drehbuch befassen, eine überzeugende Kurzfassung lesen oder zu hören bekommen. Sind die ersten Etappen Ihres Projekts nicht über einen ersten mündlichen Pitch gelaufen, sollten Sie unbedingt ein schriftliches Exposé erstellen.

Inhalt eines Präsentations-Exposés

- Deckblatt mit Titel, Untertitel oder Log-Line, Spielfilm oder Dokumentarfilm, Länge, Adresse, ©-Angabe mit Jahreszahl, evtl. ein Bild, das die Thematik unterstreicht.
- Kurzinhalt/Synopsis (maximal 2 Seiten).
- Firmenprofil und Lebenslauf, sollten Sie jemandem zum ersten Mal Ihre Unterlagen übersenden.
- Filmographie der Firma bzw. Ihre persönliche Projektauflistung, bestehend aus Titel, Produktionsjahr, Länge, Genre, Sender bzw. Produktionsfirma, Thema/Kurzinhalt.
  Beispiel: VERLOREN. 90-minütige Dokumentation über die Straßenkinder in Kalkutta. S16mm/35mm. BBC/WDR/TF1. 1996
- Wichtigste Teammitglieder sowie die Besetzung mit den entsprechenden Bestätigungsschreiben, respektive Besetzungsvorschläge mit den aktuellen Filmographien.
- Statement des Regisseurs, das erklärt, warum er an dem Projekt mitwirkt.
- In eher seltenen Fällen wird noch ein *Marketing Package* hinzugefügt. Das enthält weitere künstlerische und technische Informationen, Visualisierungskonzeption, Drehorte, Ar-

beitsplan – also Informationen, die das Projekt detaillierter erklären.

In einem beiliegenden Anschreiben sollten folgende Punkte kurz und informativ erwähnt sein: Warum Sie an genau diesen Entscheider schreiben, eine kurze Einführung in den Inhalt (One-Liner in einen Fließtext integriert), der aktuelle Status des Projekts, Budget, falls Finanzierungspartner und/ oder Vertriebspartner schon eingebunden sind, Besetzungsvorschläge für die Hauptrollen oder Zusagen bestimmter Schauspieler über ihr Mitwirken.

Sie empfinden es vielleicht als Selbstverständlichkeit, aber glauben Sie mir, ich sage es hier ausdrücklich und aus gutem Grund: Das Exposé muß frei von Rechtschreib- und Zeichensetzungsfehlern sein. Der äußere Eindruck sollte perfekt sein, also ohne Kaffeetassen-Ränder (alles schon vorgekommen), deshalb fertigen Sie lieber eine neue Kopie an, bevor Sie das abgenutzte, sprich abgelehnte Exposé erneut versenden.

Um den Status Ihres Projektes genau definieren zu können, sollten Sie die folgenden Unterscheidungen im Stadium eines Projektes kennen. Die erste Differenzierung befaßt sich mit den verschiedenen Entwicklungsstufen der Geschichte: »Seit ein paar Tagen geht mir diese Idee nicht mehr aus dem Kopf« – dieses sehr frühe, absolut unreife Stadium der Idee läßt sich eigentlich nur innerhalb bereits etablierter Geschäftsbeziehungen pitchen. Hierzu müssen sich die Partner kennen und wissen, was an handwerklichen und kreativen Fähigkeiten seitens des Autors zu erwarten ist. Ist diese Beziehung noch nicht etabliert, macht es nur Sinn, etwas zu pitchen, wenn der Stoff in einem fundierten Entwicklungsprozeß steckt.

Die am häufigsten verwendeten Stadien sind *Exposé, Treatment, Step-Outline* und *Script*.

Das *Exposé* umfaßt maximal 5 bis 10 Seiten. Es gibt Drehbuchlehrer, die nur zwischen 3 und 5 Seiten für eine Exposé-Erarbeitung erlauben. Der Hauptplot der Geschichte und die wichtigsten Figuren werden darin skizziert.

Das nächste Stadium ist das *Treatment*. Man unterscheidet zwischen *Working Treatment* und *Selling Treatment*.

Das *Working Treatment* für einen Film mit Spielfilmlänge ist zwischen 15 und 30 Seiten lang. Ein häufiger formaler Fehler ist jener, daß das Treatment wie das Drehbuch geschrieben wird, nur ohne Dialoge. Damit erfüllt das Treatment aber nicht seinen Zweck. Dem Autor dient es dazu, die dramatische und dramaturgische Struktur zu klären. Wer ist die Hauptfigur? Woher stammt sie, und wie lebt sie, bevor die Geschichte beginnt? Wo steht sie am Ende des 1. Aktes? Worin liegt der Konflikt? Was passiert im 2. und 3. Akt? Wie wird die Spannung aufgebaut? Wie aufgelöst? usw. Das heißt, Haupt- und Nebenplots und alle Figuren sind eingeführt, die Welt der Geschichte und das Thema liegt vor uns.

Das Working Treatment dient außerdem als Diskussionsgrundlage mit dem Regisseur und/oder dem Produzenten, sofern diese schon fest in das Projekt eingebunden sind. Der Autor und Drehbuchlehrer Pascal Lonhay hat dieses Stadium in einem Workshop einmal als eine Art Forschungslabor bezeichnet, in dem man gemeinsam experimentiert und Fehler noch erlaubt sind, ja sogar passieren sollen, denn diese führen, nachdem man sie ausgemerzt hat, erfahrungsgemäß immer zu einer generellen Verbesserung der Geschichte.

Das *Selling Treatment* dient dem Produzenten zur *Development*-Finanzierung. Es unterscheidet sich inhaltlich nicht so sehr vom Working Treatment, es ist nur kondensierter, klarer und sprachlich überarbeitet. Im Schnitt ist es für Spielfilme 12 bis 15 Seiten lang, für Filme mit einer Länge von ca. 1 Stunde umfaßt es ungefähr 7 Seiten und 1 Seite für Kurzfilme.

Die alles entscheidende Frage, die mit Hilfe des Selling Treatments beantwortet werden soll, ist: »Kann aus dieser Geschichte ein (guter) Film werden?« Da es deshalb entsprechend lebendiger und »visueller« als das für die eigenen Arbeitszwecke erstellte Working Treatment ist, können für die Verkaufszwecke einzelne Szenen mit Dialogen eingefügt werden, damit die Charaktere »zum Leben erweckt« werden können. Wie eine gute Synopsis ist auch das Treatment mehr als nur eine Inhaltsangabe: Atmosphäre, Stil und Tonart müssen greifbar werden!

Die *Step-Outline* ist die ganze Geschichte mit allen ausgearbeiteten Szenen, allerdings noch ohne Dialoge. Sie umfaßt gut 50 Seiten. Sie ist die arbeitsintensivste Phase am Drehbuchschreiben. Stehen alle Szenen, ist das Buch *im Grunde* geschrieben. Dann folgt das Drehbuch von der ersten Seite bis zur drehfertigen Fassung.

Dazu ein Beispiel der Umsetzung von der Einleitung eines Treatments zur Umsetzung in die Step-Outline: »Andreas, 25, ein attraktiver, doch sehr schüchterner Bankangestellter, hat von jeher Probleme mit unabhängigen und selbstbewußten Frauen. Als Greta, 28, eine höchst erfolgreiche Bankräuberin ihn bei einem Überfall in der Bank als Geisel nimmt und sich vollkommen ›außerplanmäßig‹ in ihn verliebt, brechen für Andreas neue Zeiten an. Es ist manchmal nur ein kleiner Schritt von der Geisel zum Ehemann. Ob unfreiwillig oder auch freiwillig? Die Frage der Entscheidung steht für Andreas aber gar nicht an, denn einer Frau wie Greta schlägt man ihre Wünsche nicht ab ...«

Für die Step-Outline stellt sich nun die Frage, wie man dies in Szenen übersetzt, präziser gesprochen, in kurze Zusammenfassungen von 5 bis 10 Zeilen? Die Fragen, die in dieser Zusammenfassung beantwortet sein wollen, lauten beispielsweise: Wo spielt die Szene? Wann – Tag/Nacht? Wessen Szene ist es? Welches (Unter)Ziel verfolgt der Protagonist darin? Wer ist der Antagonist? Welche Hindernisse gibt es? Wird die Szene sofort aufgelöst oder erst später? Welche neuen Fragen ergeben sich?

Sind diese Punkte geklärt, kommt der nächste Fragenblock, der pro Szene beantwortet werden muß, auch hier nur wieder Auszüge, da der »berühmte Rahmen« sonst gesprengt würde. Zur tieferen Erarbeitung hilft entsprechende Fachliteratur weiter. Bleiben wir bei Andreas: Wie und wann wird er eingeführt? Ist er gerade noch zu Hause oder im Büro? Frühstückt er? Und ist das interessant? Was erfährt man über seinen Charakter, seine Lebensgewohnheiten? Oder vielleicht verstehen wir ihn und sein Problem besser, wenn wir die Trennung von seiner letzten Freundin miterleben? Wann und wo war das? ...

Dieser Fragenkatalog kann endlos fortgeführt werden, verdeutlicht aber schon an diesem winzigen Beispiel, wie wichtig es ist, sich vorab darüber im klaren zu sein, was das Thema ist und worum es in der Geschichte geht. Nur so lassen sich Handlung und Motivation der Personen wie auch alle anderen Informationen klar darlegen. Sie werden keine vernünftige Step-Outline, geschweige denn ein Drehbuch schreiben können, wenn das Treatment Ihr Thema und Ihren emotionalen Effekt, den Sie erreichen wollen, nicht fixiert.

Nur zur Erinnerung: Exposé, Treatment, Step-Outline und Script werden im Präsens und Indikativ geschrieben!

Projektstatus im Entwicklungs- und Produktionskontext

Nachdem Sie erklären konnten, in welchem Entwicklungs-Stadium sich Ihr Stoff befindet, geht es darum, den Projektstatus für die Produktion zu definieren. Diese Kriterien gelten hauptsächlich für Produzenten. Alle Faktoren, die für den gesamten Entwicklungs- und Produktionsprozeß bedeutsam sind, werden in ihrem aktuellen Status erwähnt und die nächsten logischen Schritte erklärt. Das ist Projekt-Management im wahrsten Sinne des Wortes. Diese Statusdefinitionen sollten Sie sowohl für den mündlichen Pitch wie auch für die schriftlichen Präsentationsunterlagen vorbereiten.

Das Package:
finanzielle und kreative Komponenten als Wertschöpfung

Je kompletter und aussagekräftiger Ihr Package ist, desto leichter finden Sie Partner, die mit einsteigen. Das Package beinhaltet Gedanken zur Besetzung der Rollen sowie zum künstlerischen Team, also Regie und Kamera. Auch Kostüm und Ausstattung sind nennenswert, besonders wenn Sie mit Ihren Arbeiten nominiert und/oder ausgezeichnet wurden.

Das finanzielle Potential

All diese Elemente dienen der ökonomischen Wertschöpfung. Sollten Ihnen also zu einzelnen Punkten feste Zusagen vorliegen, ist es sinnvoll, diese Bestätigungen dem Verkaufs-Exposé schriftlich beizulegen. Kleiner Tip am Rande: Wenn Sie international arbeiten, sollten diese Bestätigungen für Ihre ausländischen Finanzierungspartner immer in deren jeweilige Sprache übersetzt werden.

Vertriebspartner und Finanzierungen, die bereits fest in Ihr Projekt eingebunden sind, sind ebenfalls äußerst attraktive Package-Argumente auf Ihrer Suche nach weiteren Partnern. Hierzu ein Beispiel, das verdeutlicht, wie wichtig es ist, den jeweils aktuellen Status der Finanzierung in einem Pitch darzulegen. Eine englische Produzentin nahm mit ihrem Spielfilmprojekt, einer geplanten europäischen Coproduktion, an einem öffentlichen Pitch teil. Sie hatte zu dem Zeitpunkt, als sie sich zu der Veranstaltung anmeldete, nur einen geringen Teil ihres Budgets finanziert. Zwischen Anmeldung und Veranstaltung lagen zwei Monate, in denen sie es geschafft hatte, für ihr Projekt weitere 65 Prozent der Finanzierung auf die Beine zu stellen. Im Veranstaltungskatalog standen aber nur (die alten) 10 Prozent. Sie vergaß, daß die Entscheider, die ihrem Pitch zuhörten, von dieser Entwicklung nichts wissen konnten, und verlor kein Wort über diesen neuen Stand der Dinge. Das Projekt war spannend, begeistert und begeisternd gepitcht, sie als Produzentin interessant, obwohl sie noch nicht viele Referenzen nachweisen konnte – nur das Thema Budget und Finanzierung ließ die potentiellen Coproduzenten noch zaudern. Erst als sie von einem dennoch sehr am Stoff interessierten Entscheider zur Finanzierung befragt wurde, wen sie sich als weitere Partner für die noch fehlenden 90 Prozent vorstelle, wurde ihr der Fehler bewußt. Sie hätte sofort zu Beginn der Präsentation erklären müssen, daß sie nach dem Erstellen des Katalogs jetzt insgesamt 75 Prozent des Budgets zusammenbekommen hat. Das ist für potentielle Coproduktions-Partner ein echter *Unique Selling Point*! Als sie die neuen Fakten dargelegt hatte, schlug die Stimmung der Entscheider sofort um. Anzeichen regen Interesses waren auf den Gesichtern zu entdecken, und sie konnte die Finanzierung ihres Projekts noch während der Veranstaltung schließen.

Das kreative Potential: Talk about talent

Zum Package gehören auch Ihre Vorstellungen über die Zusammensetzung des kreativen Teams für Ihr Projekt.

Talk about talent: Die Besetzung. Bei den Ideen zur Besetzung ist es wichtig, daß Sie in den schriftlichen Verkaufs-Exposés nicht mit wichtigen Namen hausieren gehen und den Eindruck erwecken, daß Sie bereits die Zusagen dieser Personen haben. *No name dropping!* Wenn Sie berühmte Namen, die nur als Wunschkandidaten existieren, als real besetzt verkaufen, handeln Sie sich schnell eine Einstweilige Verfügung ein. Wenn es sich um Besetzungs*vorschläge* handelt, müssen diese auch explizit als solche ausgewiesen werden. Falls Sie Besetzungsvorschläge in Form von Vergleichen aufstellen – für die schauspielerischen Qualifikationen oder Ähnlichkeiten im Aussehen oder als Vergleich von Rollen in anderen Filmen, erklären Sie immer, warum Sie diese Vergleiche als Hilfestellung herangezogen haben.

Der Schauspieler Otto Waalkes wird immer Otto Waalkes bleiben, sowohl in seiner schauspielerischen Qualifikation als auch im Rollenvergleich. Er ist relativ eindeutig auf seine Rollen festgelegt. Aber eine Franka Potente als Lola (in *Lola rennt*) hat andere schauspielerische Qualitäten, Aussehen und Vermarktungsmöglichkeiten als die ehrgeizige Medizinstudentin Paula in *Anatomie*.

Talk about talent: Die Regie. Checken Sie, welche Filme ein potentieller Entscheider bisher von einem Regisseur veröffentlicht hat und wie die Kinozahlen, Einspielergebnisse oder Einschaltquoten im TV waren. Es gibt viele Rahmenvereinbarungen zwischen Produktionsfirmen und Regisseuren, in denen die Zusammenarbeit für eine bestimmte Anzahl von Filmen festgelegt ist. Ist ein Regisseur für einen klar festgelegten Zeitraum mit einer speziellen Produktionsfirma unter Vertrag, so wird die Chance gering sein, ihn aus dieser Vereinbarung rauszulösen. Ein guter Regisseur kann ein Erfolgsgarant für die Vermarktung eines Films sein. Im Herbst 1999 hat sich ein niederländischer Produzent während eines Pitches für eine Zusammenarbeit mit einem Autor und ein thematisch relativ schwieriges Projekt entschieden, weil, neben dem sehr ehrlichen und dadurch professionell wirkenden Pitch des Autoren, die Regie bereits feststand. Der Autor hatte seinerseits aufgrund des interessanten Stoffes eine feste Zusage von dem Regisseur erwirken können. Da der Finanzier die letzten beiden Filme des gleichen Regisseurs ebenfalls coproduziert hatte, wußte er um die professionelle Arbeit mit ihm ebenso wie um seine phantastischen visuelle Umsetzungsfähigkeiten. Von da an war das schwierige Thema kein Thema mehr.

Am Markt ist zur Zeit eine interessante Entwicklung zu beobachten, die sich seit 1999 parallel zu dem eben Gesagten durchsetzt. Bestimmte US-Erfolgsformeln versagen immer öfter – aufgeblasene *Effect-Events* oder einstmals todsichere Regie- und Schauspieler-Stars als Umsatzgaranten verlieren an Bedeutung. Sie machen Platz für Filme, in denen die Story, die Charaktere und deren psychologische Tiefe sowie eine innovative Regie das Maß aller Dinge ist. Die Gründe dafür sind offensichtlich: Sie kosten nur einen Bruchteil der Action- und Effects-Filme, haben bessere Chancen, prestigeträchtige Preise zu gewinnen, und sind in der Videoverwertung länger am Markt. Gerade die britischen Filme der jüngeren Vergangenheit sind gute Beispiele für diese Entwicklung.

In Deutschland hatten die hausgemachten Erfolgsformeln, die Mitte der neunziger Jahre den deutschen Kinoboom entfachten, allerdings zum Ende des Jahrtausends keine Bedeutung mehr, wenn man sich den wieder gesunkenen Marktanteil des deutschen Films anschaut.

Talk about talent: Die Musik. Filmmusik wird mit ihrem

zusätzlichen Vermarktungs- und Merchandisingpotential als Einnahmequelle immer interessanter. Titelsongs von Musikgrößen wie Elton John für *König der Löwen*, Phil Collins für *Tarzan*, Celine Dion für *Titanic* erzielen enorme Umsätze auf dem Audiomarkt.

Musik generiert Bilder in unserer Wahrnehmung. Wenn Sie vom Tempo, vom Schnitt und dem Zeitgefühl eines Projektes sprechen, hilft es in einem Pitch, wenn Sie darüber hinaus Ideen zum Soundtrack thematisieren.

Denken Sie jedoch im Vorfeld, bevor Sie ein Projekt pitchen, bei der Musik immer daran, die Rechte zu klären. Das kann nämlich eine sehr heikle und extrem teure Aufgabe sein. Filmmusiken, die eigens für Ihr Projekt komponiert werden, sind davon natürlich nicht betroffen. Beim Pitchen ist lediglich darauf zu achten, daß Sie auf die Referenzen der Komponisten und Musiker eingehen. Verwenden Sie existierende Musiken, müssen Sie klären, ob Sie überhaupt die Rechte dafür erwerben können und wieviel das kostet.

Ist geplant, das Projekt international zu vermarkten, müssen zuvor unbedingt die Auslandsrechte geklärt werden. Ein sehr originelles und ambitioniertes Spielfilmprojekt, das von einer Rock-Band handelte, die als Vorgruppe von den *Rolling Stones* auftreten sollte, scheiterte an der Rechtefrage. Da einige Titel der *Rolling Stones* ein maßgebliches Element im Film waren, mußte der junge, talentierte Autor sein Projekt leider aufgeben.

Talk about talent: Die Vermarktung. Die bisher genannten Package-Komponenten können, entsprechend vermarktet, neben den regulären Erlösen aus Kinoeinnahmen und Rechteverkäufen, ein enormes kommerzielles Potential darstellen.

Gutes Marketing beinhaltet, sich außerdem Gedanken über *Merchandising, Licensing, Tie-Ins und Sponsoring* zu machen. Dies sind Vermarktungschancen, die zusätzliche Einnahmequellen bedeuten, so daß man sie auf alle Fälle in einem Pitch erwähnen und diskutieren sollte. Auch sind zukünftige Cross-Promotion-Ideen für die kommerzielle Auswertung des Films bereits in einem frühen Stadium als Entscheidungskriterien relevant. Mehr soll und kann hier zu diesem enorm großen und vielfältigen Themenbereich nicht gesagt werden. Es gibt eine große Auswahl an Literatur zu dem Thema – empfehlen kann ich das Buch *Film & Video Marketing*, das anhand von Fallbeispielen das Thema übersichtlich erklärt.

Technische Komponenten: Länge, Format, Schnitt, Sprachversion

Technische Informationen werden meist nur stichwortartig erläutert. Handelt es sich um ein *One-Off* oder eine Serie, 1 x 52 Minuten oder 13 x 26 Minuten, wird Archivmaterial verwendet, wird live oder im Studio gedreht, gibt es Special Effects, S16mm, 35mm, BetaSP Filmmaterial? Handelt es sich um internationale Coproduktionen, stellt sich die Frage der Sprache, in der gedreht wird.

Im Abschnitt zur visuellen Umsetzung des Projekts ist bereits einiges zur Erklärung und Präsentation der technischen Komponenten gesagt worden. Im folgenden möchte ich die inneren Zusammenhänge dieser Komponenten näher erläutert sowie die Auswirkungen, die sie auf die jeweiligen Vermarktungsmöglichkeiten haben.

Die Länge: Eine Stunde ist nicht eine Stunde! Schon gar nicht zu jeder Tageszeit … Nehmen wir ein Dokumentarfilm-Projekt. Sie produzieren für einen öffentlich-rechtlichen Sender in Deutschland. Eine gängige Länge ist 45 Minuten. Haben Sie für Ihr Projekt einen niederländischen Coproduzenten, sind die 45 Minuten auch noch in Ordnung. Haben Sie allerdings zusätzlich einen französischen, kanadischen oder amerikanischen Partner, wird es schon kompliziert. Dort gibt es fast überhaupt keine Sendeplätze dieser Länge. Sie haben dann die Möglichkeit, entweder auf eine halbe Stunde oder aber auf eine volle Stunde zu schneiden. Aber Achtung: eine halbe Stunde hat nur maximal 26 Minuten – und eine ganze Stunde nur zwischen 52 und 54 Minuten. Jedes Land hat unterschiedliche Sendeplatz-Längen, sogenannte *Time Slots*, je nachdem, wie viele Werbeblöcke pro Stunde gezeigt werden dürfen. Das wiederum kann je nach Tageszeit unterschiedlich sein. Ein Sendeplatz zur *Prime Time* ist inhaltlich normalerweise kürzer, da er mehr Werbeblöcke pro Stunde enthält als ein Sendeplatz am Mittag.

Ein Beispiel: Sie haben eine Tierdokumentation gedreht und möchten diese in Deutschland anbieten: Premiere Deutschland hat dafür zwei *Time Slots*: entweder 30 oder 50 bis 60 Minuten. Pro 7 kann Ihnen einen Sendeplatz von 46 Minuten anbieten. Das ZDF hat hierfür Dienstag um 20.15 Uhr einen Platz von 45 Minuten. Discovery Germany am gleichen Tag abends um 20.30 Uhr gewährt Ihnen zwischen 26 und 120 Minuten, während die ARD nur 45 oder 60 Minuten einkauft.

Das heißt, Sie sollten vor der Endfertigung eines solchen Projektes, falls Sie es erst als fertiges Produkt verkaufen und den jeweiligen Redakteur nicht schon im Vorfeld an dem Projekt beteiligt haben, genau wissen, mit welchem Sender Sie arbeiten werden. Nur so können Sie unnötige Kosten im Schnitt und der Endfertigung vermeiden.

Haben Sie das ZDF oder die ARD mit einem Sendeplatz von 45 Minuten als deutschen Partner und möchten das Produkt noch in weitere Länder verkaufen, so müssen Sie bereits beim Drehen sicherstellen, daß Sie genügend zusätzliches Filmmaterial besitzen, um die eventuell benötigte längere Version für einen einstündigen *Time Slot* bei ausländischen Sendern schneiden zu können.

Dieses Längendebakel verdeutlicht, wie komplex die Überlegungen sind, die Sie im Vorfeld anstellen müssen. Filme produzieren ähnelt in vielen Bereichen eher einem strategischen Planspiel.

Praktischer Tip, wie man diese Komplexität vorab entzerren kann und auf einen Blick das Thema Länge und Formate ganz gut in den Griff bekommt. Es gibt eine exzellente Informationsquelle, die auch »die Dokumentaristen-Bibel« genannt wird: der *EDN TV-Guide*, herausgegeben vom European Documentary Network in Kopenhagen, erscheint jährlich im Dezember und listet alle europäischen Sender für Dokumentarfilme – von Albanien bis zum Vereinigten Königreich – auf. Daneben erfährt man alles über das jeweilige Senderprofil, die Namen, Längen, Sendezeiten und Themenbereiche der Sendeplätze, die bedient werden, sowie die Namen und Adressen der zuständigen Redakteure. Die Investition von € 25,– ist mehr als lohnenswert. Eine »Bibel« für den US-amerikanischen und kanadischen Markt ist 1999 unter dem Titel *The US & Canadian Guide* erstmals erschienen. Leider gibt es für den Spielfilmbereich kein solches Handbuch.

In welcher Sprache wird das Projekt gedreht? Gibt es für das Ausland untertitelte Versionen? Angenommen, Sie möchten mit einem deutschen Spielfilm den amerikanischen Markt erobern ... Ich sage nur etwas zur Sprache, nichts zu den Chancen! Im Gegensatz zum deutschen Zuschauer ist der amerikanische Zuschauer nicht an Synchronfassungen gewöhnt, sie werden dort schlichtweg nicht akzeptiert. Das gleiche gilt für Spanien. In vielen anderen europäischen Ländern werden untertitelte Versionen akzeptiert. Insofern ist die Sprachfassung eines Projekts von weitgreifender produktionstechnischer und finanzieller Relevanz.

Praktische Tips

Es folgen noch einige Tips, allesamt Antworten zu oft gestellten Fragen aus meinen Workshops, die ich noch kurz erwähnen möchte:

Gibt es den optimalen Zeitpunkt für einen Pitch?
Nein, aber es gibt Zeitpunkte, zu denen man besser nicht pitcht. Außerdem gibt es die grundsätzliche Unterscheidung zwischen dem »Gespräch unter vier Augen« und dem Pitch auf einer öffentlichen Veranstaltung. Auf größeren öffentlichen Veranstaltungen wird Ihnen der Termin für die Präsentation zugewiesen. Hier ist es lediglich hilfreich, sich mit dem

Veranstaltungsort vertraut zu machen, so daß Sie nicht über die unerwartete Größe eines Saals erschrocken sind. Das gilt auch im Rahmen von kleineren Veranstaltungen, bei denen innerhalb von zwei Stunden 12 bis 15 Projekte vor einem größeren Publikum gepitcht werden. Sind Sie extrem nervös, sollten Sie versuchen, den Zeitpunkt bzw. die Reihenfolge mit den anderen Präsentierenden abzusprechen. Manche Menschen möchten eine Präsentation am liebsten sofort hinter sich bringen, manche möchten lieber noch Zeit schinden und zuletzt pitchen. Und manche fühlen sich in der Mitte zwischen den anderen Präsentationen am wohlsten. Das hängt von Ihren persönlichen Bedürfnissen ab und läßt sich meist mit den Veranstaltern organisieren.

Bei persönlichen Gesprächen mit einem Entscheider ist es sinnvoll, im Vorfeld zu klären, wieviel Zeit bei dem Termin zur Verfügung steht. Entsprechend muß Zeit für die grundsätzliche Einführung Ihrerseits in das Projekt und das anschließende Gespräch darüber berücksichtigt werden. Generell ungünstige Zeitpunkte im Jahresverlauf sind zum Beispiel Termine kurz vor oder direkt nach der Urlaubszeit. Die meisten Menschen möchten ihren Schreibtisch aufgeräumt haben, bevor sie in Urlaub fahren. Und nach dem Urlaub muß erst mal das Liegengebliebene und das aktuelle Tagesgeschäft aufgearbeitet werden, bevor das Gegenüber Zeit und gedankliche Konzentration für ein neues Projekt aufzubringen gewillt ist. Ein kurzer Anruf bei der persönlichen Assistenz oder dem Sekretariat, das die Termine vereinbart, bringt Klärung. In England hat man dieses Problem gelöst, da die meisten Sender die sogenannten *Calls For Proposals* eingeführt haben: Es gibt zwei feste Termin im Jahr, zu denen Autoren und Produzenten ihre Projekte pitchen können. Außerhalb dieser Zeit ist dies nur noch selten möglich. Dieses Prozedere hat sich in Deutschland allerdings noch nicht etabliert.

Kann ich sicherstellen, daß mein Pitch nicht langweilig wirkt?
Nach der entsprechenden Vorbereitung, die Sie geleistet haben, sollte Ihr Pitch auf jeden Fall gut ankommen und keines-

falls langweilen. Die Gefahr besteht lediglich darin, daß Sie wegen der vielen Wiederholungen selbst gelangweilt sind.

Im Rahmen einiger Weiterbildungsprogramme mit einer größeren Anzahl eingeladener Entscheider gibt es jeweils halbstündige Treffen, bei denen die erarbeiteten Projekte in Einzelgesprächen präsentiert werden. Bestrafen Sie Ihren zehnten oder fünfzehnten Termin nicht damit, daß Sie Ihres Projekts selbst schon müde geworden sind. Sie müssen in der ersten wie in der letzten Präsentation die gleiche Begeisterung aufbringen können. Das heißt, Sie müssen auch Ihre Begeisterungsfähigkeit trainieren, um sie auf Abruf abspulen zu können. Pitching ist eine Disziplin!

Darf ich mir während eines Gesprächs Notizen machen?
Ja. Es sprechen mehrere Gründe dafür: Sich zwischendurch kurze Notizen zu machen hilft, sich besser auf den weiteren Verlauf des Gesprächs zu konzentrieren. Man braucht keine Angst zu haben, daß wirklich wichtige Sachen, die gesagt werden, in Vergessenheit geraten könnten. Ein anderer Grund ist der, daß man mit Hilfe der Notizen ein Gesprächsprotokoll anfertigen kann, das für beide Seiten als Grundlage für die Weiterführung der Gespräche dient. Auf großen Veranstaltungen, wie dem Amsterdamer DOCUMENTARY FORUM, gibt es mittlerweile einen offiziellen Protokollanten, der die dem Pitch folgende Diskussion zwischen dem Präsentierenden und den Entscheidern notiert. Der Präsentierende kann sich ganz auf die Diskussion konzentrieren, und gleichzeitig ist sichergestellt, daß relevante Interessensbekundungen in der Aufregung nicht verloren gehen und entsprechend nachgehakt werden kann. Findet die öffentliche Veranstaltung in einem kleineren Rahmen als in Amsterdam statt, wie zum Beispiel die Veranstaltungen von »European Pitch Points« oder »Markt der Stoffe« in Deutschland, kann auch ein Bekannter oder Freund solche Informationen, Interessenbekundungen, Kritik- und Diskussionspunkte zu Ihrem Projekt notieren. Die stenographierende Sekretärin während eines persönlichen Gesprächs muß es aber in unserer Branche nicht sein ...

Schließlich gibt es noch einen letzten und nicht zu unterschätzenden psychologischen Grund für Notizen. Unser Gegenüber fühlt sich eventuell geschmeichelt, wenn Sie sich die hilfreichen und konstruktiven Informationen, die er im Verlauf eines Gesprächs äußert, notieren. Einen Hinweis zur Körpersprache hierzu: Wenn Sie sich Notizen machen, dann legen Sie das Papier auf den Tisch. Liegt ein Notizblock auf den Knien oder halb verdeckt unter dem Tisch, ist dies für den Entscheider nicht nur verwirrend, sondern es kann zudem den Eindruck erwecken, Sie würden heimlich mitschreiben oder investigative Informationen sammeln.

Speziell auf Messen und Festivals, auf denen man wahrscheinlich täglich im Schnitt mit 20 verschiedenen Personen spricht, sind Notizen eine große organisatorische Hilfe. In der Euphorie eines Festivals werden oftmals Versprechen abgegeben, Unterlagen, Videocassetten oder Drehbücher zu schicken. Problematisch wird es allerdings, wenn man wieder zurück im Büro ist. Der Alltag hat einen ganz schnell wieder im Griff, und so manche Zusage löst sich in Wohlgefallen auf.

Für diesen Fall hilft es, sich Messe- und Festivalkontaktbögen anzulegen, die man spätestens jeden Abend *vor dem Besuch der Bar* ausfüllen sollte.

Welche Begleitmaterialien sind sinnvoll, und wie handhabt man sie am besten?
Fangen wir mit Show Reels, Trailern und Clips an. Auf öffentlichen Pitching-Foren ist die technische Ausstattung vorgegeben. Erkundigen Sie sich, welche Videorecorder vorhanden sind, falls Sie Filmausschnitte zeigen möchten. Sprechen Sie den Ablauf der Präsentation eventuell kurz vorher mit dem Techniker, der die Geräte bedient, ab.

Ich warne davor, während eines Pitches mit Dias zu arbeiten. Es ist besser, die Dias in der gewünschten Reihenfolge auf Bandmaterial aufzunehmen. Dias haben die unangenehme Eigenschaft, ständig seitenverkehrt einsortiert worden zu sein, aus dem Kasten herauszufallen o.ä. Ein Pitch vor einigen Jahren in Amsterdam war ganz auf eine Diashow hin konzipiert. Es ging in dem Projekt um Fotografien aus dem letzten Jahrhundert, die plötzlich in einem Antiquariat aufgetaucht waren und Siedler in Amerika zeigten. Der gesamte Vortrag war mit Kommentaren zu den einzelnen Bildern konzipiert worden – entsprechend war die Reihenfolge der Dias im Wagen gewählt. Leider ließ der Techniker, der den Projektor bediente, beim Einschieben des Wagens diesen fallen. Alle Dias waren durcheinander, und es gab keine Zeit mehr zum Einsortieren, geschweige denn, das noch in der richtigen Reihenfolge zu tun. Die englische Produzentin hatte ihren Pitch auf der Basis der Bilder aufgebaut und war nicht vorbereitet, eine andere Strategie zu fahren. Ihre fünfminütige Präsentation war gelaufen, ohne daß sie auch nur eine Chance hatte, das einmalige Material zu zeigen.

Kommentieren Sie Bandmaterial während Ihres Pitches, ist das Timing Ihrer Kommentare sehr präzise einzuüben, denn wenn die Kassette erst einmal läuft, dann müssen auch Sie funktionieren. Eine zusätzliche Sicherheitskopie zu einer solchen Großveranstaltung mitzunehmen erweist sich dementsprechend als sinnvoll. Ich habe schon so manche bandverschlingenden Abspielgeräte gesehen!

Generell gilt, daß alle möglichen Formen von Begleitmaterial, die eine Präsentation lebendiger machen, benutzt werden sollten. Das können Fotos von den Personen, den Kunstwerken und anderen Objekten, die Romanvorlagen, die Sie verfilmen wollen, u.v.m. sein. Sie müssen diese nur souverän handhaben können. Videobänder müssen unbedingt genau auf Anfang stehen. Das Hin- und Herspulen der Bänder vor Ort, um an die gewünschte Stelle zu kommen, ist lästig, für alle Beteiligten peinlich, und es macht während eines Pitches unnötig nervös. Überlegen Sie sich außerdem im Vorfeld genauestens, zu welchem Zeitpunkt Ihres Pitches Sie einen Clip zeigen. Das richtige Timing für gutes Bildmaterial kann viele verbale Erklärungen ersetzen.

Arbeiten Sie mit Trailern oder Show Reels als Begleitmaterial, ist peinlich genau darauf zu achten, daß das Material dem Thema entspricht und in technisch einwandfreier Qualität vorliegt. Ein Beispiel: Auf der *Bourse de la Coproduction* in Cannes während der MIPCOM im Herbst 1999 wurde ein Spielfilmprojekt vorgestellt, das von der wundersamen Freundschaft zwischen einem *kleinen* kranken Jungen und einem Delphin erzählte. Der Pitch begann mit dem Satz »It's a story about a miracle.« Parallel zu seinem mündlichen Pitch zeigte der Produzent Filmmaterial, das lediglich einen im Meer herumschwimmenden Delphin und einen am Strand sitzenden *großen* Jungen zeigte. Die Aufnahmen waren nicht nur langweilig, von einem »miracle«-ähnlichen Eindruck konnte gar keine Rede sein, sondern auch noch von schlechter Qualität, sowohl was Bildausschnitt, Kameraführung als auch das verwendete Filmmaterial betraf. Präventiv versuchte der Produzent alle diese Mängel zu entschuldigen, »Das ist natürlich nicht so, wie es später mal aussehen wird …«, aber da war bereits alles zu spät. Bei den Anwesenden prägte sich der negative visuelle Eindruck viel stärker ein, als das, was der Produzent sagte. Er hätte besser daran getan, nichts zu zeigen. Als er dann auf die Frage hin, für welche Zielgruppe der Film sei, noch allen Ernstes antwortete: »Für die Drei- bis Neunzehnjährigen …«, war nur noch ein verzweifeltes Seufzen im Saal zu vernehmen. Zu Recht!

Wie steht es mit Multi-Media-Präsentationen? Auf der gleichen Veranstaltung wurde eine Powerpoint-Präsentation versucht, um »the most sophisticated project in the universe« zu pitchen. Zuerst einmal spricht man niemals in derartigen Superlativen! Und dann sollte man diese Form der Präsentation wirklich beherrschen, sonst erweckt man lediglich den Eindruck der Effekthascherei. Die Saaltechnik funktionierte auch nicht wie »erhofft«. Als das Labtop des Vortragenden abstürzte und wieder hochgefahren werden mußte, stimmte das Timing zwischen dem Gezeigten und Gesprochenen nicht mehr. Die Zuhörer waren zuerst nur verwirrt, da der Vortragende auf seinen Seiten, die er auf eine Großleinwand projizierte, hin- und hersprang. Irgendwann waren sie allerdings nur noch genervt, da der Präsentierende sich mehr auf die

Handhabung der Technik als auf seine Geschichte konzentrieren mußte. Wenden Sie lieber das KISS-Prinzip an: *keep it simple stupid* – für unseren Zweck *keep it simple short*. Das, worum es beim Pitchen geht, ist folgendes Mantra: Geschichte, Geschichte, Geschichte!

Wenn Sie dem Entscheider zusätzliche schriftliche Unterlagen übergeben möchten, geben Sie ihm diese erst nach dem Pitch. Da Menschen grundsätzlich neugierig sind, wird er sonst in den Unterlagen herumblättern, während Sie noch sprechen, d.h. die Aufmerksamkeit des Zuhörers ist von dem, was Sie zu sagen haben, abgelenkt.

Pünktlichkeit?
Ja, ja, ja! Unpünktlichkeit verärgert jeden und bringt die Terminpläne durcheinander. Besonders auf Messen und Festivals sind die Termine extrem knapp bemessen, und Sie vergeben damit nur eine vielleicht gute Chance. Deshalb sollte man, wenn man nicht weiß, wo sich ein Büro befindet, ruhig vorab checken, wo genau man hin muß und in Großstädten zudem die *Rush Hour* mit einplanen. Bis man ein Büro auf einem größeren Studiogelände wie der Bavaria oder in Babelsberg findet, können wertvolle Minuten ungenutzt verstreichen. Der Flieger oder die Bahn warten leider auch nicht auf uns, sollten wir plötzlich in einem Stau stehen.

Hat meine Kleidung Einfluß auf den Pitch?
Das ist eigentlich ein Thema, das im Kapitel über die non-verbale Kommunikation behandelt werden kann, ich möchte es aber unter den praktischen Fragen abhaken. Adäquates Verhalten und Selbstsicherheit wird auch durch Ihre Kleidung unterstrichen. Wenn sie es nicht gewöhnt sind, einen feinen Anzug oder das edle Kostüm mit Pumps zu tragen und es vielleicht auch gar nicht Ihrem persönlichen Stil entspricht, sollten Sie es lieber lassen. Sonst fühlen Sie sich nicht wohl in Ihrer Haut bzw. Kleidung – das ist aber bei einem offiziellen Termin sehr wichtig. Das Sprichwort: *Kleider machen Leute* hat in unserer Branche eine nicht so große Bedeutung wie im Ban-

kenwesen oder im Topbusiness. Wir haben in unserer Branche zum Glück einen viel größeren Spielraum, aber es gibt trotzdem nach wie vor einen Kleidungskodex, der auf der unbewußten Wahrnehmungsebene wirkt. Nur Bernd Eichinger, der kann – oder muß – seine Turnschuhe tragen. Das fällt aber schon unter die Rubrik *Corporate Identity*! Die Kleidung vermittelt einen ersten Eindruck. Sie sollte mit der Person und der Funktion stimmig sein. Ein Regisseur mit Anzug und Schlips mag uns daher eher merkwürdig erscheinen, aber je öfter die Finanzierungen über Fondsgesellschaften und Banken gesichert werden, um so formeller wird auch der Grad der Kleidung. Pitchen Sie einen Imagefilm bei Daimler, ist eine seriöse und gepflegte Kleidung auf jeden Fall angemessen.

Wie organisiert man ein erstes Treffen mit einem Entscheider?
Sie möchten einen Termin mit einem Entscheider und rufen dort an. Meist wird man Sie bitten, vorab ein schriftliches Präsentations-Exposé einzureichen, damit man sich ein Bild von Ihnen und dem Projekt machen kann. Dieses Exposé sollte nicht mehr als 5 bis 8 Seiten umfassen und eine dem Projekt entsprechende individuelle Darstellungsform haben. Sie können Ihrer Kreativität freien Lauf lassen – ich warne allerdings vor übertriebenen Hochglanzprospekten, wenn Sie einen Low-Budget-Film pitchen.

Achten Sie darauf, daß man aus der Präsentation ersehen kann, daß Ihnen Ihr Projekt am Herzen liegt. Das spiegelt sich in der liebevollen Gestaltung eines Titelblattes wider, genauso wie in klaren, eindeutigen Formulierungen der Texte.

Einige Sender haben mittlerweile ihre eigenen Anforderungskriterien, was in einem solchen Exposé enthalten sein sollte. Es ist ratsam, diese von den einzelnen Sendern bzw. Redaktionen anzufordern und sich an diese Richtlinien zu halten. Generell gilt es aber, klar, knapp, eindeutig und präzise zu formulieren. Ihre Unterlagen sollten sowohl vom Schriftbild als auch vom Inhalt gut leserlich sein. Niemand will sich im Gedankenlesen üben. Schulen Sie Ihren Sprachschatz. Zum Beispiel mit dem Thesaurus oder unter www.duden.de – einer hilfreichen Internet-Seite mit entsprechenden kreativen Wortschatz-Spielen.

Die Unterlagen sollten dem Entscheider mindestens eine Woche vor dem Termin zugesandt werden, damit er genügend Zeit hat, sie zu lesen und das Gespräch dann auf einer gutinformierten Basis effektiv verlaufen kann.

Kann man davon ausgehen, daß die Unterlagen gelesen worden sind?
Es gibt beide Möglichkeiten: Ja und nein! Man kann es nicht wissen, und deswegen sollten Sie diesen Punkt vor dem Gespräch unbedingt vorsichtig und höflich abklären. Entweder man ruft einen Tag vor dem Termin noch mal kurz an, um den Termin zu bestätigen, oder man fragt, ob man noch zusätzliche Unterlagen zu dem Termin mitbringen soll. Das hat den Vorteil, daß Ihr Gesprächspartner an den Termin erinnert wird und noch Zeit hat, das Material zu studieren. Wenn Sie während des Termins das Gefühl haben, daß der Gesprächspartner Ihre Unterlagen nicht gelesen hat, hilft nur die höfliche Frage, ob man vor dem weiterführenden Gespräch über das Projekt noch einmal eine kurze Zusammenfassung pitchen soll. Auf jeden Fall ist es nicht ratsam, einfach aufs Geratewohl hin zu pitchen. Hat der Entscheider die Unterlagen studiert – wovon eigentlich auszugehen ist – und keine weiteren inhaltlichen Fragen zum Projekt, kann man die meist knappe Zeit sofort dazu nutzen, über die anderen entscheidenden Ingredienzen zu sprechen.

Wie sollte man die Nachbearbeitung eines Treffens sinnvoll gestalten?
Es ist eine Geste der Höflichkeit, sich kurz schriftlich bei seinem Gesprächspartner für das Gespräch zu bedanken. Bei dieser Gelegenheit lassen sich die vereinbarten Gesprächspunkte gleich kurz und sachlich zusammenfassen.

Ebenso können die vereinbarten Termine, bis wann jeder von Ihnen die vereinbarten Dinge erledigen wird, als Erinnerungsstütze festgehalten werden. Sei es nun, daß Sie Ihrem

Gesprächspartner die nächste Version Ihres Treatments spätestens am Tag x zukommen lassen oder daß er sich verpflichtet, sich bis zu einem bestimmten Termin zu entscheiden.

So wissen beide Parteien, wie die nächsten Schritte aussehen, die in der gemeinsamen Arbeit anstehen.

Als organisatorisches Hilfsmittel ist es sinnvoll, neben einer Kundenkartei auch eine Projektkartei zu führen. Darin sollte vermerkt sein, wann und wem Sie das Projekt angeboten haben und welchen Zeitpunkt Sie für eine Nachricht oder Entscheidung vereinbart haben.

Es gibt noch einen weiteren guten Grund, der für klare Terminsetzungen in der Nachbearbeitung Ihres Pitches spricht: Sie halten sich in der Zeit, in der Sie auf eine meist positive Antwort warten, den Kopf für andere Dinge frei. Wenn es einen klar abgesteckten Zeitrahmen gibt, in dem Sie nicht hoffnungsvoll oder ängstlich auf Antwort warten müssen, können Sie sich voll und ganz auf andere Tätigkeiten konzentrieren. Zudem belasten Sie sich auch nicht mit störenden Überlegungen: »Hoffentlich meldet er sich bald. Naja, vielleicht ist es ja noch ein wenig früh – ich sollte besser noch etwas warten, schon wieder bin ich so ungeduldig – ich will ihm ja auch nicht auf die Nerven gehen!« Diese Art von Selbstzweifeln, die in solchen Situationen häufig auftauchen, bedeuten Streß. Und diesen Streß kann man sich sparen. Oder wenn Sie die Wartezeit wütend macht und Sie denken: »Ja, wer bin ich denn eigentlich, daß ich einer Antwort hinterherrennen muß – soll der sich doch melden, der will doch was von mir!« Diese Trotzreaktion entspricht nicht der Realität und lenkt Sie nur von anderen, vielleicht genauso wichtigen Aktivitäten ab.

Wie lange sollte man auf Antwort warten?
Seien Sie realistisch genug, um zu erkennen, daß Ihr Projekt bestimmt nicht das einzige ist, das auf dem vollen Schreibtisch des Entscheiders liegt. Geben Sie ihm auf jeden Fall vier Wochen Zeit, es sei denn, Sie haben gemeinsam einen anderen Zeitraum vereinbart.

Gesetzt den Fall, die vier Wochen sind verstrichen und Sie erhalten trotz entsprechender Vereinbarung keinen Anruf, sollten Sie selbst aktiv werden und höflich nachfragen. Aber bitte nicht so: »Sie wissen ja, daß Sie mir versprochen hatten, mich anzurufen. Jetzt sind Sie schon zwei Tage zu spät dran.« Angebrachter ist es auf jeden Fall, sich erst einmal nach dem aktuellen Arbeitspensum des anderen zu erkundigen und dann verständnisvoll, aber nachdrücklich an das eigene Projekt zu erinnern. So erreichen Sie auf jeden Fall mehr, als wenn Sie dem Entscheider die Pistole auf die Brust setzen oder die beleidigte Leberwurst spielen. Bleiben Sie sachlich und ruhig; fragen Sie Ihr Gegenüber nach seiner zeitlichen Einschätzung, bis wann er definitiv eine Beurteilung abgeben wird. Es ist besser, wenn der andere sich selbst unter Druck setzt, als wenn Sie es tun. Und letztlich dürfen Sie nicht vergessen, daß Sie etwas von Ihrem Gegenüber wollen – gerade am Anfang Ihrer Karriere höchstwahrscheinlich mehr als der andere von Ihnen –, und da ist es schon angesagt, sich in Geduld zu üben, auch wenn es schwer fällt.

Ich muß allerdings aus meiner eigenen Tätigkeit als Entscheider zugeben, daß man nicht unfehlbar in der Einhaltung von Terminen ist. Selbst dann nicht, wenn man fest versprochen hat, ein Drehbuch umgehend zu lesen. Ich erinnere mich an eine Situation, in der ich definitiv zugesagt hatte, ein Drehbuch bis zum nächsten Tag zu lesen. Die Zeit war vorhanden, ich hatte dem Projekt auch die entsprechende Priorität eingeräumt, doch dann passierte das Unerwartete … Der Kurierservice lieferte mir unangefordert ein Drehbuch von einer Firma, mit der wir in der Vergangenheit erfolgreich produziert hatten. Unaufgefordert eingesandte Drehbücher werden erst einmal nicht beachtet, da es mittlerweile Usus ist, vorab eine Synopsis oder maximal ein Exposé zu lesen und daraufhin zu entscheiden, ob man die Zeit für das Lesen eines ganzen Drehbuchs überhaupt aufwenden will. Mein Unterbewußtsein überlistete mich aus einem ganz einfachen Grund. Die Firma, die das Drehbuch geschickt hatte, besaß eine klar definierte *Corporate Identity*, die durch einen ganz bestimmten farblichen Einband auch ihre Drehbücher kennzeichnete. Mein Unterbewußtsein signalisierte meinem Gehirn sofort: »Oh – orange! Das letzte Drehbuch war doch so sensationell, die Zusammenarbeit war professionell, hat Spaß gemacht und war auch noch von Erfolg gekrönt! Das muß ich jetzt sofort lesen!«

Was soll ich zu meiner Entschuldigung sagen? Ich mußte den Autoren, dem ich es fest zugesagt hatte, sein Buch zu lesen, leider um einen Tag vertrösten. Sie sehen, auch Entscheider sind nur Menschen und damit fehlbar ...

Innere Klarheit

Unsere tiefste Angst ist nicht, daß wir der Sache nicht gewachsen sind. Unsere tiefste Angst ist, daß wir unermeßlich mächtig sein könnten. Es ist unser Licht, das wir fürchten, nicht unsere Dunkelheit. Wir fragen uns: »Wer bin ich denn eigentlich, daß ich leuchtend, hinreißend, begnadet und phantastisch sein darf?« Aber wer bist Du denn, daß Du es nicht sein darfst?
Nelson Mandela

Persönliche Stärken und Schwächen erkennen

Auch die *innere Klarheit* will vorbereitet sein. Im zweiten Kapitel des Buches geht es deshalb um die *persönliche Vorbereitung*. Genauer um die Psychologie desjenigen, der pitcht, und wie weit er sich und sein Verhalten kennt bzw. in einem Pitch Kontrolle über sich und die Situation hat. Die Frage lautet: In welchem mentalen Zustand muß ich mich befinden, um mein Projekt erfolgreich zu pitchen?

Das Betrachten, Lösen und Beantworten dieser zwar sehr individuellen, aber doch bei allen Präsentierenden in gleichen oder ähnlichen Formen immer wieder auftretenden »Befindlichkeitsstörungen« oder Problemen ist ein Hauptkriterium für erfolgreiches Pitchen.

Menschen »pitchen« in allen möglichen Lebenssituationen: Man möchte eine Wohnung anmieten und hat 15 Mitbewerber; man bewirbt sich um eine neue Stelle; Sie sind bei Ihrem persönlichen Kundenberater der Bank und müssen ihn überzeugen, den Dispo-Kredit zu erhöhen; oder Sie flirten – der Pitch schlechthin …

Es gibt unzählige andere Situationen, die man aus dem täglichen Leben zitieren könnte. Gemeinsam haben sie alle, daß man sich selbst in diesen Situationen bestmöglich darzustellen versucht, und zwar nicht nur, um den Job, die Wohnung, den Partner, den Kredit zu bekommen, das sind nur die vordergründigen Ziele. Darüber hinaus möchte man den anderen überzeugen und darin bestätigen, daß die Entscheidung für einen selbst die richtige ist. Erreicht wird das Ziel dadurch, daß es Ihnen im Verlauf dieser Überzeugungsarbeit, respektive des Pitches, gelingt, entsprechendes Vertrauen in die eigene Person, Zuverlässigkeit und Kompetenz zu erwecken.

Den Begriff Pitchen verwende ich in diesem Zusammenhang in einem sehr erweiterten Sinne, um anhand der genannten alltäglichen Pitch-Situationen zu erläutern, daß jeder Mensch das Gefühl des Sich-Präsentierens, des Pitchens kennt und es bereits (vielleicht auch unbewußt) in vielen Lebensbereichen angewandt hat – da wir ständig irgendwelche Entscheidungen im täglichen Miteinander überzeugend beeinflussen möchten und auch müssen. Einige von Ihnen werden die eine oder andere Situation bravourös gemeistert haben, andere vielleicht weniger elegant.

Wie kann man nun im Job, und zwar gerade als Berufseinsteiger, bei einer ersten Begegnung mit einem Entscheider dieses Vertrauen gewinnen?

Dazu ist es wichtig, sich seiner persönlichen Stärken und Schwächen in den eben genannten alltäglichen Situationen bewußt zu sein. Da es sich dabei meistens um grundsätzliche, strukturelle Befindlichkeiten der eigenen Psyche handelt, finden dieselben auch ihren Niederschlag beim Pitchen, mit positiven wie auch mit negativen Auswirkungen. Kennen Sie Ihre Stärken und Schwächen? Sind Sie gewillt, ihnen offen ins Auge zu blicken, Sie zu reflektieren und sie bei Bedarf zu ändern? Sind sie zu verändern? Wenn ja, was benötigen Sie dazu?

Menschen mit einer allzu starken negativen Selbstwahrnehmung finden hierzu in dem Buch von Carlos Castaneda, *Reise nach Ixtlan*, eine Anregung: Don Juan empfiehlt Castaneda, sich über einen Zeitraum von acht Tagen hin selbst konsequent zu belügen. Anstatt sich die *Wahrheit* zu sagen, daß man elend, inkompetent und häßlich sei, solle man sich jetzt wissentlich belügen und einfach das exakte positive Gegenteil dessen behaupten, was man sonst über sich denke. Als Castaneda nach dem Sinn und Zweck dieser Übung fragt, antwortet ihm Don Juan, daß die Wahrheit weder in der Übertreibung der eigenen negativsten noch der positivsten Seiten liege. Der Trick zum authentischen Dasein in diesem Leben bestehe darin, sich von unreflektierten alten Gewohnheiten zu befreien und sich darüber bewußt zu werden, was wir wirklich – der Realität und unserem sich entwickelnden Sein entsprechend – betonen möchten: »Es hängt davon ab, was wir anstreben«, sagte er. »Entweder wir machen uns elend oder wir machen uns stark. Der Arbeitsaufwand ist stets derselbe.« Warum also nicht zur Abwechslung auch einmal das Gute betonen?

Ich erzähle diese Geschichte gerne, wenn ich mit Menschen arbeite, die sich vor einem Pitch schlechter und kleiner als nötig machen. In solchen Situationen ist es für die eigene Motivation und Stärkung wichtig, daß Sie aufhören, gegen sich selbst zu kämpfen, und sich Ihrer Stärken objektiv bewußt werden – nur so lernen Sie, diese auch authentisch zu leben. Man kann kein Vertrauen und einen professionellen Eindruck bei seinem Gegenüber erwecken, wenn man sich laufend unter- oder überbewertet.

Insofern ist es äußerst hilfreich, sich im Feedback einer Übung durch andere Personen oder auch durch Zuhilfenahme einer Kamera oder eines Diktiergerätes zu überprüfen. Nehmen Sie Ihren Pitch auf und analysieren Sie ihn. Mit der Zeit entwickelt man Kriterien, die aus der subjektiven Selbstwahrnehmung, rational und emotional, zusammen mit einer realistischen Reflexion und Kontrolle durch objektive, äußere Kontrolle bzw. Fremdwahrnehmung entstehen.

Es gibt oft eine große Diskrepanz zwischen der Selbst- und der Fremdwahrnehmung. Ich erlebe es immer wieder bei Kamera-Trainings, daß der Präsentierende zu seiner Überraschung erkennt, wenn er sich in der Aufzeichnung sieht, daß er ja »eigentlich doch ganz gut« ist und dadurch motiviert Verbesserungsvorschläge gerne annimmt und umsetzt. Diese Stärken, welche das individuell sein mögen, gilt es zu erkennen und einzusetzen.

Im umgekehrten Fall gilt gleiches: Setzen Sie sich anhand objektiver Kriterien mit eventuell vorhanden Schwächen konstruktiv auseinander. Das gilt auch für den Umgang mit Kritik.

Es gibt eine einfache Übung, um durch die Reaktion anderer ein realistischeres Bild über sich selbst im Vortrag und auch eine klare Struktur der Geschichte zu gewinnen. Hierzu empfiehlt sich als erstes der *Großmutter-Pitch*. Tragen Sie Ihre Idee Ihren Freunden, Bekannten, Verwandten vor und bitten Sie sie, die Punkte oder Fakten zu wiederholen, die ihnen im Gedächtnis haftengeblieben sind, die sie überzeugend und spannend an Ihrem Projekt und der Darstellung desselben finden. Eine hilfreiche Übung ist, auch bei mehrfacher Wiederholung immer wieder die Begeisterung bei sich und den anderen herauszulocken.

Eine zweite, sehr ähnliche Übung, die ich oft mit Seminarteilnehmern durchführe, ist folgende: Ein Teilnehmer pitcht dem anderen seine Geschichte. Dieser muß sie dann, ohne sich Notizen gemacht zu haben, zurückpitchen. In der Wiederholung und mit Hilfe der Außensicht kann man besser reflektieren und erkennen, was man am eigenen Pitch interessant findet bzw. welche Fakten besonders positiv oder auch negativ vermerkt werden. Der praktische Nutzen wurde bereits als der »Stille-Post«-Effekt im vorderen Teil des Buches besprochen.

Die häufigsten Kritikpunkte, die von außen angeführt werden, sind neben einer unklaren, unstrukturierten Erzählform der nicht überzeugende Glaube an sich selbst bzw. das Projekt. Entweder ist die Präsentation überschattet von übertrie-

bener Zurückhaltung, Schüchternheit und fehlendem Kampf-
geist oder – diametral entgegengesetzt – durch eine unrealis-
tische Selbstverliebtheit in das Projekt. Marktbezogene Be-
triebsblindheit ist unbedingt zu vermeiden.

Nur allzuoft stehen wir uns beim Pitchen leider selbst im
Weg, weil wir unsere persönlichen Grenzen nicht gut genug
kennen und ihren Einfluß in Streßsituationen unterschätzen.
Dazu gibt es eine ziemlich makabere Frage aus einem Psy-
chospiel:»Stellen Sie sich vor, Sie sind auf einer Party und sehen sich irgendwo in dem Raum stehen. Würden Sie auf sich
zugehen und sich gerne kennenlernen?«

Beim Pitchen können Sie die Frage sowohl aus der Sicht
eines Entscheiders als auch aus Ihrer eigenen Perspektive
stellen:»Würden Sie, wenn Sie als Entscheider Ihren Pitch
hörten, sich Ihr Projekt abkaufen oder zumindest darauf
brennen, mehr über das Drehbuch und den Präsentierenden
zu erfahren?« Die genannten Übungen und letztlich auch der
Pitching-Prozeß testen garantiert aus, mit welcher fachlichen
Vorbereitung, Ehrlichkeit und Leidenschaft Sie hinter Ihrem
Projekt stehen und um seine Realisierung kämpfen.

Kreative und Kritik

Zu Beginn meiner Seminare stelle ich die Fragen:»Haben Sie
schon mal gepitcht? Wie ist es Ihnen dabei ergangen? Haben
Sie sich dabei wohl gefühlt? Wenn nicht, wodurch wurden
die negativen Gefühle ausgelöst?«

Um die negativen Gefühle besser zu illustrieren, hier eine
Auswahl der Antworten, die immer wieder gegeben werden,
wenn es darum geht zu analysieren, was die Kritik bzw. die
Angst vor der Ablehnung auslösen kann:»Ich fühle mich total abgelehnt«,»Es war peinlich«,»Ich habe das Gefühl, Blöd-
sinn zu erzählen«,»Die schauen im Publikum so gelangweilt«,»Einer ist gegangen, das lag wohl an mir« etc.

Den meisten Antworten liegt lediglich ein Gefühl bzw. eine

spekulierte Übertragung der eigenen Wahrnehmung zugrunde. Oft gehen diese Gefühle mit zusätzlichen körperlichen Empfindungen einher. So zum Beispiel ein undefinierter Druck im Nacken; ein dumpfes Gefühl und Dröhnen im Kopf; ein Gefühl, nichts mehr von dem zu spüren, was sich in dem Raum abspielt; oder das extreme Gegenteil, eine Hypersensibilität für die Situation und Personen im Raum, aber ein totaler Verlust der Selbstwahrnehmung. Es gibt eine Fülle solcher Streßsymptome, die auftreten können.

Ein anderes Gefühl ist, Angst davor zu haben, leidenschaftlich über sein Projekt und seine Pläne dazu zu sprechen, weil man dadurch angreifbar wird und sich der Kritik anderer aussetzt. Das ist nachvollziehbar und zugleich immer der Fall, wenn man mit seinen Gedanken und kreativen Werken an die Öffentlichkeit geht. Irgend jemand wird immer etwas daran auszusetzen haben. Das kann man positiv und negativ sehen. Kritik bringt uns immer weiter. Sie kann ein Projekt verbessern, kann einen aber auch persönlich niederschmettern, wenn man nicht lernt, mit Kritik sinnvoll umzugehen. Einen konstruktiven und flexiblen Umgang mit Kritik vermissen auch viele Entscheider bei ihren Pitchenden. Bei einer Tagung von Dokumentarfilmern im Sommer 1999 in Dänemark wurde dieses Bedürfnis explizit von einem BBC-Redakteur und einem Entscheider von Discovery Channel Deutschland ausgeführt. Beide vermißten neben der sprachlich klaren Vorstellung, was man produzieren will, die Offenheit und Flexibilität von vielen Filmemachern, Verbesserungsvorschläge anzunehmen. Für beide Seite und für das Projekt selbst birgt die kritische Auseinandersetzung mit ebendiesem Projekt eine bessere Chance zur Realisierung und Steigerung des Marktwertes. Nick Fraser, BBC-Redakteur der Sendereihe *Storyville*: »When I read a project I always ask: ›Will this story create a word of mouth? Will people talk about this film, and why?‹«

Gerade diese Art kritischer Auseinandersetzung eröffnet die Möglichkeit, langfristige Beziehungen aufzubauen. Sie gibt Einblick in die möglichen Arbeitsqualitäten zwischen

Entscheidern, Filmemachern und Autoren. Basierend auf einer von seiten der Entscheider erwarteten professionellen Vorbereitung eines Pitches, schafft die offene, flexible und ehrliche gemeinsame Diskussion Raum für effektivere Feedbacks.

Die *Sigmoids Change Curve* von Charles Handy

Welche emotionalen Reaktionen löst negative Kritik und Ablehnung aus? Charles Handy hat beobachtet, daß Menschen unerwartete Erlebnisse und Ereignisse, die plötzlich in ihr Leben brechen, fast immer mit den gleichen emotionalen Reaktionen verarbeiten. Er hat sie in einer Verlaufskurve festgehalten und die einzelnen Verlaufsphasen definiert. Auslöser kann der Verlust eines Menschen sein, Tod oder Trennung vom Partner, unerwarteter Arbeitsplatzverlust, heftige und als ungerecht empfundene Kritik, Ablehnung und mangelnder Respekt gegenüber der eigenen Person.

Das auslösende Ereignis verursacht in der ersten Phase einen Schock beim Betroffenen, es folgen das Nicht-Akzeptieren-Wollen des Ereignisses und dann die Wut und der Ärger. Damit ist bereits der tiefste Punkt überwunden. Nachdem also in der zweiten Phase erst einmal der Widerstand gegen das gewachsen ist, was notgedrungener Maßen passiert ist, findet sich in der dritten Phase der Entwicklung neben Ärger und Wut bereits langsam aufkeimende Hoffnung und die Suche nach Lösungen. In der letzten Phase des Verarbeitungsprozesses setzt man die erarbeiteten Lösungen schließlich um und kann die alten Erfahrungen loslassen. Bleiben wir bei der Kritik und den negativen Gefühlen, die bei einer Ablehnung auftreten. Indem man die Verlaufskurve versteht, lernt man abzuschätzen, in welchem emotionalen Abschnitt der Kurve man sich gerade befindet und welche Stadien noch zu durchlaufen sind.

Es ist sicherlich eine der großen Herausforderungen beim Schreiben, an sich zu glauben, nie den Mut zu verlieren, auch wenn man wieder eine Absage erhalten hat. Aber es gibt auf der anderen Seite auch das Wundervolle am Schreiben, die innere Motivation, das Gefühl: »Ich muß es einfach tun!«. Dafür lohnt es sich in jedem Fall, sich mit den eigenen Stärken und Schwächen zu beschäftigen.

Ein kleiner Hinweis zur persönlichen »Psycho-Hygiene«. Wenn die Kritik Sie sehr stark getroffen hat, gibt es meistens zwei Gründe dafür, daß man verärgert, wütend oder auch traurig ist. Der erste liegt in der vielleicht ungerechten oder auch nicht sachgemäßen Vermittlung der Kritik durch den anderen. Der zweite, viel öfter zu beobachtende Grund ist jedoch der, daß der Präsentierende Wut sich *selbst* gegenüber empfindet, sei es nun, weil er realisiert, nicht richtig vorbereitet gewesen zu sein, oder sich zu schnell hat unterbuttern lassen – was auch immer die Gründe sein mögen. Reflektieren Sie für sich persönlich die Situation, und lassen Sie den Ärger oder welches Gefühl auch immer gerade in Ihnen herrscht für eine Zeit von 15 bis 20 Minuten einfach zu. Das Zulassen dieser Gefühle bringt Sie der Lösung der Probleme viel näher, als wenn Sie sie herunterschlucken oder ihnen nur Widerstand entgegensetzen. Das heißt, trennen Sie sich erst einmal von einem alten hinderlichen Gefühl, damit Sie Raum schaffen können für die Frage, was Sie daraus gelernt haben, und Sie sich auf neue Verhaltensweisen zubewegen können.

Nicht ohne Grund behaupten ja Menschen außerhalb der Medienbranche gern, es gebe so viele Zyniker in den Medien. Sich seinen persönlichen Verhaltensweisen im beruflichen Umfeld zu stellen, sie anzunehmen und bei Bedarf zu verändern stärkt ungemein. Art Linson schreibt als Abschlußsatz über das Produzieren in Hollywood in seinem Buch *A Pound of Flesh*: »In a town where cynisism is a breakfast food and competition is severe, *you* just may take a difference. *You just may be the one ... the one to bring something rare and noteworthy to the screen.«

Wenn man einen Zyniker als einen Menschen definiert, der von allem eine Preisvorstellung, aber keine Wertschätzung hat, ist es um so wichtiger zu lernen, sich mit Kritik auf der inhaltlichen und formalen Ebene auseinanderzusetzen.

Kreative stehen mit ihren Produkten immer im Rampenlicht, und man braucht schon eine große Portion Selbstbewußtsein, um den Kritikern und Neidern die Stirn zu bieten.

Die Auseinandersetzung mit Problemerkennung, -benennung und -lösung soll Sie motivieren, sich mit den eigenen inneren Zuständen zu befassen. Nur so ist die Chance am größten, daß »der Funke überspringt«!

Kritik ist das Frühstück der Champions!

Ich habe vor einigen Jahren ein Essay über Kunst- und Kulturkritiker in Deutschland gelesen. Ein Satz hat mich besonders fasziniert: »Es mangelt in unserem Lande nicht der Kritiker, derer haben wir zur Genüge – nein, vielmehr mangelt es der Liebhaber.«

Kritik ist wichtig und notwendig, aber sie muß konstruktiv sein. Ich weiß, daß dieser Satz eigentlich an alle Entscheider gerichtet sein sollte. Oft höre ich Klagen von Autoren, die als Absage nur zu hören bekommen: »Zur Zeit kein Interesse an Ihrem Stoff, aber wir sind natürlich jederzeit daran interessiert, von Ihnen andere Projekte zu lesen.« So ein Satz bringt einem Autor überhaupt nichts. Als Autor können Sie sich jetzt entweder wie ein verschrecktes Kaninchen zurückziehen oder im Selbstmitleid versinken und die *bösen inneren Stimmen der Kindheit* zu Wort kommen lassen. Diese flüstern Ihnen dann schonungslos altbekannte Sätze zu: »Ich sag's ja, ich bin unfähig«, »Keiner versteht mich, und schon damals haben alle gesagt: ›Aus Dir wird sowieso nichts werden. Lern einen anständigen Beruf!‹« – und und und.

Sie können aber auch beherzt, selbstbewußt und selbstkritisch ein klares Feedback zu Ihrem Stoff verlangen. Jeder hat ein Recht, kritisiert zu werden. Ich finde es wichtig für Autoren, sich dem manchmal herben Wagnis von Kritik auch auszusetzen und nicht den Kopf in den Sand zu stecken. Fordern Sie Kritik von den Entscheidern ein. Fragen Sie nach, warum sie das Buch nicht interessiert. Ist es das Thema, ist es am Sendeplatz oder am Zeitgeist vorbei geschrieben? Sind solche Stoffe dem Publikum nicht zu verkaufen? Ist die Schreibe an sich schlecht oder unkreativ? Oder sind die Dialoge langweilig, die Charaktere zu blaß? Ein »Nein« oder nur ein »kein Interesse« kann so viele unterschiedliche Gründe haben. Tappen Sie nicht in die Falle des Ratens und Gedankenlesens, was damit eventuell gemeint sein könnte. Auch wenn es für Sie einen inneren Konflikt aufwerfen mag, derjenige in der Offensive ist meist der Stärkere, und es zeugt von Professionalität, sowohl nach den genauen Gründen einer positiven als auch einer negativen Entscheidung zu fragen.

Positive Kritik ehrlich und freudig annehmen zu können, zum Beispiel ein Kompliment, ist für manche allerdings auch nicht so einfach. Ein Kompliment aus falscher Bescheidenheit oder mangelndem Selbstbewußtsein zurückzuweisen ist so, als gäbe man ein Geburtstagsgeschenk zurück.

Es ist nicht wenig Zeit, die wir haben, es ist viel Zeit,
die wir nicht nutzen.
Seneca

Ich weiß, im gleichen Atemzug werden die Entscheider und Freunde kurzer, unverbindlicher Ablehnungsschreiben jetzt klagen und sagen, daß das viel zu viel Arbeit wäre, daß man nicht für jeden eingereichten und abgelehnten Stoff eine ausführliche Begründung geben könne. Wie wäre es mit der Kopie des für das Projekt erstellten Lektorats? Das geht ganz schnell und erklärt zumindest schon mal die inhaltlichen oder dramaturgischen Gründe der Ablehnung. Daß ein Autor in solch einem Fall kein *Script Doctoring* verlangen kann, versteht sich von selbst. Die entsprechenden Korrekturen und Verbesserungen vorzunehmen ist sein Job, aber er sollte zumindest wissen, wo er ansetzen kann. Nur so kann man die Qualität der Stoffe und Bücher insgesamt verbessern.

In Deutschland wird von seiten der Entscheider immer beklagt, daß es zu wenig gute Nachwuchsautoren gebe – aber liegt dies nicht vielleicht auch daran, daß die Autoren neben der formalen Ausbildung zu selten von den alten Hasen, Medienmachern und Praktikern kritisiert werden? Wenn beide Seiten sich immer nur abschotten und beklagen, wird sich nichts ändern, und vielleicht steigt dann der Marktanteil amerikanischer Filme von 85 auf 95 Prozent …

Der Kopf ist rund,
damit das Denken die Richtung ändern kann.
Volksmund

Feedback einzufordern bedeutet, daß Sie ein Stück Vorarbeit leisten. Machen Sie es einem Entscheider und sich selbst leicht, mit Ihnen kritisch und konstruktiv über Ihr Projekt zu sprechen. Dafür ist es sinnvoll zu überprüfen, wie man generell Kritik aufnimmt. Es kann zum Beispiel eine tief verwurzelte Angst in uns hervorrufen, nicht gut genug zu sein oder den Anforderungen nicht gerecht zu werden. Wichtig ist zu lernen, sich in Kritiksituationen über solche meist nicht mehr relevanten Vorstellungen hinwegzusetzen. Dazu gilt es die beiden folgenden Bedeutungsebenen zu trennen: Kritik auf der Projektebene und Kritik auf der Identitätsebene. Wenn immer Sie das Feedback eines Entscheiders erhalten, schreiben Sie diesem »nur« auf der Projektebene eine Bedeutung zu, und nehmen Sie es nicht persönlich auf der Identitätsebene. Trennen Sie diese beiden Ebenen unbedingt voneinander.

Ein Beispiel von allgemein geäußerter Kritik im zwischenmenschlichen Bereich illustriert diese erforderliche Trennung. Bekomme ich gesagt: »Du bist ja vielleicht ungeschickt, dumm und naiv!«, dann kann ich mich mit gutem Recht wehren und fragen, ob ich in allen Bereichen meiner Person und Lebenskontexten ungeschickt, dumm und naiv bin. Das wird wohl kaum der Fall sein. Wenn man mir hingegen sagt: »Du hast dich in dieser speziellen Situation ungeschickt, dumm und naiv verhalten!«, dann stellt diese Aussage eine Chance für mich dar. Ich kann nachfragen, was genau an meinem Verhalten unangemessen war und welche Verbesserungsvorschläge anzuwenden sind.

Nur wer sich verändert, bleibt sich treu.

Der kleine, aber feine Unterschied bei diesen Fällen von Kritik ergibt sich aus den beiden Verben, die den Aussagen zugrundeliegen. Im ersten Fall ist es die Zuschreibung »Du bist«: Das betrifft in der Bedeutungsgebung meine Identität. Im zweiten Fall wird das Verb »verhalten« verwendet. Hier zielt die Kritik auf eine ganz bestimmte Verhaltensweise ab. Verhalten ist veränderbar, und das kann manchmal sehr sinnvoll sein, da eine angemessene innere Flexibilität positive Auswirkungen auf den professionellen Umgang miteinander hat – allein deshalb schon sollte Kritik willkommen sein. Kritik, die jedoch auf die gesamte Identität einer Person abzielt, ist im hier relevanten beruflichen Kontext nicht angemessen.

Unabahängig davon, ob das Gegenüber gelernt hat, die richtigen Kriterien für konstruktive Kritik und Feedback anzuwenden, ist es von Ihrer Seite aus vor allem wichtig, die Trennung zwischen Identitätsebene und Verhaltensebene vorzunehmen.

Informelles Pitching: Social Talk

Ein Problembereich, der immer wieder angesprochen wird und auf den unbedingt eingegangen werden muß, ist die Abneigung vieler Menschen, bei gesellschaftlichen Veranstaltungen der Medienbranche nicht nur projektbezogene Gespräche zu führen. Es ist unglaublich, wie viele Menschen in unserer Branche Aversionen, ja manchmal sogar schon Verachtung gegenüber einem einleitenden und unverfänglichen Gespräch auf den diversen Parties und Stehempfängen empfinden. Vielleicht liegt es auch daran, daß der *Social Talk* oft mit dem *Small Talk* verwechselt wird. Gespräch versus Geplapper könnte man im Deutschen sagen. Geplapper muß in der Tat nicht sein.

Social Talk aber ist nichts anderes als das, was – verzeihen Sie das tierische Beispiel – den Umgang von Hunden untereinander kennzeichnet, sie nehmen Witterung auf, umkreisen sich, beschnuppern sich, zeigen vielleicht etwas Machtgehabe oder Unterwerfungsverhalten, und dann kommt es zur Entscheidung: Spiele ich mit meinem Gegenüber, oder trete ich den Rückzug an? Das sind genau die beiden Wege, die wir bei Entscheidungen in der menschlichen Kommunikation grundsätzlich auch gehen. Social Talk dient dazu, herauszufinden, ob man miteinander kann oder nicht. Ich habe im ersten Teil von der Autorin in Hollywood gesprochen, die Dank weniger Sätze freundlichen Social Talks ihren Kopf aus der Schlinge der Peinlichkeit ziehen konnte. Nur so erhielt sie die fehlende Information, die sie bis dahin nicht hatte.

Im folgenden Beispiel geht es um die psychologische Komponente solcher Gespräche. Auf der Eröffnungsveranstaltung eines Festivals mit Pitching-Veranstaltung wurde ein Redakteur mit einer Filmemacherin bekannt gemacht. Er bat sie allerdings sofort, den heutigen Abend nicht für einen offiziellen Pitch zu benutzen. Die beiden unterhielten sich über Gott und die Welt, und die Filmemacherin vertrat ihre Meinung in diesem Gespräch mit einer derart interessanten, authentischen Art, daß der Redakteur sie plötzlich fragte, was sie eigentlich für Filme mache. Das aktuelle Projekt war für ihn thematisch zwar uninteressant, es bediente auch nicht seinen Sendeplatz, aber beide waren nach dem Gespräch an einer Zusammenarbeit interessiert – und haben seitdem bereits an vielen Projekten gemeinsam gewirkt.

Ich habe den Redakteur später gefragt, was an dem Abend passiert ist, und er sagte, es sei die Begeisterung, die Leidenschaft, die klare Position der Frau zu ihren Themen sowie die visuelle Erzählweise gewesen, die ihm nicht nur persönlich gefallen, sondern die er später auch im beruflichen Kontext in ihren Filmen habe spüren können.

Egal, wie man es nennen möchte, ob Social Talk, Netz-

143

werkarbeit, Informationsgenerierung – oder wie in Hollywood *Partying and Schmoozing* –, all dies dient dazu, auf zwanglosem und manchmal ja auch amüsantem Weg viele Informationen zu erhalten, die nirgendwo geschrieben stehen und auch nicht offiziell verbreitet werden. Und dieser Rahmen kann helfen, sich nach einer kurzen Anwärmphase in einem Gespräch leichter zu öffnen und ungezwungen mehr über sich und seine Arbeit zu erzählen.

Vor allem jenen Menschen, die sich nicht gerne öffentlich präsentieren oder nicht allzu forsch in einem ersten Gesprächskontakt sind, gibt der Social Talk eine gute Möglichkeit, sein Gegenüber für sich einzunehmen. Diese Form des *inoffiziellen Pitchens* ist sehr wirkungsvoll, weil sie hilft, auf der unbewußten Ebene jemanden wahrzunehmen und zu entscheiden, ob man sich gegenseitig vertraut oder nicht. Viele Treffen auf Messen und Märkten mit Geschäftspartnern laufen ganz ungezwungen bei einem Drink oder beim Essen ab, ohne daß über konkrete Projekte gesprochen wird – eventuell werden sie ganz zum Schluß erwähnt, und ein zweiter Termin wird vereinbart. Die zwischenmenschliche Komponente ist gleich nach der Qualität der Geschichte die ausschlaggebendste in der Entscheidung für oder gegen eine langjährige Zusammenarbeit.

Innere Klarheit und korrespondierende Ziele

Im ersten Kapitel wurden Klarheit, Vorbereitung und Ziele in bezug auf das Projekt und seinen Inhalt sowie seine Realisierung und die Marktsituation erörtert. Nennen wir sie die äußeren Faktoren. Sprechen wir in diesem Teil des Buches von Klarheit und Zielen, geht es um die inneren, also die persönlichen und psychologischen Faktoren.

Die angesprochenen Ängste hinsichtlich des Umgangs mit Kritik sind nur zu menschlich. Die wirkliche Herausforderung von Ängsten liegt darin, daß man lernen muß, mit dem durch sie verursachten Streß umzugehen. Eine Reihe von

Möglichkeiten, Streß zu bewältigen, wird im entsprechenden thematischen Teil des Buches weiter hinten vorgeschlagen. Ängste und Streß lassen sich aber bereits im Vorfeld vermeiden, wenn sich die *innere Klarheit* auf die explizite Klärung Ihrer persönlichen Ziele bezieht. Das Projekt sind in diesem Fall Sie selbst.

Angst ist ähnlich wie Schuld, nur liegt sie in der Zukunft
Um ein Ziel zu definieren, ist es sinnvoll, zuerst eine persönliche Standortbestimmung vorzunehmen. Ähnlich wie Sie den Status Ihres Projektes definieren, sollten Sie für sich klären, wo Sie persönlich stehen. Danach entwickeln Sie einen Zielrahmen und die dazugehörigen Strategien zur Realisierung.
Wo wollen Sie hin? Welche persönlichen Ziele haben Sie neben den projektbezogenen und unternehmerischen Zielen? Lassen sich diese verschiedenen Zielebenen miteinander verbinden? Formulieren Sie die Ziele hinsichtlich Ihrer kurz-, mittel- und langfristigen Perspektiven. Im Rahmen dieses Buches gebe ich nur einige Hilfestellungen dazu. Weiterführende Lektüre findet sich in einer Vielzahl von Büchern aus den Bereichen Psychologie, Management und Wirtschaft.

The »4-Mat of presentation«

Um Ziele allgemein zu entwickeln, hilft es, sich mit dem »4-Mat of presentation« und seinen vier Hauptfragen und Arbeitsschritten auseinanderzusetzen. Ursprünglich wurde diese Methode für die Vorbereitung von Verkaufspräsentationen in der Wirtschaft eingesetzt. Es läßt sich aber auch gut bei der Zielgenerierung einsetzen. In dem Arbeitsformat »4-Mat« werden die Fragen nach dem Warum, dem Was, dem Wie und dem Wozu eines Ziels gestellt, analysiert und beantwortet.
Verdeutlichen wir das an einem Beispiel:
Das **Warum** ergibt sich aus der Ausgangssituation, der Schwäche, dem Problem. Nehmen wir einen Messebesuch in

Cannes auf der MIPTV. Es gibt Verständigungsschwierigkeiten, weil Ihre Fremdsprachenkenntnisse dürftig sind. Die nächste Frage lautet: **Was** ist zu tun? Das Ziel ist, eine Fremdsprache zu lernen.

Wie setzt man das Ziel um? Das können verschiedene Möglichkeiten sein: Sprachunterricht bei einem Privatlehrer, Volkshochschule, Auslandsaufenthalte etc. Die Möglichkeiten, die sich aus dem Wie ergeben, sind vielfältig. Lassen Sie jede Möglichkeit erneut das gleiche Raster des »4-Mat« durchlaufen. Auf diese Weise wird das Für und Wider jeder Möglichkeit herausgearbeitet und im gesamten Kontext verdeutlicht. Man wird durch diesen Unterpunkt unter anderem auch mit dem Aufwand und dem Ertrag des gesamten Projekts konfrontiert.

Das **Wozu** ist leicht zu finden: Es ist die Lösung der anfänglichen Fragestellung. Ebenso wird hier das Verhältnis von Ertrag und Aufwand aus einer neuen Perspektive betrachtet. Es geht also nicht mehr nur darum, das Warum gelöst zu haben, also die Fremdsprache zu beherrschen, sondern es eröffnen sich neue Möglichkeiten, wie zum Beispiel verstärkt mit dem Ausland im Coproduktionsbereich kooperieren zu können. Zudem führt die neue Fähigkeit, sich sicherer auf dem internationalen Parkett bewegen zu können, dazu, daß Ihr Selbstbewußtsein und dadurch Ihr persönlicher »Wohlfühl-Faktor« und Ihre Lebensqualität steigen.

Das »4-Mat« ist eine sinnvolle Strategie, sich *weg von* Problemen und *hin zu* Lösungen zu bewegen. Die Antworten auf die Frage nach dem Warum sind erfahrungsgemäß vergangenheits- und problembezogen und nicht selten mit Schuldzuweisungen an andere Personen belegt. Die Antworten auf das Wozu sind dagegen zukunfts- und lösungsorientiert und gehen mit Eigeninitiative und Selbstverantwortung einher.

Ans Ziel kommt nur, wer eins hat.
Martin Luther

Eine Voraussetzung für die Umsetzung von Zielen ist es, daß man sich realistische und erreichbare Zwischenschritte in entsprechend kleinen Schrittgrößen setzt. Zudem benötigt man Kriterien, anhand derer man das Erreichte kontrollieren kann. Lautet das Ziel »Ich will wirklich gut englisch sprechen«, benötigt man Meßkriterien, um zu wissen, *wann* man *gut* englisch spricht. Die enorme Komplexität, eine Sprache wirklich gut zu beherrschen, kann gleich zu Beginn eine derartige Überforderung darstellen, daß man gar nicht erst anfängt zu lernen. Setzt man sich hingegen kleine Zwischenziele, wie etwa jeden Tag 15 Vokabeln zu lernen, hat man klare Kriterien, um einen Lernerfolg kontrollieren zu können. Das Erreichen von Zwischenzielen wirkt motivierend.

Eine negative und problemorientierte Wortwahl verhindert die erfolgreiche Transformation von erkannten Schwächen in Stärken, von Problemen in Lösungen. Zum Abschluß deshalb der Vergleich von zwei Vorgehensweisen, die problem- oder lösungsorientiert an ein Thema herangehen:

Die problemorientierte Wortwahl: Was ist mein Problem? Wie lange habe ich es schon? Woran liegt es? Wer ist schuld daran? Welche schlechten Erfahrungen habe ich noch mit dem Problem gemacht? Warum habe ich es noch nicht gelöst? – Aus diesen wenigen Fragen wird deutlich, daß der Fragende sich nur im Kreis dreht und sich durch seine Wortwahl keine Chance ergibt, auszubrechen.

Ein Problem kann aber nur gelöst werden, wenn die folgenden Fragen gestellt werden, bei denen der Fragende auch auf positive und nicht immer nur resignierende und negative Erfahrungen zurückgreift. Ich hebe das an dieser Stelle so hervor, weil viele Schwächen und Probleme genau aus diesem Grund nicht umgewandelt werden. Wir haben es verlernt, neugierig nach vorne zu schauen, und bleiben deshalb viel zu oft – beruflich und privat – resigniert im alten Schlamassel sitzen.

Die lösungsorientierte Wortwahl lautet: Was will ich statt des Problems? Was werde ich wissen, wenn ich die Lösung erreicht habe? Welche zusätzlichen Erkenntnisse werde ich erhalten? Welche Stärken, Lösungsstrategien beherrsche ich bereits jetzt, um das Ziel zu erreichen? Gibt es ähnliche Situationen, die ich erfolgreich gelöst habe? Wo liegen meine Fähigkeiten, meine Ressourcen? Benötige ich zusätzliche Hilfsmittel, und wenn ja, kann ich diese aus eigener Kraft mobilisieren, oder muß ich mich an andere wenden? Was ist der nächste Schritt?

Vergleicht man nur allein die jeweils letzte Frage, »Warum habe ich es noch nicht gelöst?«, versus »Was ist der nächste Schritt?«, wird deutlich, in welch unterschiedlichen Richtungen die persönliche Kraft fließt.

Wo kämen wir hin, wenn alle sagten:
»Wo kämen wir hin«, und niemand ginge einmal zu schauen,
wohin man käme, wenn man ginge?
K. Marti

Tappen Sie bei Ihrer Zieldefinition nicht in die Gewohnheitsfalle. Aufgrund häufiger schlechter Erfahrungen entwickeln wir nur zu oft die befangene Haltung, nicht mehr an mögliche Lösungen zu glauben. Aber Probleme erfordern von uns manchmal eine ganz neue und hoffnungsvolle Sichtweise auf die Welt. Es wartet nicht immer nur das Versagen auf uns!

Allerdings sollten Sie immer darauf achten, Ihren Sinn für die Realität nicht zu verlieren. Ziele zu definieren birgt manches Mal die Gefahr, sie nicht realistisch genug einzuschätzen. Häufig möchten wir uns auch nicht als Ursache des Problems erkennen. Der typisch falsch formulierte Satz ist: »Ich nehme mal an, es wird schon alles gutgehen!« Das hat mit lösungsorientierter Zielformulierung nichts gemein. In unserem Kontext hieße das dann: »Meine Idee ist so stark, die verkauft sich von selbst!« Wie bitte soll sich denn eine Idee von selbst verkaufen? Dahinter steckt meist die Scheu oder auch Laxheit, etwas für sein Projekt zu tun, zu investieren – vor allem die Zeit, um sich und eine Präsentation vorzubereiten.

Kreativitätsstrategien

Manche Menschen sehen die Dinge, wie sie sind, und fragen:
»Warum?« – und manche Menschen erträumen sich Dinge,
die noch nicht sind, und fragen: »Warum nicht?«
S. Kurz

Sich persönliche und berufliche Ziele zu setzen hat sehr viel
mit Kreativität und ihrer bewußten Nutzung zu tun. Ich
möchte in diesem Rahmen eine sehr interessante Strategie
kurz vorstellen. Die *Walt-Disney-Strategie*. Die Kreativ-Teams
von Walt Disney haben sie schon vor Jahrzehnten benutzt.
Ein entsprechendes Modell zur Anwendung auch auf andere
Bereiche zur Lösung von Problemen und der kreativen Umsetzung von Zielen wurde von Robert Dilts entwickelt. Das
Modell geht davon aus, daß jeder kreative Prozeß drei Stufen
bis zur Umsetzung durchläuft. Die Phase des Träumers, des
Realisten und des Kritikers. Um jede einzelne Phase unge-
stört durchleben zu können, hatten die Disney-Teams sogar
für jede Phase eine extra Räumlichkeit, in der immer nur der
entsprechende Prozeß stattfinden durfte. Es war strikt verboten, Argumente von anderen Phasen als der für diesen Raum
bestimmten, zu erörtern.
Nun mag es vielleicht etwas kompliziert und kosteninten-
siv sein, sich drei Räume für seine Zielplanungs- und Kreati-
vitätsphasen einzurichten, aber man kann sich natürlich auch
drei verschiedene Plätze innerhalb eines Raumes schaffen.
Menschen verbinden mit unterschiedlichen Orten bewußt
und unbewußt unterschiedliche Erfahrungen, und das sollte
man ruhig ausnutzen und auch auf unser Thema übertragen.
Das wichtigste bei dem gesamten Prozeß ist allerdings die
zeitliche Trennung der Phasen. Wenn möglich, lassen Sie zwischen jeder Phase mindestens eine Nacht vergehen.
Im *Träumer-Raum* wird im klassischen Sinne Brainstorming
betrieben. Es ist die »Wünsche-Phase«. Alles, und scheint es
auf den ersten Blick noch so verrückt zu sein, wird ausgesprochen. Die jeweiligen Ideen, Wünsche, Träume, Hoffnun-

gen werden positiv formuliert und ihre Vorteile aufgezählt. Nichts, was auch nur den Anschein eines Ideenkillers hat, wird in dieser Phase zugelassen. Beispielfragen dazu sind: Was möchtest Du tun? (Im Gegensatz dazu, was man *beenden* oder *vermeiden* möchte!) Warum möchtest Du das? Worin besteht der Zweck? Worin bestehen die Vorteile? Wohin soll Dich das Projekt führen? Woran wirst Du merken, daß Du Dein Ziel erreicht hast? Wann denkst Du, daß Du das Ziel erreichen kannst? Die genannten Fragen beziehen sich auf den Träumer selbst.

Im *Realisten-Raum* findet die »Wie-genau-Phase« statt. Unter Einbeziehung von äußeren Kriterien, der Realität und den eventuell entsprechend betroffenen Personen, wird die Möglichkeit der Zielumsetzung überprüft. Beispielsfragen sind in dieser Phase: Wie genau soll die Idee implementiert werden? Kann ich die Idee allein umsetzen? Benötige ich zusätzliche Unterstützung durch andere? Wenn ja, wer ist das, und ist die Person bereit dazu? Woran wirst Du merken, daß das Ziel erreicht ist? (Wahrnehmung durch Außenstehende zum Beispiel.) Wann wird das übergeordnete Ziel erreicht sein? Wo, wann und wie werden die einzelnen Zwischenschritte realisiert? Warum und wozu ist jeder einzelne Schritt notwendig?

Im letzten Raum, dem *Kritiker-Raum*, wird die »Möglichkeits-Phase« kritisch unter die Lupe genommen. Es werden Kontexte definiert, in denen die Idee funktionieren kann, und solche, in denen dies nicht der Fall ist. Geht es um persönliche Ziele, die mit der Veränderung von Verhaltensweisen zu tun haben, so ist es in dieser Phase wichtig, darauf zu achten, daß bereits bestehende und positive Vorgehensweisen erhalten bleiben. Auch hier gilt es, eine Reihe von Fragen zu stellen, die der Klärung dienen: Warum könnte jemand gegen diese Idee sein? Wer mag von dieser Idee betroffen sein, und wer wird zur Effektivität beitragen oder sie behindern? Wann und wo möchtest Du diese Idee bzw. Vorgehensweise nicht implementieren oder anwenden?

Wer diese Beispielfragen der einzelnen Phasen bearbeitet, wird feststellen, daß sie ungemein helfen, sich seiner Entscheidungsstrategien bei der persönlichen Zielgenerierung und auch des Umgangs mit dem eigenen Kreativitätspotential bewußt zu werden.

Wer sich näher mit dem Thema beschäftigen möchte, dem empfehle ich das Buch *Know-how für Träumer* von Dilts, Epstein, Dilts. Ebenso interessant ist ein Buch, das sich mit der Entwicklung von Kreativitätsstrategien unter der Verwendung der Mind-Mapping-Technik beschäftigt: *Denk-Zeichnen* von H.-J. Walter.

Suche für deine Prioritäten Termine – und nicht für Deine Termine Prioritäten

Für das Erreichen gesetzter Ziele ist es unabdingbar, daß man lernt, Prioritäten zu setzen. Gemeint ist z.B., den Unterschied zwischen wichtig und dringend zu kennen. Erledigen Sie alles auf den letzten Drücker? Lassen Sie sich schnell ablenken? Wenn das so ist, sollte man für wichtige Dinge, wie zum Beispiel Termine zur Abgabe von Drehbüchern, Zeitpläne entwickeln und an ihnen festhalten. Damit läßt sich unnötiger Streß vermeiden. Manchmal macht schon die Formulierung des Zeitziels bereits einen Unterschied: Was will ich wann erreicht haben? Und nicht: Was will ich abhaken? Auch hier liegt die Stärke in einem lösungsorientierten Zeitmanagement und nicht in einer bloßen Abarbeitung von einzelnen Teilschritten auf dem Weg zu Ihrem Ziel.

Für Autoren, welche die Abgabetermine für vereinbarte Leistungen nie einhalten, die Drehbücher und andere Stoffe notorisch zu spät abliefern, hat eine renommierte Produktionsfirma das System der Erfolgsprämie für früher fertiggestellte Arbeitsunterlagen eingeführt. Ihre Autoren können ihre Abgabetermine selbst bestimmen. Sind sie früher fertig, gibt es einen finanziellen Bonus. Liefern sie zum festgesetzten Termin ab, gilt das vereinbarte Honorar, danach gibt es Abzug. Laut Auskunft des Entwicklungschefs bewährt sich das System für beide Seiten.

Kreative, Geld und Erfolg

Innere Klarheit zu erlangen und sich klar definierte Ziele zu setzen gilt auch für die Bereiche Geld, Erfolg und persönlicher Leistungswille. Wieviel Geld darf ich verdienen? Wieviel Erfolg darf ich haben? Gebe ich mich mit weniger zufrieden, als ich haben könnte? Welche Leistungsstandards habe ich in meinem Leben gesetzt?

Mir sind viele kreativ arbeitende Menschen begegnet, die zum Thema Geld und Erfolg ein sehr gespaltenes Verhältnis haben. Tief im Inneren laufen, oft unbewußt und unbemerkt, *Erfolgs-Verhinderungs-Programme* ab, nach denen sich Kunst und Kreativität auf der einen und Geld auf der anderen Seite nicht vereinbaren lassen. Nach dem Motto: Nur ein armer Künstler ist ein echter Künstler! So lautet die tiefverwurzelte Überzeugung von Autoren, die sich scheuen, mit ihrer guten Leistung und reinen Gewissens auch gutes Geld zu verdienen. Ich habe ja bereits von der häufig verbreiteten Scheu gesprochen, bei einem Pitch über Geld zu sprechen. Die Tabuisierung von Geld ist ebenso hinderlich wie überflüssig, da wir schließlich alle darauf angewiesen sind, unseren Lebensunterhalt zu verdienen.

Arbeitet man viel im internationalen Bereich, speziell mit amerikanischen Partnern, trifft man diese Scheu bekanntermaßen selten an. Das ist auch nicht weiter verwunderlich. Amerikanern sind die Strategien von Werbung, Präsentation, Publicity und Marketing sehr gut vertraut. Nichts fällt ihnen leichter, als Geld zu thematisieren. In unseren Breitengraden werden Kunst und deren kommerzielle Vermarktung leider immer noch als zwei unvereinbare Gegensätze erachtet – zumindest wenn es um wahre Kunst geht.

Die Kunst des Pitchens jedoch ist eine Disziplin. Sie fällt weder vom Himmel, noch kann man sie irgendwo kaufen. Sie können das Pitchen genauso trainieren, wie Sie eine Sportart, ein Handwerk oder das Kochen lernen können. Voraussetzung ist lediglich der Wille und die Bereitschaft, es zu tun.

Es gibt nichts Gutes, außer man tut es!
Erich Kästner

Nun sind wir, je länger unsere Schul- oder Universitätszeit zurückliegt, oftmals nicht mehr im Lernen geübt, und gleichzeitig sind unsere Erfolgserwartungen an uns selbst sehr hochgeschraubt. Wir möchten alles sofort perfekt können, keine Fehler machen, uns nicht blamieren. Um dies alles zu vermeiden, fangen wir mit dem Lernen oft gar nicht erst an. »Hinfallen ist nicht schlimm, aber liegenbleiben schon«, sagt der Volksmund dazu.

Schließlich funktioniert das Lernen ganz schematisch, immer nach dem gleichen Muster. Sich dessen bewußt zu werden und das Muster zu verinnerlichen fördert den geduldigeren und entspannteren Umgang mit den eigenen Anforderungen. Besonders wenn man Angst hat, etwas Neues zu lernen, zum Beispiel pitchen ...

Die vier Stufen des Lernens

Das eben genannte Schema gliedert sich in vier Ebenen, die aufeinander aufbauen:

4. *unbewußte Kompetenz*
3. *bewußte Kompetenz*
2. *bewußte Inkompetenz*
1. *unbewußte Inkompetenz*

Fangen wir ganz unten an, bei der *unbewußten Inkompetenz* – eigentlich ein wunderbarer Zustand: *Wir wissen nicht, daß wir nicht wissen!* Es gibt kein Verlangen, etwas zu erreichen, zu erlernen, denn wir wissen schlichtweg nicht, daß wir etwas Bestimmtes tun und somit erlernen könnten. Ich spiele die vier Lernstufen anhand der Erfahrung, Auto fahren zu lernen durch: Auf Stufe 1 weiß z.B. ein Kleinkind noch nicht, daß es nicht Auto fahren kann, da aktives Autofahren noch nicht in seiner Wahrnehmung enthalten ist.

Im Lauf der Zeit geht das Bewußtsein vom bis dahin lediglich passiven Autofahren über in die aktive Phase. Es mag plötzlich ein Impuls sein – wenn ich Auto fahren könnte, könnte ich jetzt mit meiner Freundin an den Baggersee fahren. Und dann sofort die Bremse: Ich bin ja erst 15 Jahre jung und weder darf noch kann ich Auto fahren. Der schmerzliche Zustand der *bewußten Inkompetenz* tritt ein. *Wir wissen, daß wir nicht wissen!* Hinzu kommt bei allen bewußten Lernerfahrungen und -handlungen der Kosten-Nutzen-Effekt. Die Frage nach dem »Will ich es wirklich?«, »Bin ich bereit, dafür erst mal Geld zu verdienen, viele Stunden meiner Freizeit zu opfern?« taucht auf. Überwiegt der Nutzen, ist man bereit, die Kosten, auf welcher Ebene auch immer sie definiert sind, zu tragen.

Ist diese grundsätzliche Entscheidung, etwas zu beginnen, erst einmal gefallen, folgt eine Phase, die zwischen den beiden Ebenen der *bewußten Inkompetenz* und der *bewußten Kompetenz* liegt. *Wir wissen, daß wir wissen!* Diese Phase ist meist die längste, da wir sie sehr bewußt wahrnehmen. Es ist die Zeit des Lernens und Übens, mit kleinen und großen Erfolgen. Sie ist zudem die anstrengendste in dem gesamten Prozeß, da wir sie sehr intensiv reflektieren und laufend den Kosten-Nutzen-Effekt hinterfragen und abgleichen. Es gibt keine Erfolgsgarantie dafür, daß wir unser Ziel auch erreichen werden. Somit bedarf es einer laufenden Erneuerung unserer persönlichen Motivation.

Schließlich ist das gesteckte Ziel erreicht, im genannten Beispiel hat man seinen Führerschein gemacht, und die Abläufe während des Fahrens beginnen sich mehr und mehr zu automatisieren. Je sicherer man wird, um so unbewußter werden die gelernten Schritte ausgeführt. Vielmehr hat sich die Fähigkeit dahingehend erweitert, daß man zusätzliche Informationen aufnehmen kann. Wir können während des Fahrens mit einem Beifahrer sprechen, nehmen draußen Menschen und Geschehnisse wahr und wissen gleichzeitig um unsere Kompetenz, das Fahrzeug zu steuern – ein Gefühl der Sicherheit entsteht. Die Stufe der *unbewußten Kompetenz* ist erreicht. *Wir wissen nicht mehr bewußt, daß wir wissen! Wir tun es einfach.* Eines Tages taucht dann vielleicht wieder ein neuer Impuls auf, der uns bisher nicht bewußt war. Wir möchten unbedingt Formel 1 fahren – und alles beginnt von vorne.

So kann man diese vier Stufen des Lernens als einen sich fortwährend spiralförmig nach oben bewegenden Prozeß verstehen. Der Begriff des lebenslangen Lernens bekommt eine ganz persönliche Bedeutung, je nachdem was wir uns als Lernziel gesetzt haben. Durch diese geistige Klarheit gelingt es uns, in unserem Gehirn Vernetzungen und Querverweise zu schaffen. Wir eröffnen uns durch neue, flexible Vorgehens- und Sichtweisen ein neues Kreativitätspotential.

Und genauso ist es beim Pitchen. Vielleicht ahnten Sie vor einigen Jahren noch gar nicht, daß Sie eines Tages in den Medien arbeiten und dafür die Kunst des Pitchens würden erlernen müssen. Und jetzt stecken Sie mittendrin. Die Chancen stehen gut, wenn Sie diszipliniert üben und die Techniken, die nötig sind, um Ihr Filmprojekt erfolgreich verkaufen zu können, beherrschen. Dann werden Sie eines Tages professionell pitchen und viel Spaß dabei haben.

Ein praktischer Tip: Durch die konsequente Wiederholung von Lerneinheiten setzt ein Automatisierungsprozeß ein, und Ihre Präsentationen gewinnen an Selbstverständlichkeit und wirken elegant und kongruent. Erarbeiten Sie sich eine kurze Synopsis Ihres Projektes und tragen diese freisprechend und laut vor. Diesen Vorgang wiederholen Sie bitte nach 45 Minuten. Dann noch einmal am Abend des gleichen Tages, am nächsten Tag, nach einer Woche und nach einem Monat. Diese zeitlichen Werte haben sich in vielen Versuchen als sehr effektiv erwiesen, da durch die Wiederholung das Gelernte in tieferen Schichten unseres Gedächtnis gespeichert wird. Wenn Ihnen dann plötzlich und unerwartet auf einer Messe oder einem Festival ein Entscheider vorgestellt wird und Sie nach Ihrer Geschichte gefragt werden, können Sie diese, ohne lange zu überlegen, sicher, streßfrei, gelassen und überzeugend pitchen.

Genie ist 1 Prozent Eingebung und 99 Prozent Schweiß!
Ich habe nie etwas Gutes durch Zufall geleistet,
noch ergab sich eine meiner Erfindungen durch Zufall –
sie entstanden durch Arbeit.
Thomas Edison

Aus Fehlern kann man lernen: Ein Rezept für Erfolg ist, keine Angst vor Fehlern zu haben. Hätte Thomas Edison bereits nach seinem zweiten Versuch aufgegeben, säßen wir wohl heute noch im Dunkeln oder bei Karbitlampen-Licht. Er hatte ein klares Ziel vor Augen und hat unzählige Versuche nach dem Prinzip *Trial & Error* gestartet, bis er mit der funktionierenden Glühlampe erfolgreich war.

Nehmen Sie die Hinweise und Tips in diesem Buch als Anregungen und Hilfestellungen an, mit Ihren bisherigen Fehlern und Schwächen konstruktiv umzugehen und es auf neuen, vielleicht ganz unorthodoxen Wegen noch einmal zu versuchen.

Streß und Streßbewältigung

Tu das, wovor Du Dich am meisten fürchtest,
und das Ende Deiner Furcht ist Dir gewiß!

Eine wichtige Voraussetzung, um während eines Pitches einen Stoff flexibel und souverän zu präsentieren, ist zu wissen, wie Streß entsteht. Dieses Wissen hilft, sich in streßbelasteten Situationen selbst zu reflektieren und zu kontrollieren. Wir alle kennen Streß aus den unterschiedlichsten Situationen. Allgemein gesagt, entsteht er meist dann, wenn bestimmte Grundbedürfnisse nicht befriedigt werden können oder wir deren Entzug befürchten. So fühlen wir uns zum Beispiel in unserem Bereich des Pitchens gestreßt, wenn wir nicht sicher sein können, ob wir mit unserer Präsentation *Anerkennung* erzielen werden. Ist der Ausgang einer Situation vollkommen ungewiß, kann ein Gefühl von Ohnmacht entstehen. Man hat plötzlich keine *Macht in Form von Selbstkontrolle* mehr. Wird uns das Gefühl von *Schutz und Geborgenheit* entzogen, kann es ebenfalls zu Streßreaktionen kommen.

Das Für und Wider von Adrenalin

Die Angst, zu versagen, nicht gut genug zu sein, abgelehnt zu werden ... all diese Selbstzweifel, die beim Erlernen, sich und sein Projekt zu pitchen, auftauchen, können Streßsymptome auslösen. Die größte Herausforderung liegt darin, Streß zu erkennen und zu bewältigen.

Die Streßforschung unterscheidet zwischen gutem, anregendem und leistungsförderndem Streß, dem Eustreß, und dem gesundheitsschädlichen, negativen Disstreß. Ein gewisses Maß an Aufregung und Lampenfieber ist für Ihre Konzentration und Aufmerksamkeit während einer Präsentation ganz sinnvoll. Durch die erhöhte Durchblutung ist man aktiver, im positiven Sinne angespannter und wirkt dadurch oft lebendig und präsent. Viele Künstler und Moderatoren sagen, daß sie ihr Lampenfieber brauchen, um ihr Bestes zu geben. In Situationen, in denen sie gar keine Nervosität verspürten, hätten sie gewußt, daß etwas nicht gestimmt habe, und meistens seien ihre Präsentationen bzw. Auftritte dann auch nicht sehr gut und überzeugend gewesen.

Andererseits ist zuviel des Guten für eine gelungene Präsentation nicht förderlich. Zuviel Streß, der hauptsächlich durch eine zu hohe Ausschüttung von Adrenalin entsteht, bewirkt genau das Gegenteil: Wir fühlen uns wie gelähmt, haben nur noch Watte im Kopf, haben alles vergessen – was insgesamt nur noch mehr Streß verursacht und langfristig ernsthaft krank macht. Insofern ist die gute Vorbereitung eines Pitches nicht nur die beste Streßprävention, sondern auch psychisch und physisch gesundheitsfördernd.

Was passiert, wenn der Körper das Hormon Adrenalin ausschüttet? Dieser sehr komplexe Vorgang muß hier für unseren Zweck stark vereinfacht dargestellt werden, die Hirnphysiologen mögen uns das bitte verzeihen. In unseren stammesgeschichtlichen Urzeiten waren zwei Reaktionen auf bedrohende Situationen zum Überleben der Spezies Mensch notwendig: Flucht oder Angriff. Diese beiden Reaktionen, deren Abläufe in den ältesten Teilen unseres Gehirns verankert sind, haben auch heute noch Überlebensfunktion. So wie es damals angebrachter war, einem Säbelzahntiger bei einer unerwarteten Begegnung nicht freundlich ins Gesicht zu blicken oder ihn anzugreifen, sondern vielmehr blitzschnell wegzurennen, und zwar ohne nachzudenken –, so erweist sich dieser Fluchtreflex auch heute noch in gefährlichen Situationen als lebensrettend.

Und dabei spielt vor allem Adrenalin eine große Rolle. Während wir dieses Hormon ausschütten, laufen zahlreiche körperliche Reaktionen gleichzeitig ab. Zum einen steigt der Blutdruck, unsere Hautfarbe verändert sich entsprechend, unser Aggressionspotential wird erhöht – uns schwillt der Kamm –, die Muskeln kontrahieren, die Augen verengen sich, fokussieren besser, der Atemrhythmus verändert sich, um mehr Sauerstoff im Körper in Umlauf zu bringen. Das sind nicht nur archaische Drohgebärden, sondern auch viele Grundvoraussetzungen, um entweder schnell wegzurennen oder dem Gegenüber gezielt und mit aller Wucht eine geballte Faust ins Gesicht zu schleudern; zwei mögliche Reaktionen für Flucht oder Angriff.

Adrenalin entfaltet in den beschriebenen Streßmomenten zudem noch eine zusätzliche Wirkung, die für unseren Zusammenhang des Pitchens oder auch generell in belastenden Prüfungssituationen besonders interessant ist. Adrenalin verursacht genau die Reaktion, die wir so fürchten: die Denkblockade. Sie ist an die Ausschüttung von Adrenalin gekoppelt und entsteht in den Teilen unseres Gehirns, die unter anderem das logische und rationale Denken steuern sowie die Verknüpfung von Fakten und die Sprachsteuerung übernehmen. Die Vorteile dieser Denkblockade sind unverkennbar:

Werden Sie tätlich angegriffen, muß die Faust schnell nach vorne schnellen, falls ein Rückzug nicht mehr möglich ist.

Wenn Sie über eine Straßenkreuzung gehen und plötzlich ein LKW um die Ecke rast, heißt es, reflexartig zu rennen. Sprich, in diesem Moment ist schnelles Handeln gefragt, und es nicht sinnvoll, sich auszurechnen, wann Sie und der LKW zusammenprallen werden, wenn bei seiner Geschwindigkeit von 80 km/h und Ihrer Gehgeschwindigkeit von 5 km/h noch etwa 20 m zwischen Ihnen liegen. Adrenalin hat auf jeden Fall seine guten Seiten.

Wird es abrupt ausgeschüttet, fühlen wir uns jedoch leider meist körperlich schlecht. Abgesehen von starkem Herzklopfen, entsteht ein elendes, flaues Gefühl im Magen. Zuviel Adrenalin kann, wird es schlagartig in übergroßen Mengen ausgeschüttet, sogar zum plötzlichen Tod führen. Bei Menschen, die aus beruflichen und/oder persönlichen Gründen unter Dauerstreß stehen, kommt es zu Herzinfarkten und Magenerkrankungen sowie einer ganzen Reihe anderer Zivilisationskrankheiten, die durch Gefäßverengung bedingt sind. Grund genug zu wissen, wodurch Streß entsteht und wie er gezielt abgebaut werden kann.

Abgesehen davon, daß man es soweit wie möglich vermeiden sollte, zuviel Disstreß zu haben, kann man Adrenalin relativ schnell durch körperliche Bewegung abbauen. »Geh erst mal raus an die frische Luft. Geh ein Stück spazieren und beruhige Dich!« Der Volksmund hat hier wie so oft recht. Dadurch, daß der Kreislauf beim Gehen aktiviert wird und vermehrt Sauerstoff ins Blut gelangt, werden die Schadstoffe abtransportiert und entsorgt. Der zweite Effekt ist der, daß die beiden Hirnhälften durch die Über-Kreuz-Bewegungen von Armen und Beinen beim Laufen wieder synchronisiert werden. Mißt man die nervlichen und biochemischen Reaktionen im Hirn unter Streß, stellt man fest, daß es zu einer einseitigen Hemisphären-Überlastung kommt. Über-Kreuz-Bewegungen helfen, die Überlastung umzuverteilen und abzubauen. Im Anschluß sind einige einfache sogenannte *Crosscoll-Übungen* dazu aufgeführt.

159

Eine Streßattacke bei einer Präsentation kann durch ein äußeres unerwartetes Ereignis oder dadurch ausgelöst werden, daß sich plötzlich unser »innerer Kritiker« zu Wort meldet und uns aus dem Konzept bringt. Resultat ist eine Kettenreaktion, in der sich die Streßsymptome gegenseitig laufend verstärken. Bis es schließlich zur Denkblockade, dem berühmten Blackout kommt. Das Hirn scheint vollkommen leer zu sein. Das alles passiert in Bruchteilen von Sekunden.

Die körperlichen Symptome, die parallel dazu unterschiedlich stark auftreten, sind Herzrasen, Schwindelgefühle, weiche Knie, Zittern, nasse Hände, extrem trockener Mund, Versagen der Stimme, Stottern – und das klassische Symptom des Blackouts: das Verschwinden der visuellen Wahrnehmung der Umgebung. Es bildet sich ein nebeliger Schleier vor den Augen, das Gesichtsfeld verengt oder verzerrt sich. Oder es wird einem wortwörtlich schwarz vor den Augen. Die meisten Personen, die ich hierzu befragt habe, sprechen aber eher von einem wattigen, neblig-weißen Gefühl. Je weniger gut Sie wissen, wie Sie persönlich in solchen Situationen reagieren, desto heftiger können diese Streßattacken ausfallen.

Rettungsmöglichkeiten und Erste Hilfe bei Streßattacken und Blackout

Das Planspiel: die schlimmste Befürchtung
Sind Sie über Gebühr nervös beim Pitchen, stellen Sie sich bereits im Vorfeld die berühmte Planspiel-Frage nach dem *Worst-Case*-Szenario: Was ist das Schlimmste, das passieren kann in dieser Situation? Was ist meine größte Befürchtung?

Eine Antwort könnte sein, daß man einfach alles vergißt und überhaupt kein Wort mehr herausbringt. Ab und an habe ich auch von der Befürchtung gehört, daß man ohnmächtig werden könnte. Das sind große Ängste, aber ist es wirklich realistisch, daß Sie während Ihres Pitches ohnmächtig werden, plötzlich vor versammelter Mannschaft umkippen? Wohl kaum.

Sollte es dennoch eine ernsthafte Befürchtung von Ihnen sein, dann ist es hilfreich, die Frage nach dem *Worst Case* zu vertiefen bzw. erneut zu stellen, laut auszusprechen und ernsthaft zu beantworten. Bilden Sie dazu einen Aussagesatz wie z.B.: Ich werde ohnmächtig. Ich verliere meine Stimme. Mir wird schwarz vor den Augen.

Man entkräftet solche Sätze, wenn man sie laut ausspricht, und Sie werden merken, daß sie meistens jeglicher realistischen Grundlage entbehren. Der einzig realistische und damit akzeptable Grund für eine solche Befürchtung wäre, wenn Sie in vergangenen Prüfungssituationen tatsächlich einmal umgekippt wären, also eine konkrete Erfahrung mit Ohnmachtsanfällen aufgrund von Streß in Prüfungssituationen oder einem Pitch haben. Vielleicht haben Sie auch schon einmal die Erfahrung gemacht, daß Sie oder Ihr Partner positive Gefühle zerredet haben. Was in jenem privaten Fall sicherlich schade war, kann im ungekehrten Fall positive Auswirkungen haben: Denn man kann auch negative Gefühle zerreden, was in unserem Beispiel von Vorteil ist.

Meine Erfahrung mit den befürchteten *Worst-Case*-Szenarien in Workshops ist allerdings, daß die meisten Teilnehmer bereits schnell den Kopf geschüttelt und aufgelacht haben, und der Spuk einer befürchteten Ohnmacht war vorbei. Übrig bleibt das normale und auch begrüßenswerte Maß an Aufregung.

Menschen sind sehr kreativ – in diesem Zusammenhang muß ich sagen leider, wenn sie nämlich antizipieren, was alles Negatives passieren kann. Das hat den einfachen Grund, daß wir bereits von Kindesbeinen an meist zu Vorsicht und nicht zu Neugier und Wagemut erzogen werden. »Fall nicht hin, stoß Dich nicht, paß auf, tu Dir nicht weh« – alles liebgemeinte und fürsorgliche elterliche Ratschläge. Leider haben sie nur eine unangenehme Gemeinsamkeit: Sie richten unser Augenmerk nur auf die möglichen Gefahren und schlechten Erfahrungen, die wir in dieser Welt machen können. Hinter der Ecke lauert meist das Böse, nicht das Gute! Das führt dazu, daß wir uns von klein auf viel zu selten vorstellen können, daß Dinge gut ausgehen, Spaß machen dürfen, die Präsentation des Projekts Erfolg haben wird. Die Kraft der *selffulfilling prophecy* ist sehr groß!

Benennen, ohne zu bewerten

Wie kann man den Schaden begrenzen, falls es nun doch zu dem berühmten Blackout gekommen ist? Es ist im Leben zwar einiges, aber doch (zum Glück) nicht alles planbar – es können plötzliche Konzentrationsschwächen ohne ersichtlichen Grund oder durch eine Störung von außen auftreten: Sie werden abgelenkt, sei es, weil im spannendsten Part Ihres Pitches gerade jemand den Raum verläßt, ein Handy klingelt, jemand im Auditorium gähnen muß oder etwas anderes uns stört. Ich wähle hier bewußt Beispiele von öffentlichen Pitching-Veranstaltungen. Der Streß ist für die meisten Menschen eindeutig größer, wenn sie vor vielen Entscheidern präsentieren müssen, als in einem persönlichen Gespräch unter vier Augen. Da diese öffentlichen Veranstaltungen aber immer beliebter werden, ist es gut zu wissen, was dort passieren kann.

Beispielsweise verläßt jemand den Raum: Sie haben die Wahl, diese Tatsache einfach zu registrieren oder sie zu bewerten, ihr also eine persönliche Bedeutung zu geben. Um Streß zu vermeiden, ist es sinnvoll, die Tatsache einfach nur festzustellen: Jemand verläßt den Raum. Punkt, mehr nicht. Dann fahren Sie in Ihrem Pitch fort.

Wenn Sie sich allerdings Streß verschaffen möchten, dann geben Sie der Sache eine Bedeutung, bewerten Sie sie. »Der geht, weil ich langweilig pitche.« Unsicherheit und Streß als Folge sind garantiert. Es gibt zahlreiche Gründe, warum jemand den Raum verläßt, gähnt, vielleicht einschläft: Er muß auf die Toilette, einen wichtigen Anruf tätigen, ist übernächtigt, die Luft im Saal ist schlecht usw. Vermeiden Sie während einer Präsentation diese Form der inneren Bewertung und das Wörtchen »weil«.

Vorsicht nur, wenn alle Zuhörer gähnen oder gehen … dann erscheint etwas Selbstkritik durchaus angebracht!

Mobiltelefone klingeln übrigens sehr häufig in solchen Veranstaltungen. Selbst wenn es Sie kurzfristig aus dem Pitch bringt, machen Sie sich diese Tatsache bewußt – und werfen Sie dem Störenfried ruhig einen bösen Blick zu. Es ist schlichtweg unhöflich und unbedacht, Handys nicht auszuschalten, nur bringt es nichts, sich darüber zu ärgern und unnötig viel Energie darauf zu verschwenden.

Sollten Sie allerdings so in Ihrem Vortrag gestört worden sein, daß Sie vollständig aus dem Konzept gekommen sind, dann formulieren Sie es ruhig laut: »Das Klingeln des Telefons hat mich sehr abgelenkt, ich möchte mich kurz sammeln«. Der Unmut wendet sich hundertprozentig dem Störer zu und nicht Ihnen.

Oftmals ist es auch nur anfangs beunruhigend, vor der Öffentlichkeit zu sprechen. Steht man erst einmal im Rampenlicht und nimmt wahr, daß alles glattläuft, regulieren sich die Streßsymptome von selbst. Um über die ersten Sekunden hinwegzukommen, gibt es ein einfaches Mittel: Schaffen Sie sich eine Atmosphäre, die Sie zuversichtlich stimmt. Dazu suchen Sie sich eine Person im Publikum oder in der Gruppe aus, die Ihnen sympathisch ist. Vielleicht ist es jemand, den Sie bereits gut kennen, oder es ist jemand, der Ihnen ermunternd zulächelt oder während der ersten Sätzen schon zustimmend nickt. Stellen Sie sich einfach vor, Sie sprächen nur für diese eine Person. Suchen Sie sich niemanden aus, der besonders kritisch schaut. Dann könnte es nämlich passieren, daß die inneren selbstkritischen Stimmen auftauchen.

In dem Moment, in dem Sie anfangen, sich sicherer zu fühlen, können Sie auch die anderen Anwesenden fokussieren. Achten Sie darauf, daß Sie im Laufe Ihres Vortrags mit den meisten Anwesenden einen ruhigen kurzfristigen Blickkontakt aufnehmen. Wenn Sie sich nur auf eine Person konzentrieren, werden die anderen sich schnell ausgegrenzt fühlen. Die Gruppenatmosphäre und die Aufmerksamkeit für Ihren Pitch werden nachlassen.

Richtiges Formulieren der inneren Dialoge

Jede Träne kitzelt *auch die Wange*

Der Blackout ist da, alle Zeichen stehen auf Streß, und Sie befürchten, den Faden völlig verloren zu haben und gar nicht mehr in das Thema reinzukommen. Der größte Fehler, den Sie jetzt machen können, ist, sich selbst einzureden, daß jetzt alles verloren ist. Versuchen Sie, sich zu sagen:»Okay, ich habe den Faden verloren – aber gleich geht es weiter, was will ich als nächstes sagen.« Schauen Sie auf Ihr Konzept, und übergehen Sie zur Not die Stelle, an der Sie den Faden verloren haben. Konzentrieren Sie sich lieber auf den nächsten Punkt im Konzept. Es bringt nichts, die Konzentration auf das zu lenken, was man vergessen hat – schauen Sie nur auf das, was noch kommt. Ich spreche hier wohlgemerkt nur über ganz akute Streßsituationen, wenn Sie mitten in einer Präsentation sind!

Genauso sollten Sie mit körperlichen Streßsymptomen umgehen. Registrieren Sie lediglich:»Mir ist heiß, meine Stimme belegt, mein Herz klopft schneller als sonst.« Nicht mehr. Kein Weil und kein Warum in dieser Situation – die Symptome verschwinden meist sehr schnell, wenn wir sie lediglich kurz registrieren. Wir machen viel zu oft den Fehler, daß wir die streßbedingt auftretenden körperlichen Symptome überbewerten, anstatt sie einfach nur zu benennen. Je verzweifelter wir versuchen, sie zu verdrängen, desto stärker werden sie.

Manchmal wird unter dem Streß vor, während und nach einer schwierigen Situation eine Fülle von Selbstreflexionen ausgelöst, die sie ablenken. Aber auch diese Gedanken können Sie als positive oder als negative Selbstaussagen bewerten. Beschäftigt man sich intensiv mit diesen Selbstreflexionen, wird man feststellen, daß sie eine Art Kontrollinstanz sind, die dazu dient, Sie konstruktiv zu kritisieren, damit Sie in Ihrem Pitch besser werden. Ich habe mich mit meinen Selbstreflexionen dahingehend »geeinigt«, daß sie mir zwar ein Feedback geben sollen, allerdings nicht während einer

Veranstaltung, sondern erst danach – den Zeitpunkt bestimme ich!

Sollten Sie stark unter negativen Selbstreflexionen leiden, macht es Sinn, sich intensiv mit den verschiedenen Streßsituationen auseinanderzusetzen, in denen diese Kommentare aufgetaucht sind. Formulieren Sie schriftlich alle negativen Sätze in positive um. Aber nur in dem Maße, daß die Aussagen realistisch sind und Sie sie trotzdem akzeptieren können. Es macht keinen Sinn, sich dem Trend des *Positive Thinking* unreflektiert zu unterwerfen – es funktioniert nicht. Übertriebene und generalisierte Formulierungen, egal ob negativ, »Ich mache sicherlich wieder mal alles falsch!«, oder positiv, »Ich mache überhaupt keine Fehler!«, sind unsinnig.

Es ist naiv und ansatzweise schon ignorant zu glauben, daß ein paar Affirmationen und positive Gedanken die Überzeugung dauerhaft ändern und ein neues Verhalten generieren könnten.

Aber ein »Das könnte wieder schiefgehen« läßt sich problemlos umformulieren in ein »Erst mal probieren«. Ein »Du liebe Zeit, was da auf mich zukommt« kann man umwandeln in ein beruhigendes »Ich beginne langsam und deutlich zu sprechen«; und ein »Die Angst wird mich überwältigen« läßt sich durch »Ich kann Erregung nicht verhindern, aber ich werde sie steuern« recht gut relativieren.

Ursache für die geschilderten Symptome ist, daß wir *glauben*, keine Kontrolle mehr über die Situation und unser Denken zu haben. Ich betone das Wort *glauben*, denn es ist in einem Pitch meist nicht so, daß wir tatsächlich keine Kontrolle mehr haben.

Ein häufig geschildertes Gefühl bei einem Blackout ist, daß man sich körperlich nicht mehr spüren könne. Es gebe statt dessen lediglich ein undefiniertes, leeres Empfinden. Der schnellste Weg, um sich körperlich wieder präsent zu fühlen sowie sich und die Situation wieder in den Griff zu bekommen, besteht darin, sich selbst fest anzufassen. »Be-greifen« Sie, daß Ihr Körper sehr wohl noch präsent ist, und er inklusive Ihres Gehirns sofort wieder zur Verfügung steht – Sie somit die Zügel in der Hand haben.

Das können Sie auf eine durchaus unauffällige Art und Weise machen. Viele dieser Griffe wenden wir in diesen Situationen unbewußt an, ich möchte sie hier aber aufzählen, um sie Ihnen wieder bewußt zu machen. Wichtig ist, daß die Griffe kurz und fest sind, Sie sich physisch auch wirklich spüren können.

Es gibt: den Griff in den Nacken oder kurz an die Ohren, dabei möglichst fest und gleichzeitig druckvoll reibend das Ohrläppchen nach außen ziehen. Die Hände ineinanderlegen und die Innenflächen druckvoll gegeneinander reiben; mit dem Daumen die andere Handinnenfläche punktuell abdrücken oder die Unterarme bzw. Handgelenke anfassen und mit Drehbewegungen massieren. Das aktiviert den Kreislauf, und man spürt seinen Körper wieder.

Verschiedene Übungen zur Entspannung

Crosscoll-Übungen
Drei hilfreiche körperliche Übungen, die man im Vorfeld, auch noch kurz vor einer Präsentation durchführen kann, sind Übungen, die den Energie-Ausgleich zwischen den beiden Gehirnhälften fördern. Sogenannte Crosscoll-Übungen, die sich im Schwierigkeitsgrad steigern. Versuchen Sie, die Übungen auszuführen, ohne viel nachzudenken, denn je »gedankenloser« Sie dabei sind, um so entspannender wirken sie. Lesen Sie die Übungen bitte, bevor Sie damit beginnen, zum besseren Verständnis einmal durch.

1. Übung: Auf der Stelle marschieren
Marschieren Sie auf der Stelle und ziehen dabei die Knie abwechselnd so weit nach oben, wie es geht. Ihre Ellenbogen sind angewinkelt und berühren jeweils das gegengleiche Knie: rechter Ellenbogen an das linke hochgezogene Knie – linker Ellenbogen an das rechte hochgezogene Knie. Und

wechseln – in regelmäßigem strammen Schritt sollten Sie mindestens eine Minute so auf der Stelle treten.

2. *Übung: Daumen verstecken*

Läßt sich in jeder Position durchführen. Ballen Sie beide Hände zu Fäusten und umschließen dabei fest beide Daumen. Ausgangsposition der Übung: Lassen Sie die linke Faust in dieser Position geschlossen. Die rechte Faust ist zunächst ebenso geschlossen, dann wird der rechte Daumen nach draußen und gerade in die Höhe gestreckt, im symbolischen Sinn von »alles Roger – alles okay so!« Danach wechseln Sie mit dieser Bewegung von der rechten auf die linke Hand. Der rechte Daumen verschwindet wieder in der geschlossenen Faust und gleichzeitig (!) geht der linke Daumen in die hochgestreckte Haltung. Und wieder wechseln: Linker Daumen rein, rechter Daumen raus. Achten Sie auf gleichzeitige und rhythmische Wechsel in der Bewegung. Wenn sie »gedankenlos« gleichmäßig hin- und herfließt, steigern Sie das Tempo. Machen Sie die Übung mindestens eine Minute.

3. *Übung: Die liegende Acht malen*

Stellen Sie sich in Höhe Ihres Brustkorbs ein große – mindestens einen Meter – liegende Acht vor. Sie schauen auf diese Acht als sei sie auf die Wand gemalt. Sie liegt wie das Unendlichkeitszeichen vor Ihnen. Nehmen Sie die Hände nach vorne, so als seien Sie ein Dirigent. Beginnen Sie in der Mitte, dort wo die liegende Acht ihren Kreuzungspunkt der beiden Kreise hat. Malen Sie jetzt mit der rechten Hand den rechten Kreis und mit der linken Hand den linken Kreis der Acht nach. Achtung, jetzt wechseln die Seiten: Malen Sie weiterhin die Acht nach – nur Sie überkreuzen am mittleren Kreuzungspunkt die Hände. Die rechte Hand zeichnet jetzt die linke Rundung der liegenden Acht nach und die rechte Hand die linke Rundung. Wenn diese zweite Acht gemalt ist und die Hände sich wieder im Mittelpunkt treffen, beginnen Sie von vorne.

Zugegeben, die Übung ist kompliziert und gewöhnungs-

167

bedürftig, hat aber den besten Effekt, wenn sie in gleichmäßigem Tempo und Bewegungsablauf gemacht wird. Bei anfänglichen Koordinationsschwierigkeiten können Sie sich auch vor ein großes Blatt Papier stellen, ein Flipchart zum Beispiel, zwei verschiedenfarbige Stifte nehmen und die liegende Acht malen. Über die visuelle Kontrolle läßt sich der rein motorische Ablauf leichter verinnerlichen.

Jonglieren hat den gleichen Crosscoll-Effekt wie die eben genannten Übungen. Da es zudem nur funktioniert, wenn man es »gedankenlos« macht, hilft Jonglieren ebenfalls sehr gut, Streß abzubauen. Sie müssen es ja nicht gleich mit sieben Bällen gleichzeitig versuchen ...

Richtiges Atmen

Die meisten Übungen, die ich aufgeführt habe, lassen sich zugegeben schlecht während eines Pitches ausführen. Ihr Gegenüber wäre zu Recht verwundert, würden Sie plötzlich während Ihrer Präsentation eine liegende Acht in die Luft malen oder Muskelkontraktions-Übungen machen.

Garantiert unauffällig, aber sehr wirksam ist es, die richtigen Atemtechniken zu beherrschen, um Streß zu reduzieren. Wie angespannt jemand ist, kann man an der Atmung erkennen. Im Streß ist sie schnell und flach. Die meisten Menschen atmen generell zu kurz, zu flach und viel zu weit oben im Körper, das heißt, sie atmen im Schlüsselbein- und Brustbereich. Entspannende Atmung findet jedoch im Bauchraum statt. Sie ist langsam, rhythmisch und tief.

Ist Ihre Atmung unvollständig und verkrampft, arbeitet der gesamte Organismus unökonomisch. Das produziert körperlichen Streß. Das Erregungsniveau steigt, und ein Wechselwirkungsprozeß beginnt.

Unvollständiges Atmen oder das Schnappen nach Luft verursacht eine resonanzarme, abgehackte und gepreßte Stimme, wie man sie manchmal bei aufgeregten oder ungeübten Vortragenden hören kann. Durch falsches Atmen, zum Beispiel zu starkes und heftiges Einatmen, kann das Hyperventilations-Syndrom entstehen, was im schlimmsten Fall zur Ohnmacht führen kann. Eine ruhige, tiefe und gleichmäßige Atmung ist eine ideale Streßprävention, und sie verbessert die Sprachqualität Ihres Pitches.

Es gibt Spezialkurse, in denen Sie lernen können, Ihre Atmung zu beobachten und gezielt einzusetzen. Dazu können alle Formen von Entspannungsmethoden, Yoga, autogenes Training und Meditationskurse dienen. Auch anhand von Büchern und Kassetten lassen sich Grundtechniken schnell einüben. Einige Krankenkassen verschicken mittlerweile sogar kostenlos Broschüren und CDs zu diesem Thema.

Leiden Sie in Streßsituationen unter großen Atemproblemen, sollten Sie Ihre Atemtechnik unbedingt konsequent trainieren. Schauspieler oder Sänger, die Sie vielleicht im näheren Bekanntenkreis haben, kennen ebenfalls jede Menge Techniken und Tricks.

Wem das alles zu kompliziert und zeitaufwendig ist, dem stelle ich hier drei leichte Grundtechniken vor. Sie dienen vornehmlich dem Abbau von Streß und dem Erlernen einer besseren Atemtechnik. Für alle Übungen gilt: Nehmen Sie sich ein bißchen Zeit, und führen Sie die Übungen in einem gut gelüfteten Raum durch.

1. Übung: Sensibilisierung für den Atemrhythmus
Atmen Sie durch die Nase ein und aus, und zwar so schnell oder langsam, wie es für Sie bequem ist. Jetzt beobachten und zählen Sie die Dauer der Ein- und Ausatmungsphase. Oft ist die Einatmungsphase länger, es sollte aber genau umgekehrt sein: Die Phase der Ausatmung sollte um etwa ein Drittel länger dauern. Atmen Sie jetzt durch die Nase ein, zählen Sie dabei ruhig bis drei, halten Sie den Atem auf zwei Takte, und atmen Sie tief und gleichmäßig über fünf Takte aus.

2. Übung: Lokalisieren der Atmung bzw. die gezielte Bauchatmung
Zu diesem Zweck legen Sie sich auf den Rücken und suchen sich ein wirklich richtig dickes, schweres Buch. Legen Sie es auf den Bauch, unterhalb des Bauchnabels. Atmen Sie wie in der ersten Übung, wobei Sie jetzt beim Ausatmen nicht mehr

durch die Nase ausatmen, sondern durch den leicht geöffneten Mund. Das wichtigste ist, daß Sie mit Ihrer Atmung das Buch beim Einatmen kräftig nach oben drücken, beim Ausatmen dann den Bauch ganz einfallen lassen. So können Sie kontrollieren, ob Sie in den Bauch atmen. Des weiteren ist dies eine ideale Übung, um das Zwerchfell zu stärken. Das Zwerchfell ist ein großer kuppelförmiger Muskel, der für die Dehnung des Brust- und Bauchraumes bei der Atmung zuständig ist. Er steuert durch Kontraktion und Entspannung das Lungenvolumen und reguliert damit auch die Menge des aufgenommenen Sauerstoffs.

3. Übung: Atmung in verschiedenen Regionen Ihres Körpers
Sie lehrt Sie in einer Streßsituation kontrollierter auf die Bauchatmung umstellen zu können. Hierzu sollten Sie auf dem Rücken liegen und die Beine leicht angewinkelt aufstellen. Jede der nachfolgenden Übungen sollte fünfmal wiederholt werden.

Die dreistufige Atmung beginnt mit der

Schlüsselbeinatmung. Einatmen: Legen Sie die Hände auf den oberen Teil des Brustkorbs, atmen Sie kurz aus und dann langsam ein, so daß sich der Brustkorb leicht hebt. Ausatmen: Beim Ausatmen muß die gesamte Luft ausfließen, drücken Sie noch etwas nach. Währenddessen bleiben Ihre Hände passiv auf dem oberen Brustkorb liegen und verfolgen lediglich das Heben und Senken mit.

Brustatmung. Einatmen: Legen Sie die Hände jetzt beidseitig des Brustbeins auf die unteren Rippen, so daß sich die Fingerspitzen fast berühren. Beim Einatmen fühlen Sie, wie sich die Rippen weit nach außen dehnen und die Hände sich voneinander entfernen. Ausatmen: Beim tiefen langen Ausatmen nähern sich Rippen und Hände wieder einander.

Bauchatmung. Einatmen: Die Hände liegen jetzt in Höhe des Nabels auf dem Bauch. Atmen Sie zunächst aus. Beim Einatmen hebt sich der Bauch, wie bereits in Übung 2 trainiert, und damit senkt sich das Zwerchfell, und die unteren Lungenlappen füllen sich mit Luft. Die Hände werden dadurch nach oben gedrückt. Ausatmen: Das Zwerchfell kehrt beim Ausatmen in seine kuppelförmige Position zurück. Der Bauch wird flach.

Versuchen Sie, genau wahrzunehmen, wie unterschiedlich sich die drei Atmungs-Stufen anfühlen.

4. Übung: Yoga-Atemtraining
Sie arbeitet zusätzlich mit Tönen als Verstärkung. Sie schult die Lokalisierung der Atmung, erweitert den Resonanzraum und hilft, zusätzlich den Klang und das Volumen Ihrer Stimme zu verbessern.

Buchstaben und Wörter werden durch die unterschiedlichen Zungenstellungen, Lippen- und Mundhaltungen geformt. In der Atemarbeit arbeitet man gern mit Vokalen, weil diese, wenn sie laut ausgesprochen werden, dem Übenden ein intensives körperliches Gefühl dafür vermitteln, an welcher Stelle jeder Vokal am meisten »Luft holt« bzw. verbraucht.

Stellen Sie sich für die Übung gerade hin. Die Füße stehen etwa hüftbreit auseinander. Atmen Sie ruhig ein und aus, und sagen Sie laut und deutlich artikuliert »Aaaaaaa«. Dabei gehen Ihre Rippenseiten zusammen, pressen die Luft aus den unteren Lungenspitzen, und der Fokus der Ausatmung liegt in der oberen Magengegend. Das »Eeeeeee«, laut ausgesprochen, preßt die Luft aus dem obersten Brustraum in die Nähe der Schlüsselbeine, wo es seinen Fokus hat. Ähnlich das »Iiiiiii«, hier geht der Fokus aber zum Kehlkopf und weiter aufsteigend in den Kopf. Das »Oooooo« geht in den Bauchraum um den Nabel und sollte in dieser Übung den gesamten Bauch mächtig nach vorne drücken. Das laute, tiefe »Uuuuuu« geht im Fokus noch ein Stück tiefer und preßt die Luft in den Genitalbereich.

Das Yoga-Atemtraining empfiehlt, E und I nur am Morgen zu trainieren, da diese Frequenzen auf den Kreislauf anregend und energetisierend wirken sollen, während A, O und U eher beruhigend und daher auch als Entspannungsübung am Abend durchgeführt werden können.

Streßprävention durch Kompetenz

Die richtige Mikrofonarbeit

Lernen Sie, bei öffentlichen Präsentationen mit dem Mikrofon umzugehen. In ein Mikrofon zu sprechen ist gewöhnungsbedürftig, weil man plötzlich über die Monitorlautsprecher mit der eigenen Stimme konfrontiert wird. Wir nehmen unsere Stimme, bedingt durch die Eigenresonanz, ganz anders wahr, als sie tatsächlich tönt. Sie erscheint uns meist tiefer, als sie von anderen wahrgenommen wird und wir sie über eine Tonband-Aufnahme oder Lautsprecher hören. Eine gewisse Übung darin zu haben hilft über den ersten Moment der Verunsicherung hinweg.

Wie spricht man in ein Mikrofon? Bei zuwenig Abstand pfeift es schnell, auch wenn viele Mikrofone mittlerweile mit entsprechenden technischen Vorrichtungen ausgestattet sind, um Übersteuerungen herauszufiltern: Je näher man ans Mikro kommt, desto stärker wird die Baßanhebung. Dies hat den zusätzlichen Vorteil, daß die Stimme des Sprechers sonorer und weicher klingt. Vielleicht haben Sie sich schon manchmal gewundert, daß Radiosprecher fast alle eine ähnlich klingende sympathisch-sonore Stimme haben … Sollten Sie allerdings eine sehr hochfrequente »Peep«-Stimme haben, nützt auch das beste Mikrofon nichts. Nur mit Atemtraining und Stimmschulung können Sie eine voluminösere und tiefere Stimme bekommen, wenn Sie es möchten.

Doch noch problematischer ist es, von der Mikrofon-Kapsel zu weit entfernt zu sein, denn dann können Sie nicht gehört werden. Der optimale Abstand zum Mikrofon sollte

10 bis 30 cm betragen. Der Abstand hängt von der jeweiligen Richtcharakteristik des Mikrofons ab. Von einem Raummikrofon oder der Kugelcharakteristik spricht man, wenn die Kapsel auf 360 Grad ausgerichtet ist und somit eigentlich alles im Raum aufnehmen kann. Mittlerweile werden bei Präsentationen und Vorträgen allerdings meistens Mikrofone mit Nierencharakteristik benutzt, bei denen die Einbuchtung der Kapsel zum Sprecher ausgerichtet ist, um so viel wie möglich von dessen Stimme aufzufangen. Entsprechend beträgt der »Besprechungswinkel« ungefähr 90 Grad zur Einbuchtung der Niere. Halten Sie das Mikrofon etwas unterhalb Ihres Mundes, so daß Sie schräg von vorne-oben hineinsprechen. Viele Sprecher halten ein Mikrofon entweder zu hoch und zu gerade vor den Mund oder auch viel zu weit unten, so daß man gar nichts mehr hört. Das hat meist den Grund, daß die Vortragenden den Arm am Körper festgeklemmt halten, was verständlich ist, da uns diese Haltung ein Gefühl von Sicherheit vermittelt. Ihr Arm sollte aber frei beweglich sein, um während der Redepausen oder bei Fragen aus dem Publikum das Mikrofon locker sinken zu lassen, um es dann, wenn Sie antworten, wieder mit demonstrativer Leichtigkeit hochzuheben. Halten Sie das Mikro bitte nicht mit beiden Händen umklammert!

Gestikulieren Sie viel beim Sprechen? Behalten Sie dies unbedingt bei, da es jede Präsentation viel lebendiger macht und in der Begeisterung, die dabei vermittelt wird, ansteckend wirkt. Vergessen Sie aber vor lauter Begeisterung nicht, daß Sie ein Mikrofon in der Hand halten! Ich habe engagierte und lebendige Pitche auf öffentlichen Foren gesehen, die so lebendig waren, daß der Vortragende vergessen hatte, daß er ein Mikro in der Hand hielt – und damit irgendwo in der Gegend herumfuchtelte, bis ihn die Rufe »Mikro – lauter!« wieder daran erinnerten.

Zum Glück gibt es kaum noch Handmikrofone mit ellenlangen Kabeln, so daß die Gefahr des Verhedderns ausgeschlossen ist. Am angenehmsten sind die kleinen Clip-Mikros, die an der Kleidung befestigt werden. Sie befinden sich stets im optimalen Abstand zum Mund, und der Vortragende hat beim Sprechen beide Hände frei.

Was es häufig noch gibt, sind Standmikrofone. Falls Sie die Angewohnheit haben, beim Vortragen herumzulaufen, so müssen Sie sich das leider in diesem Fall abgewöhnen oder lernen, das Mikrofon souverän abzunehmen, um dann frei zu präsentieren. Aber bitte checken Sie die Mechanik der Befestigung vorher.

Das gilt auch für die Höhenverstellbarkeit und Entfernung zum Mikrofon. Ein Mikrofon sollte uns als Präsentierendem dienen und nicht wir ihm, indem wir uns recken, strecken, bücken und beugen, um ins Mikrofon sprechen zu können. Also üben Sie, es richtig zu handhaben, damit Sie während Ihrer Präsentation nicht durch technische oder mechanische Probleme abgelenkt werden. Und es gilt alles, was Sie von der tatsächlichen, inhaltlichen Präsentation Ihres Projektes ablenkt, auszuschalten.

Wenn Sie während Ihres Pitches an einem Tisch sitzen, sollten Sie das Mikrofon so nah zu sich heranziehen und es in der Höhe justieren, daß Sie gerade, mit offenen Armen und in einer kurzer Entfernung zum Tisch sitzen. Wenn Sie sich zum Mikrofon hinüberbeugen müssen, klemmen Sie sich meistens die Luft an der Tischkante ab, was für den Körper akuten Streß bedeutet und die bekannte Denkblockade zur Folge hat. Deshalb beugen Sie dieser Streßsituation vor, indem Sie sich so bequem wie möglich für Ihre Präsentation plazieren.

Gute Fremdsprachenkenntnisse

Wenn Sie auf das internationale Parkett möchten, nicht nur zum Pitchen, sondern auch im Bereich internationaler Coproduktionen tätig sein möchten, sollten Sie Fremdsprachen beherrschen. Viele große öffentliche Pitching-Foren finden im Ausland statt, eine Liste der bekanntesten finden Sie im Anhang, und die Arbeitssprache dort ist Englisch. Auf einigen wenigen wird auch Französisch gesprochen, aber sogar die als nicht gerade anglophil titulierten französischen Medienschaffenden sprechen nur noch in den seltensten Fällen ihre Muttersprache auf diesen Veranstaltungen.

Ein praktischer Tip: Sollten Sie auf einer Veranstaltung präsentieren, die simultan übersetzt wird, ist es sinnvoll, den Übersetzern dahingehend in der Übersetzung Ihres Projektes zu helfen, daß Sie ihnen vorab eine Liste mit eventuell schwer zu verstehenden Namen oder Fachbegriffen geben. Es sind zwar meistens immer wieder dieselben Simultan-Dolmetscher, die zu Pitching-Foren international verpflichtet werden, und sie kennen sich in der Branche auch gut aus – aber trotzdem kommt es immer wieder vor, daß Namen und Begriffe schwer verständlich sind und Ihre Präsentation unter Verständnisschwierigkeiten oder Übersetzungsfehlern leidet.

Mangelnde Fremdsprachenkenntnisse können ebenso wie eine unzureichende Vorbereitung auf die Präsentation Streß verursachen. Wenn Sie mit Ihrem Pitch im Ausland verstanden werden wollen und auch begeistern möchten, gibt es nur eins: Lernen Sie Englisch, und zwar gut! Viele Präsentierende hoffen immer noch auf Nachsicht und Verständnis bei auftauchenden Sprachschwierigkeiten. Ich halte das für naiv, denn das Beherrschen der englischen Sprache ist ein Muß in unserem Business.

Man muß nicht immer alles selbst machen

Seine eigenen Stärken und Schwächen zu erkennen sollte dazu führen, ein realistisches Bild von sich zu gewinnen. Und das kann auch die Erkenntnis zur Folge haben, nicht unbedingt alles selbst machen zu müssen! Ich erinnere mich an einen Pitch von Jorgen Roos, einem bekannten älteren dänischen Autor auf dem Amsterdamer FORUM im Jahr 1997. In seinem Filmemacher-Leben hat er mehr als 250 Filme gedreht. Darunter auch eine Dokumentation über Hans-Christian Andersen, die weltweit verkauft und gesendet wurde.

Hans-Christian Andersen und seine Märchen waren sein Lebensthema. Jorgen Roos hat immer weiter zu dem Thema geforscht und wollte nun einen zweiten Film machen und ihn der Öffentlichkeit vorstellen. Doch er hatte noch nie öffentlich gepitcht und war unsäglich nervös. Zudem hatte er kurz zuvor einen Schlaganfall erlitten und war in seinem Sprachfluß noch stark eingeschränkt. Irgendwann in der Vorbereitungsphase auf seinen Pitch sagte er mir ziemlich verzweifelt, daß er eigentlich gar nicht pitchen wolle. Er wolle nur drehen, sonst nichts. Geld und Verwertung und der ganze »Schnick-Schnack« seien ihm völlig fremd. Er wußte wirklich aus seinem tiefsten Inneren heraus, daß all das nicht seine Welt war. Dies konnten wir leicht nachvollziehen, da er sein Leben lang in der Situation war, sich um solche Dinge nicht kümmern zu müssen. Dafür hatte er einen guten alten Freund, der seine Filme produzierte.

Deshalb restrukturierten wir seinen Pitch und baten den Produzenten und Carolin Lidin vom *Danish Film Institute*, die das Projekt finanziell unterstützte, den »Schnick-Schnack« in seinem Pitch zu übernehmen. Es ging also ein Dreier-Team für fünf Minuten hinter das Mikrofon. Der Produzent sprach über die großen Erfolge des alten Hans-Christian-Andersen-Films sowie die Finanzierung und das bereits vorhandene Interesse potentieller Coproduzenten, und warum er zutiefst von dem Erfolg des neuen Films überzeugt war. Dann trat Jorgen Roos hinter das Mikrofon, ein äußerlich gebrechlich wirkender älterer Herr, der aber nur so vor Leidenschaft glühte. Er sagte nur wenige Sätze zu seinen neuen Erkenntnissen über Andersen. Die Kraft, die er dabei ausstrahlte, war umwerfend und das Auditorium begeistert. Im Anschluß sprach Carolin Lidin über die kulturelle Bedeutung des Projekts und ihre Gründe, das Projekt zu unterstützen.

Ausschlaggebend für die Überzeugungskraft des Pitch waren Jorgen Roos' klare Selbsteinschätzung und sein ehrlicher Mut, sich auf seine Stärken zu konzentrieren, was den Pitch für ihn, seine Begleiter und das Publikum zu einer wunderbaren Präsentation machte.

Sie mögen jetzt vielleicht etwas verwundert sein, daß ich im Gegensatz zu dem, was ich bisher geschrieben habe, mit ihm so milde umgegangen bin und ihm »die Hilfe an seiner Seite zugestanden habe«, aber Pitchen und Filmemachen waren vor 50 Jahren etwas ganz anderes. Ich erwarte, daß man sich heute als kreativ Schaffender mit dem Markt und seinen ständigen Veränderungen auseinandersetzt. Welcher Autor hat sich Mitte der neunziger Jahre ernsthaft damit auseinandergesetzt, Multimediaprojekte für das Internet zu schreiben? Die klassische Dramaturgie wird formal und inhaltlich durch Synchronizität und Interaktivität des Zuschauers am PC-Bildschirm aufgebrochen. Sich heute mit neuen technischen Möglichkeiten und Vertriebswegen auseinanderzusetzen ist ein Muß.

Das Beispiel von Jorgen Roos zeigt aber, daß die innere Klarheit ebenfalls immens wichtig ist. Bestünde die reale Gefahr, sein Projekt und auch die Leidenschaft in der Präsentation aufs Spiel zu setzen, dann plädiere ich – im Ausnahmefall – für die eben geschilderte Umverteilung der Aufgaben.

Das geht aber nur, wenn man sich ausreichend kennt und seinen Pitch auch als Team kongruent gestalten kann!

Kongruenz in der Kommunikation

*Sagen, was man denkt. Tun, was man sagt.
Sein, was man tut.*

Die Kunst, ein Filmprojekt erfolgreich zu pitchen, ist auf die Sprache als Vermittler angewiesen. Bis hierhin haben wir uns mit den einzelnen Informationsmodulen für eine Präsentation und deren akribischer Vorbereitung, dem Erkennen der eigenen Stärken und Schwächen sowie der klaren Zielsetzung beschäftigt, also damit, WAS mitgeteilt werden soll. Der dritte Teil des Buches widmet sich nun der verbalen und nonverbalen Kommunikation. Es geht dabei um die Verbesserung der eigenen Wahrnehmung und Kommunikation und die ihr implizite Wirkung auf die Gesprächspartner.

Warum ist gerade dieser Bereich so wichtig? Ein Produkt wird immer mit demjenigen identifiziert, der es anbietet – das Grundprinzip jeder Werbung. Wir alle kennen viele Alltagssituationen, in denen die Qualität eines Produkts an den Verkäufer und seine Glaubwürdigkeit gekoppelt wird. Ohne es vielleicht zu merken, werden wir ständig von anderen professionell »gepitcht« – nach einfachen, aber wirksamen Regeln, mit denen wir umzugehen gelernt haben.

Im umgekehrten Fall heißt das für Sie: Sind Sie sicher, daß Sie so viel Vertrauen hervorrufen können, daß Ihr Gegenüber Ihr Produkt »kaufen« wird und kein anderes? Können Sie vermitteln, wie sehr Sie an Ihre eigene Schöpfung glauben, ohne Einschränkungen und *wenn und aber*? Sollten an dieser Stelle noch Unsicherheiten bestehen, dann brauchen Sie sich über eine höfliche Ablehnung nicht zu wundern. Thomas

Mai, *Head of Sales* bei Zentropa Film, Dänemark, äußerte sich zum Thema Pitching mit lediglich einem Satz: »If you don't believe in it – who else should do it.« Wer mit anderen in Kontakt tritt, muß voll und ganz hinter dem stehen, was er tut. Denn nur wenn ein Verhalten stimmig ist und zu der Person paßt, kann es auch positiv auf den Gesprächspartner wirken. Das kongruente Zusammenspiel von Kreativität, Professionalität und Vertrauen zwischen den Gesprächspartnern erleichtert die Realisierung eines gemeinsamen Projektes.

Was hat Kommunikation damit zu tun?

Authentisches Verhalten

Jeder Mensch ist einzigartig und hat andere Bedürfnisse, Werte und Auswahlkriterien, hat seinen Biorhythmus, sein persönliches Stimmungsbarometer. Deshalb macht es keinen Sinn, Regeln festzulegen, wie man standardisiert zu pitchen hat oder nach einem fest definierten Regelwerk möglichst effektiv kommuniziert. Es ist wichtig, seine besonderen persönlichen Fähigkeiten weiterzuentwickeln. Es gilt, die eigene Dynamik und Individualität zu kennen und zu wahren. Authentizität ist alles. Wenn Sie eher ein schüchterner, zurückhaltender Typ sind, würde ein aufgesetztes forsches, überaktives Verhalten als Störfaktor wahrgenommen werden. Ebenso wie sich eine spontane und lebhafte Persönlichkeit nicht übertrieben zurücknehmen sollte oder eine falsche Bescheidenheit ihrer Präsenz an den Tag legen sollte. Menschen haben eine Art kinästhetisches Radarsystem, das solche unechten Abweichungen vom normalen Verhalten sofort spürt. Das Gegenüber registriert meist sehr schnell jede Form von innerem Zwiespalt oder Unstimmigkeit. Hinzu kommt der Zeitfaktor. Kein Mensch kann ein falsches, gekünsteltes oder antrainiertes Verhalten über einen längeren Zeitraum durchhalten. Abgesehen davon, daß es auch keinen Sinn macht, sich nicht authentisch und ehrlich zu verhalten. Man betrügt am meisten sich selbst.

Deshalb werden im folgenden auch keine Anleitungen zur ausdrücklichen Schulung von Gestik und Mimik gegeben. Vielmehr geht es darum, die natürlich vorhandenen verbalen und non-verbalen Signale bei sich und den anderen im Kommunikationsprozeß lesen zu lernen und dieses Verhalten interpretieren zu können. Die diversen körpersprachlichen Signale haben anthropologisch eine wichtige Bedeutung. Der Mensch hat in seiner langen Entwicklungsgeschichte gelernt, sie zu lesen. Er kann ihnen nachspüren, wenn er sie bei seinem Gegenüber sieht, weiß intuitiv, was die meisten Signale bedeuten, dadurch daß er sie bei sich selbst nachvollziehen kann. Sie umgekehrt gezielt einzusetzen, davon rate ich ab. Es wirkt meistens antrainiert, unnatürlich und affektiert, wenn man bei einer Präsentation gezielt Gestik und Mimik einsetzt, um bewußt etwas zu unterstreichen. Das ist Theater, und Pitching ist alles andere als Theater oder Schauspielerei. Die Natürlichkeit der eigenen Körpersprache ist elementar. Es gilt deshalb bei der Kommunikationsschulung oder einem persönlichen Coaching in Vorbereitung auf einen Pitch, die Fähigkeiten und Erfahrungen des einzelnen zu mobilisieren, so daß er individuelle Lösungen, die dem Einzelfall gerecht werden, selbst finden kann. Kongruenz und Authentizität des Handelns sind die wichtigsten Faktoren für die Glaubwürdigkeit bei einer Präsentation.

Kongruenz und ihre verbalen und non-verbalen Anteile

Ursprünglich stammt der Begriff der Kongruenz aus der Mathematik und wurde von der Kommunikationswissenschaft übernommen. Diese definiert ihn als die Übereinstimmung, die Deckungsgleichheit zwischen der verbalen und der non-verbalen Ausdrucksweise. Auf ein Beispiel übertragen, bedeutet das: Jemand steht vor Ihnen mit einem strahlenden Ausdruck im Gesicht, einem Lächeln um den Mund und sagt mit beschwingter Stimme: »Ich bin total unglücklich!« Glauben Sie ihm? Es liegt auf jeden Fall keine Übereinstimmung zwischen der verbalen und der non-verbalen Aussage vor. Welchem Aspekt schenken Sie mehr Aufmerksamkeit?

Hierzu ist es interessant zu wissen, daß die prozentualen Anteile unserer Kommunikation zu 7 Prozent verbal sind und zu 93 Prozent non-verbal. Entspricht die verbale Kommunikation der non-verbalen, bezeichnet man dies als kongruent. Menschen die so kommunizieren, wirken auf uns authentisch, überzeugend und charismatisch.

Zur Zeit erleben wir eine Renaissance der Gefühle. Im Managementbereich und in der Wirtschaft insgesamt wird hierfür der Begriff *EQ = emotionale Intelligenz* verwendet. Ebenso wie in der Wirkungsforschung in den Kommunikationswissenschaften haben Forscher auch dort nachweisen können, daß nur 7 Prozent aller Erfolge auf Fakten basieren, während die restlichen 93 Prozent, die einen Menschen zur Entscheidung für oder gegen etwas bewegen, auf Kriterien wie Ausstrahlung, Stimme, Glaubwürdigkeit und intuitive Wahrnehmung beruhen. Die »Chemie« zwischen Menschen, die sich begegnen, definiert sich maßgeblich durch den ersten Eindruck, der bei einem Treffen entsteht. Nicht nur der rationale, faktenorientierte Kopf entscheidet, ob wir näher mit einer Person in Kontakt treten möchten, sondern vielmehr unser Bauch. Unsere Intuition, unsere Gefühle sagen letztlich ja oder nein zu einer Person, einer Situation – also grundsätzlich zu einer Entscheidung.

Der erste Eindruck

Kennen Sie die Situation: Die Tür geht auf, jemand kommt herein und Sie »wissen« bzw. spüren sofort, ob Sie diese Person mögen oder nicht. Viele Menschen geben dem ersten Eindruck leider zu selten eine zweite Chance. Ist der erste Eindruck okay, uns die Person sympathisch, ist es weiter kein Problem. Kompliziert wird es nur, wenn der erste Eindruck negativ ist. Dieses Urteil zu revidieren fällt uns meist sehr schwer. Das hat hirnphysiologische Gründe. Unsere Wahrnehmungen und Sinneseindrücke manifestieren sich in unserem Speichersystem ähnlich wie Brandzeichen, sie schaffen neuronale Speicherplätze, auf die wir von nun an immer wieder »aus Erfahrung« zurückgreifen. Im beruflichen Bereich bedeutet das, daß man darauf bedacht sein sollte, bei einem ersten Gespräch, einem ersten Pitch einen professionellen Eindruck zu hinterlassen, damit eine weitere Zusammenarbeit nicht sofort ausgeschlossen wird. Faktoren, auf die bewußt und unbewußt bei einem Gespräch geachtet wird, sind neben der Verständlichkeit der Inhalte die Präsenz der Person, die Sprache, die Dynamik und die kongruenten körpersprachlichen Signale. Sind in einem beruflichen Kontext diese Vorbedingungen geschaffen, kann sich alles andere danach um so leichter entwickeln. Letztendlich dient Ihr professionelles Auftreten als vertrauensbildende Maßnahme. Habe ich Vertrauen zu meinem Gegenüber, so wird auch ein Gespräch offener und dadurch effektiver.

Welcher »Werkzeuge« bedient sich die Kommunikation, um eine vertrauensvolle Atmosphäre zu schaffen?

Glaubwürdigkeit

Wie kann man Vertrauen schaffen? Der erste Eindruck, den Sie hinterlassen haben, muß sich bestätigen, denn nur durch die Wiederholung der positiven Erfahrung werden wir eine andere Person als zuverlässig und glaubwürdig bezeichnen. Diese Zuverlässigkeit ist eine wichtige Basis, nicht nur in jeder zwischenmenschlichen Beziehung, sondern auch im vermeintlich sachlichen, beruflichen Umfeld. Sie können noch so gut vorbereitet und Ihrer Sache sicher sein, wenn Sie einem Entscheider einen neuen *Vom Winde verweht* pitchen und er im Drehbuch aber nur ein kleines, nettes Liebesgeschichtchen entdeckt, wird die Vertrauensbasis und Glaubwürdigkeit gestört sein. Sie denken, das Beispiel sei unrealistisch? Nein, ich habe von Pitchenden gehört, die diese Chuzpe hatten und ähnliche Vergleiche nicht scheuten. Nur ist das sehr kurzfristig und unprofessionell gedacht, wenn es nicht tatsächlich realistisch ist. Bitte bedenken Sie, daß unsere Branche sehr stark vernetzt ist, wenn es um den Austausch solcher anekdotischer Erlebnisse geht. Ein schlechter Ruf verbreitet sich wie Donnerhall!

Rapport

»Rapport mit anderen gewinnen bezeichnet den Prozeß, durch den man eine Beziehung gegenseitigen Vertrauens und Verstehens mit anderen aufbaut. Der Begriff steht in der Kommunikationswissenschaft synonym mit Empathie und bezeichnet somit auch die Fähigkeit, von anderen die gewünschten Antworten zu erhalten.« So die Definition von J. O'Connor und J. Seymour in ihrem Buch *Neurolinguistisches Programmieren: Gelungene Kommunikation und persönliche Entfaltung.*

Stammesgeschichtlich bedingt, neigt der Mensch erst einmal zu einer mißtrauischen, vorsichtigen Haltung gegenüber Fremdem und einer eher vertrauensvollen Haltung gegenüber Ähnlichem und Gleichem. Etwas, das wir von uns selbst und unserem sozialen und kulturellen Umfeld kennen, können wir besser einschätzen. Andere Kulturen haben andere Verhaltensweisen, Bräuche. Andere Länder, andere Sitten. Um den interkulturellen Austausch zu erleichtern, gibt es in der Wirtschaft und anderen gesellschaftlichen Bereichen vielfältige Forschungsprogramme und entsprechende Seminarangebote für Menschen, die mit anderen Kulturen zusammenarbeiten müssen.

So auch in der Psychologie und der Kommunikationswissenschaft, die durch systematische Beobachtung die ähnlichen Wirkmuster von Verhalten und Kommunikation zum größten Teil aufschlüsseln konnten. Man kann beobachten, daß sich Menschen, die ein gewisses Maß an Vertrauen zueinander entwickelt haben, oft in ihrer Sprech- und Ausdrucksweise und ihrer Körperhaltung angleichen. Dies geschieht unbewußt und wirkt beim Gegenüber ebenso unbewußt. Man kennt die Bilder von Jugendlichen, die ähnlich angezogen und untergehakt im Gleichschritt durch die Straßen laufen. Dabei signalisieren sie: Wir gehören zusammen, das ist unsere *Peer-Group*, wir denken und fühlen ähnlich. Auch Liebespaare, die, ins Gespräch vertieft, ihre Sitzpositionen oftmals fast gleichzeitig ändern, im selben Moment zum Glas greifen, bekunden dadurch ihre Zusammengehörigkeit auf der unbewußten Ebene.

Es gibt unzählige Beispiele, in denen diese ähnlichen Gebärden zeigen sollen: Wir haben etwas miteinander zu tun. Sie äußern sich in der Körperhaltung, der Gestik und der Mimik. In Forschungsprojekten ist festgestellt worden, daß sich Personen sogar in Ausdrucksweisen, die auf einer sehr tiefen, unbewußten Ebene stattfinden, wie etwa Atmung und Lidschlag, einander angleichen.

Welche Möglichkeiten nutzt der Mensch, um mit jemand anderem den gleichen Rhythmus zu finden? Die Mechanismen gleichen einem Paar, das miteinander zu tanzen beginnt. Je besser wir uns aufeinander einschwingen, desto harmonischer wird der Austausch. Der Tanz fängt an mit den ersten Wiegeschritten, der Temposuche, der Rhythmus wird aufeinander synchronisiert, es gibt eine erste, vielleicht noch zaghafte Drehung, und dann beginnt das betörende Erlebnis des gemeinsamen Tanzes.

Leider haben wir aber manchmal gezwungenermaßen Tanzpartner, mit denen wir tanzen müssen, obwohl wir nicht wollen. Dann stolpert man und traktiert sich gegenseitig das

Oberleder der Schuhe oder gar die Nerven ... Um diese Begegnungen einigermaßen schmerzfrei zu halten, geben uns die Erkenntnisse der Forschung »Werkzeuge« an die Hand, mit denen wir arbeiten können.

Man erreicht zu einem bestimmten Moment in jeder Lern- und Trainingssituation die Stufe der *bewußten Kompetenz.* Wir können bewußt darüber reflektieren, welche Fähig- und Fertigkeiten wir in welchen Situationen besitzen und wie wir sie geschickt und behutsam einsetzen können. Im jetzigen Zusammenhang bedeutet das, daß wir das Wissen um unsere unbewußte Rapportbildung ebenso bewußt als Werkzeug einsetzen können. Und zwar auf den unterschiedlichen Ebenen der verbalen und non-verbalen Kommunikation.

Ist Kommunikation manipulativ?

Bevor ich die Werkzeuge im einzelnen erkläre, möchte ich generell etwas zur Ethik ihrer Benutzung voranstellen. Man kann jedes Werkzeug, jeden Gegenstand mit dem Wunsch, Gutes oder Schlechtes zu bewirken, verwenden. Ein Messer dient genauso zum Brotschneiden wie zum Töten. So auch die Erkenntnisse und Werkzeuge der Kommunikationswissenschaften. Ich möchte an dieser Stelle den ab und zu angeführten Vorwurf, daß Pitching-Trainings und das Erlernen von Kommunikationstechniken manipulativ seien, entkräften. Im heutigen Sprachgebrauch haftet diesem Begriff dummerweise eine eher negative Bedeutung an. Nehmen Sie den Wortstamm des Wortes manipulativ. *Manipulare* bedeutet übersetzt nichts weiter als »mit den Händen etwas heranziehen«, »handhaben«, »kunstgerecht mit etwas umgehen«. Ein Zweck von Kommunikation liegt darin, daß wir andere Menschen informieren und auf unsere Seite ziehen möchten, sie von unseren Absichten und Meinungen überzeugen wollen – und tun wir das immer mit schlechten Absichten? Wohl kaum. Tauscht man sich aus, versucht man, Türen der Verständigung und des Verständnisses zu öffnen. Dabei benutzen wir alle uns in diesem Moment zur Verfügung stehenden Möglichkeiten, um die entsprechende Situation positiv zu beeinflussen. Eine dieser Möglichkeiten ist, sich die vertrauensbildende Wirkung solcher Ähnlichkeiten zwischen Menschen bewußt zu machen.

Im Rahmen dieses Buches soll dies im Zusammenhang mit klaren Zieldefinitionen für eine gelungene und überzeugende Präsentation und eine Realisierung Ihres Projektes betrachtet werden. Ob Sie sie letztlich verwenden oder nicht, ist immer Ihre Entscheidung.

7 + 38 + 55 = 100 Prozent

Die eingangs genannten prozentualen verbalen und non-verbalen Anteile unserer Kommunikation sollen im folgenden näher aufgeschlüsselt werden. Der verbale Anteil, das, was wir tatsächlich ausgesprochen haben, macht lediglich 7 Prozent aus und wird bewußt verarbeitet. Die verbleibenden 93 Prozent der Wirkung unserer Kommunikation setzen sich zu 38 Prozent aus der Tonart unserer Stimme und zu 55 Prozent aus unserer Körpersprache zusammen. Diese Anteile werden unbewußt verarbeitet.

Die Tonart der Stimme definiert sich durch

Tonfall: hoch oder tief, quietschig oder sonor;
Tonqualität: klar oder krächzend, ruhig oder aufgeregt;
Tempo: schnell oder langsam;
Lautstärke: laut oder leise.

Die Körpersprache drückt sich durch unsere Gestik und unsere Mimik aus. *Mimik und Gestik* können offen oder verschlossen sein, interessiert oder uninteressiert, freundlich oder aggressiv wirken. Die enorme Vielfalt jeglicher Gemütsregungen läßt sich sowohl in der Tonart Ihrer Stimme als auch in Ihrer Körpersprache ablesen.

Das Wissen darum, welcher Ausdruck was genau bedeutet, ist uns zum Teil in die Wiege gelegt, wird aber auch entsprechend der Kultur, in der wir aufwachsen und leben, sozialisiert. Wäre alles anerzogen, so gäbe es sicherlich nicht so viele Mißverständnisse bei interkulturellen Begegnungen.

Pacing und die integeren Ziele

Um Rapport zu einer anderen Person – in Ihrer Situation zu einem Entscheider, dem Sie Ihr Projekt pitchen – in einem Gespräch aufzubauen, können Sie sich der Technik des *Pacing* bedienen. *Pace* bedeutet im Englischen »Schritt«. Ein *pacemaker* ist ein »Herzschrittmacher«. Das *NLP-Training*, eine mittlerweile recht verbreitete Methodik, Kommunikations- und Verhaltensprozesse zu analysieren und zu verbessern, verwendet den Begriff *pacing* idiomatisch. Er bedeutet sinngemäß: auf dem Pfad des anderen mitgehen, im gleichen Schritt gehen.

Wir tun dies in unserem ganz normalen Umfeld tagtäglich. Bei Gesprächen mit anderen Menschen sowie beim respektvollen Umgang mit deren Gefühlen. Wir haben während unseres Lebens eine *unbewußte Kompetenz* darin erworben und nutzen sie automatisiert. Oder können Sie sich vorstellen, daß Sie Ihrem besten Freund, der gerade von der Beerdigung seines Vaters kommt, jovial auf die Schulter hauen und mit kräftigem Tonfall sagen: »Mach Dir nichts draus, Alter!« Ebensowenig möchten Sie sicherlich eine Liebeserklärung mal einfach so im Vorbeigehen gemacht bekommen.

Pact man eine Person, geht es erst einmal darum, daß der andere das Gefühl, respektiert zu werden, erhält. Das schafft Vertrauen und Offenheit in einem Gespräch. Wichtig ist mir dabei, daß das, was Sie tun, auch wirklich von Herzen kommt und Ihnen klar ist, warum Sie zu jemanden eine Beziehung aufbauen möchten. Tun Sie es mit Kalkül und meinen, Ihr Gegenüber bluffen oder überrumpeln zu können, kann ich

Ihnen garantieren, daß es nicht funktionieren wird. Menschen haben ein gutes Gespür dafür, ob jemand es gut oder böse, ehrlich oder nicht mit Ihnen meint! Es ist immer darauf zu achten, daß die verbale mit der non-verbalen Aussage übereinstimmt. Deshalb muß man sich darüber im klaren sein, was man erreichen will.

Beim Pitchen ist der sachliche Kontext vorgegeben: Es geht darum, mit vertrauenswürdigem, professionellem und kongruentem Auftreten für sein Projekt und sich selber zu werben, zu kämpfen.

Pacen mit Hilfe des non-verbalen und des verbalen Anteils der Kommunikation

Im folgenden werden die verschiedenen Arten der Pacing-Techniken vorgestellt.

Non-verbale Pacing-Techniken

Tonal können Sie Ihren Gesprächspartner in den bereits beschriebenen Qualitäten pacen: Lautstärke, Tempo, Tonqualität und Tonfall. Überlegen Sie mal, wie es Ihnen ginge, wenn Sie mit leiser, ruhiger Stimme in einem Restaurant mit jemandem sprächen und Ihr Gesprächspartner würde zurückbrüllen. Oder Sie sind in einer fröhlichen Stimmung, und jemand beantwortet Ihre Fragen mit einer jammernden, vorwurfsvollen Stimme. Ebenso nervend ist es für uns, wenn wir wütend sind und der andere in sanftem, beschwichtigendem Ton reagiert, um seine Position darzulegen. Das macht uns eher noch wütender, weil es nicht zu unserer Stimmung paßt.

Im positiven Fall werden Sie sich sicherlich an Situationen erinnern können, in denen ein Gespräch ganz harmonisch verlaufen ist. Wir haben das Gefühl, auf einer »Wellenlänge« zu schwingen.

Das gilt genauso für den Rapport und das Pacen am Telefon. Da bei Telefonaten lediglich 45 Prozent der Kommunikationsanteile – die Worte und die Tonart – zum Tragen kommen, ist es neben dem, *was* Sie sagen, um so wichtiger, *wie* Sie es sagen. Mitarbeiter bei Call-Centern großer Unternehmen werden deshalb sehr intensiv in ihren telefonischen Umgangsformen trainiert.

Ein Kunstgriff wird es, die Körpersprache, also die *Ebene von Gestik und Mimik* eines Gesprächspartners zu pacen. Dazu eine Übung: Suchen Sie sich einen Übungspartner und setzen sich gegenüber. Nehmen Sie die gleiche Sitzposition ein, zum Beispiel schlagen Sie beide ein Bein über das andere. Der eine das rechte über das linke und der andere das linke über das rechte, so daß Sie sich »spiegeln«. Die Arme sind leicht geöffnet, die Hände locker in den Schoß gelegt. Bleiben Sie einen Augenblick lang so sitzen und versuchen Sie, die Schwingung zwischen Ihnen beiden wahrzunehmen. Nun verändert einer von Ihnen die Sitzposition stark. Aber bitte nur einer! Dreht sich eventuell zur Seite, stellt beide Füße nebeneinander auf den Boden und verschränkt die Arme vor dem Körper. Die Körperpositionen sind nun vollkommen unterschiedlich. Wie fühlt sich das für Sie an? Befragen Sie dazu auch Ihren Trainingspartner. Und jetzt wieder das Pacen. Die zweite Person vollzieht die Veränderung genau nach. Jetzt befinden Sie sich beide in der gleichen Sitzposition, die man als eher abweisend bezeichnen kann. Wenn Sie sich nun beide so wahrnehmen, werden Sie merken, daß selbst in dieser eher fremdelnden Haltung noch eine Übereinstimmung besteht. Sie können Ihr Gegenüber besser einschätzen, da Sie sich ja Ihrer eigenen Körperhaltung bewußt sind und Ihre eigenen entsprechenden Gefühle dazu wahrnehmen können. Sie können sich denken, daß es Ihrem Gegenüber wohl ähnlich wie Ihnen selbst gehen wird.

Machen Sie diese Übung mit verschiedenen Personen und variieren Sie dabei nicht nur die Körperhaltung, sondern auch Gestik und Mimik. Sie können das auch verdeckt üben. In der U-Bahn, an der Bar, bei einem Gespräch mit Freunden.

Sie werden verblüfft über die positive Wirkung sein, wenn die »Chemie zu stimmen beginnt«, ohne daß der andere es bewußt bemerkt. Kleiner praktischer Tip am Rande: Diese »Technik« eignet sich vorzüglich zum Flirten! Aber wie gesagt, eine klare Zieldefinition ist das A & O ...

Es gibt unzählige Filmszenen, in denen uns die Unstimmigkeit zweier Personen geradezu ins Auge springt, weil deren Positionen absolut differieren: Ein großer Schreibtisch, hinter dem ein Mafiaboss lässig in seinem Lederstuhl sitzt, die Beine von sich gestreckt, mit erhobenem Kinn und jovialem Grinsen im Gesicht. Ihm gegenüber sitzt ein Bittsteller.

Jeder Regisseur weiß um die Aussagekraft der menschlichen Körpersprache und wird den Bittsteller garantiert in einer Körperhaltung inszenieren, die von der des Mafiabosses abweicht. Nämlich eher mit zusammengefallenem Oberkörper, hängendem Kopf, nach vorne auf den Schreibtisch gebeugt, mit flehendem Blick und sonstigen Attributen eines Bittstellers. Es bedarf dann keinerlei erklärender Dialoge, um das Machtgefälle zwischen den beiden Darstellern zu verdeutlichen. Sitzen sich hingegen zwei gleich mächtige Mafiabosse am Schreibtisch gegenüber, werden sie garantiert in ähnlicher Körpersprache inszeniert.

Verbale Pacing-Techniken

Pacen kann man eine Person auch auf der verbalen Ebene. Man benutzt ähnliche Aussagen und Schlüsselworte. Jeder professionelle Sozialarbeiter, der mit schwer zugänglichen Jugendlichen arbeitet, wird sich hüten, einen hohen akademischen Sprachkodex zu verwenden, wenn er erreichen will, daß sich diese ihm öffnen. Er lernt erst einmal ihre Sprache. Das gleiche Thema ist ja bereits im Abschnitt zur genrespezifischen Sprache für die Erzählweisen des Inhalts Ihres Projektes ausgeführt worden.

Angenommen, Sie möchten in ein anderes Land auswandern – was machen Sie? Sie lernen die Sprache, um sich ein soziales Netz aufzubauen. Auch jeder Berufszweig hat seine fachspezifische Sprache, die man sprechen muß, um professionell mitreden zu können. Wenn auf den Gesprächspartner nicht *entsprechend* eingegangen wird, kommt es zu Mißverständnissen, die sich sehr negativ auswirken können. Ein gutes Beispiel ist das oft beklagte Fachchinesisch, das Ärzte mit ihren Patienten sprechen. Die Patienten fühlen sich leicht hilflos und trauen sich leider viel zu selten, nachzufragen, was die diversen Begriffe eigentlich bedeuten. Sprache kann somit, je nach Seite der Betrachtung, schnell zu Macht- oder Ohnmachtsgefühlen führen. Sich hingegen sprachlich aufeinander einzulassen und anzugleichen, eröffnet neue Verständigungsmöglichkeiten. Eine Voraussetzung dafür ist die Kenntnis über die interne Verarbeitung von Informationen.

Die Repräsentationssysteme des Menschen

Jeder Mensch verarbeitet und kodiert Informationen mental in einem oder mehreren Sinneskanälen und entwickelt dabei Präferenzen. Die internen Sinne sind: visuell, auditiv, kinästhetisch, olfaktorisch, gustatorisch. Die vestibulare Sinneswahrnehmung spielt für unser Thema Pitching jedoch keine große Rolle und wird hier deshalb auch nicht weiter behandelt.

Im ersten Teil des Buchs habe ich bereits über sprachlich kohärente Formulierungen der Inhaltsangaben in bezug auf das jeweilige Projekt gesprochen. Ich möchte an dieser Stelle den kommunikativen Aspekt verdeutlichen, also wie wir einen Pitch sprachlich so formulieren können, daß unser Zuhörer uns nicht nur hört, also die entsprechenden Frequenzen und Wellen an sein Trommelfell gelangen, sondern er uns auch wirklich verstehen kann. Es gibt ja bereits eine Fülle von Literatur zum Thema des Verstehens oder auch Nicht-Verstehen, die sich unter anderem mit geschlechtsspezifischen Sprach- und Rezeptionsunterschieden auseinandersetzt.

Diese Literatur ist auch für Autoren empfehlenswert, um Sprachkodizes adäquat in einem Drehbuch zu verwenden. Ich möchte hier das Verstehen und/oder Nicht-Verstehen erklären, wie es aufgrund der individuellen Präferenzen von Menschen und der Nutzung ihrer Sinneskanäle entsteht. Man spricht in diesem Zusammenhang von den *Repräsentationssystemen* der fünf Sinne. Unsere äußere Welt wird genauso wie unsere innere Welt durch Bilder, Klänge, Gefühle, Gerüche und Geschmäcker repräsentiert. Ich beschränke mich für unseren Zweck auf die drei wichtigsten Repräsentationssysteme *Sehen, Hören, Fühlen*, da die meisten für unseren Kontext relevanten Informationen über diese wahrgenommen werden.

Der Aufnahme-, Verarbeitungs- und sprachliche Wiedergabevorgang in einem Gespräch ist bei jedem Menschen einzigartig. Die Verständigung wird erleichtert, wenn man in der Wortwahl das gleiche System zur Informationsverarbeitung benutzt wie sein Gegenüber. Diesen abstrakten Vorgang, wie wir ein Erlebnis sprachlich formulieren, möchte ich mit einem Beispiel verdeutlichen. Eine Person, die die Verarbeitung des Erlebten über das visuelle Repräsentationssystem sprachlich wiedergibt, bedient sich eines stark visuell ausgerichteten Wortschatzes und beschreibt die Dinge und Erfahrungen in Bildern und bildverwandten Formulierungen.

Personen mit auditiver Präferenz drücken sich in Wörtern aus, die auf den Bereich der Klänge verweisen.

Kinästhetisch orientierte Menschen drücken ihre Gefühle und Eindrücke bevorzugt mit den entsprechenden Formulierungen aus, die sich auf ihren Körper beziehen. Dabei benutzen sie oft Ausdrücke, die haptische und physische Empfindungen wiedergeben.

Schon die simple Frage, was man zu einem bestimmten Thema, einer bestimmten Situation denkt, läßt das präferierte Repräsentationssystem erkennen.

Der »Visuelle« wird antworten: »Das *sieht* recht gut aus«, »So *gesehen,* so *betrachtet*, könnte ich mich dafür entscheiden«, »Unter diesem *Gesichtspunkt* habe ich das Thema noch gar nicht *beleuchtet*«, »Das eröffnet ja eine ganz neue *Perspektive/ Sichtweise*«.

Der »Auditive« antwortet: »Ja, das *hört* sich wirklich gut an«, »Da liege ich mit Dir auf der gleichen *Wellenlänge*« oder »Das *klingt* gut für mich«.

Die »Kinästheten« reagieren mit: »Okay, das ist auch mein *Standpunkt*«, »Das *fühlt* sich gut an«, »Das ist ein *handfestes* Argument«, »Das kann ich *begreifen*«.

Nur zur Vervollständigung noch einige Begriffe aus dem olfaktorischen Bereich, die Menschen benutzen, wenn ihr bevorzugtes Repräsentationssystem eher »geruchsbezogen« funktioniert. Wir sprechen im übertragenen Sinne von der guten oder schlechten *Chemie*. Hier signalisieren wir im zwischenmenschlichen Bereich die Übereinstimmung der Interessen, die Verträglichkeit, die Verständigung ohne viele Wörter oder das Gefühl, sich aufeinander verlassen zu können. Im schlechten Sinne bedeutet es Mißtrauen, Angst, Feindseligkeit. So *wittern wir Unrat*, ahnen, wenn etwas in der *Luft liegt*, wir halten die *Nase vorsichtshalber in den Wind*, vertrauen unserem *richtigen Riecher*, erkennen unseresgleichen am *Stallgeruch*. Eine Person oder eine Situation *stinkt uns*, wir können jemanden *nicht riechen*. Bei manchen stimmt also die *Chemie*, mit anderen gibt's einfach nur *Stunk*.

Nachdem Sie das jetzt gelesen haben, überprüfen Sie doch einmal Ihr eigenes bevorzugtes Repräsentationssystem und anschließend das Ihrer Mitmenschen. Gibt es Personen, mit denen Sie einfacher kommunizieren? Und in welchem System agieren diese? Die Verwendung einer gemeinsamen Sprache ist nur ein Segment im Bereich der verbalen Kommunikation, in dem es zu Mißverständnissen oder Übereinstimmungen kommen kann. Dieses Segment zu trainieren und zu beherrschen erleichtert das intellektuelle Verstehen.

Man hat festgestellt, daß in unserem Kulturkreis – ich spreche hier von der nordwestlichen Hemisphäre – eine starke visuelle und kinästhetische Ausprägung vorherrscht. Im Kontext unseres Arbeitsfelds, im AV-Medienbereich, findet man besonders viele Personen, die bevorzugt visuell und kinästhetisch denken und formulieren. In älteren, zum Beispiel afrikanischen sowie mittel- und südamerikanischen Kulturkreisen ist eher das auditive Repräsentationssystem ausgeprägt. Diese Kulturen sind noch stärker beeinflußt durch die Art und Weise, wie einstmals und auch zum Teil noch heute Traditionen und Geschichten weitergegeben werden. Das gesprochene Wort hat dort eine stärkere Gewichtung als das geschriebene.

Es ist für das Pitchen und das Anliegen generell hilfreich, sich seinem Gegenüber sprachlich bestmöglich zu nähern, also sich in jedem der aufgeführten Bereiche eloquent ausdrücken zu können. Die nachfolgende Liste von Wörtern, die diesen Systemen zugeordnet sind, hilft Ihnen dabei weiter. In Drehbüchern verwendet, kann man damit z.B. auf eine subtile Art Spannungen und Mißverständnisse inszenieren.

Visueller Sprachschatz

Sehen, schauen, blicken, betrachten, beobachten, glotzen, beäugen, scheinen, gucken, einleuchten, sichtbar, offensichtlich, scheinbar, überschaubar, weitsichtig sein, Überblick/Durchblick haben, Klarheit gewinnen, Klärung verlangen, Perspektiven erarbeiten, fokussiert handeln, abgeklärt sein, verklärt blicken, bei Licht besehen, einen Sachverhalt beleuchten, Scheinargument, durchsichtige/klare Argumentation, übersichtliche Planung, nachsichtig agieren, vorsichtig sein, einsichtig sein, vorausschauend sein, Ausstrahlung haben, Einblick gewähren, strahlende Schönheit, undurchsichtige Persönlichkeit, dunkle Gestalt, ein Hans-guck-in-die-Luft sein, ich kann das nicht länger mitansehen, das kannst Du schwarz auf weiß haben etc.

Auditiver Wortschatz

Sich gut/schlecht anhören, das klingt logisch, unüberhörbar, das sind schrille Worte, laut, leise, taub auf den Ohren sein, es schreit nach einer Lösung, ich kann das nicht mehr hören, das ist zu undeutlich für mich, zuhören, der ist nicht auf meiner Wellenlänge, in Einklang sein, übereinstimmen, disharmonische Beziehung, die Personen harmonieren miteinander, Süßholz raspeln, den Gleichklang herstellen, der hat Bohnen in den Ohren, eine taube Nuß, kreischen, plappern, schreien, wimmern, brüllen, ohrenbetäubender Krach, es hat klick gemacht bei mir, sie ist stumm wie ein Fisch etc.

Kinästhetischer Wortschatz

Schlagendes Argument, bedrückende Situation, schwerwiegendes Argument, die Situation ist schwer/schwerlich zu ertragen/auszuhalten, die Verantwortung liegt bei mir, das Gespräch belastet mich, unterschiedliche Standpunkte abwägen, ausbalancieren, mir kommt die Galle hoch, die Entscheidung überrumpelt mich, das Blut stockt mir in den Adern, es zieht sich mir alles zusammen, kalte Füße kriegen, das geht in die richtige Richtung, auf dem Boden der Tatsachen stehen, eine Entscheidung begreifen, packen wir's an, der Termindruck ist unerträglich, die Entscheidung ließ sie einen Luftsprung machen, er verließ das Gespräch äußerst beschwingt etc.

Diese Beispiele sind nur eine kleine Auswahl aus den drei Hauptrepräsentationssystemen, verdeutlichen aber sofort, daß man sich wie schon im obigen Beispiel aus allen drei Systemen eine Formulierung auswählen kann, die zwar die gleiche Bedeutung hat, aber unterschiedliche Ausdrücke verwendet. Ich habe bei einem Coaching mit Hilfe der Angleichung der Sprachsysteme z.B. die Kommunikation zwischen einem Vertriebsleiter und seinem Außendienstmitarbeiter maßgeblich verbessern können. Beide meinten das Gleiche, redeten aber einfach aneinander vorbei. Für einen Kinästheten, der etwas »schlichtweg als nicht in den Griff zu bekommen« erachtet, kann eine visuelle Aussage wie »Nun sehen

196

Sie es doch endlich mal so, wie es ist« zum intellektuell überheblichen Affront werden.

Hierzu noch drei einfache Übungen für Sie, mit denen Sie feststellen können, in welchem System Sie sich bevorzugt aufhalten, und noch viel wichtiger, in welchem es Ihnen eher schwerfällt, adäquate Formulierungen zu finden. Trainieren Sie die Systeme, die Ihnen fremd sind.

1. *Übung:* Beschreiben Sie die Erlebnisse und Erfahrungen Ihres letzten Urlaubs in den drei unterschiedlichen Systemen.

2. *Übung:* Beschreiben Sie die Perspektive, die nächsten Schritte der Zielplanung Ihres Projektes.

3. *Übung:* Erarbeiten Sie jeweils eine Inhaltsangabe Ihres Projektes unter Beachtung des sprachlichen Ausdrucks mit dem jeweiligen Schwerpunkt im visuellen, auditiven und kinästhetischen Repräsentationssystem.

Ein Autoverkäufer könnte zum Beispiel üben, ein Auto unter Verwendung verschiedener sprachlicher Systeme anzupreisen, und dann sprachlich in dem Repräsentationssystem nachhaken, in dem sein potentieller Käufer am positivsten non-verbal reagiert. Diese Reaktionen der Interessensbekundung sind ein leichtes Anheben des Kopfes, das Hochziehen der Augenbrauen, ein ganz kurzes Lächeln: »Sieht man gleich, ein echt schnittiger Wagen. Diese klare und windschlüpfrige Form. Ein schönes Stück. Setzen Sie sich doch mal rein, spüren Sie diesen Sitzkomfort und erst das Fahrgefühl, wenn Sie mit 200 Sachen über die Autobahn brausen. Lassen Sie mal den Motor an, hören Sie, wie rund er läuft, leise brummt und beim Gasgeben aufheult. Die Innenausstattung: feinstes Leder und die Konsole aus geruchsneutralem Kunststoff.« usw.

Der letzte Satz war noch etwas für die olfaktorischen »Nasen-Menschen«. Wie man festgestellt hat, ist die olfaktorische Komponente ein wichtiges Verkaufsargument beim Autokauf. Es wird in der Automobilindustrie sehr viel Geld dafür ausgegeben, die Sinne der Menschen positiv und verkaufswirksam anzusprechen. So wird die Wirkung von Gerüchen, etwa bei der Innenausstattung des Neuwagens, ausgetestet. Ebenso, wie satt oder blechern sich der Klang einer zufallenden Autotür anhören sollte, um dem Kunden zu gefallen.

Die Anwendung von Pacing-Techniken kann selbst in schwierigen Situationen die Chemie verbessern. Es erleichtert eine notwendige Zusammenarbeit zwischen Anbieter und Einkäufer, die aufgrund von Sachzwängen bestehen bleiben muß.

Kennt man sein Gegenüber vor einem Pitch überhaupt noch nicht, ist eine ausgewogenen Verwendung aller drei genannten Systeme sinnvoll, um ein »Verstehen« zu erleichtern. Von einem parfümierten Drehbuch würde ich jedoch abraten …

Die eigene Wahrnehmung schulen
in bezug auf den anderen

Kommunizieren lernen heißt hier in erster Linie, die eigene Wahrnehmung schulen – für sich selbst und in der Begegnung mit anderen. Die Voraussetzung für eine gelungene Kommunikation liegt darin zu wissen, worauf Sie hinaus möchten. Wenn man lernt, bei einem Pitch – speziell in einem Vier-Augen-Gespräch – die emotionale Wirkung oder, was viel wichtiger ist, die fehlende Wirkung bei Ihrem Gegenüber, auf das, was Sie sagen, bewußt und schnell zu registrieren, dann kann man sofort Korrekturmaßnahmen ergreifen. Was löse ich mit meiner Kommunikation aus? Ein Strahlen und ein zustimmendes Nicken oder ein kritisches Stirnrunzeln mit leicht zur Seite gedrehtem Kopf? Es gibt einen Standardsatz: *Meine Kommunikation ist nur so gut wie das Feedback, das ich bekomme.*

Der Ton macht die Musik

Runzelt der Gesprächspartner die Stirn, heißt das, daß er etwas in der Aussage nicht verstanden hat. Ignorieren Sie dies nicht, sondern erklären Sie es neu. Es gibt genügend eloquente Formulierungen, um ein Thema zu vertiefen, auszuweiten. Sagen Sie aber bitte nicht (möglichst noch mit beleidigtem Unterton): »Sie sehen so aus, als hätten Sie mich nicht verstanden! Dann erkläre ich es halt noch mal.« Ein so geartetes Gespräch der verletzten Eitelkeiten wäre schnell beendet, sicherlich zu Ihren Ungunsten.

Ändern Sie Ihre Taktik und Vorgehensweise, wenn etwas nicht so funktioniert, wie Sie es sich vorgestellt haben. Sie sind bei einem Pitch derjenige, der in die Informations-Vorleistung treten muß, um den Entscheider zu überzeugen! Erklären Sie Ihren Gedanken erneut, von einer anderen Perspektive aus und mit anderen Worten. Am besten leiten Sie dies mit Eröffnungsformulierungen ein wie: »Ein zusätzlicher Aspekt ist …«, »Anders herum betrachtet …«, »Aus der Position der Hauptfigur stellt sich das Problem wie folgt dar …«, »Eine weitere Möglichkeit ergibt sich …«.

Dazu eine Geschichte: Ein kleiner Junge macht seine Mathematikaufgaben und kommt bei einer Aufgabe einfach nicht weiter. Er bittet seinen Vater, ihm zu erklären, wie man 7 x 23 ausrechnet. Der Vater sagt: »Sohn, das ist ganz einfach, das haben wir gleich. 7 mal 23 ist 161.« Der Junge schaut ihn verwirrt an und fragt erneut, wie genau er das errechnet hat. Der Vater ist genauso verwirrt (für ihn ist Kopfrechnen ein Kinderspiel) und antwortet mit lauterer Stimme und etwas genervtem Unterton: »Du nimmst einfach 7 mit 23 mal.« Der Junge begreift es immer noch nicht (wie auch!), und es endet damit, daß der Vater sein Kind entnervt anbrüllt: »7 mal 23 ist 161 – basta, paß halt besser in der Schule auf.« Aber lauter zu sprechen und immer wieder dasselbe zu sagen wird Sie garantiert nicht einen Schritt weiterbringen.

Es ist wichtig, die Sprache und Ausgangsposition seines Partners zu kennen, um sich verständlich zu machen. Eigene sprachliche und mentale Flexibilität zu erlangen hilft, sein Gegenüber dahin zu bringen, Ihre Sichtweise zu verstehen. Das ist unter anderem auch der Grund, warum ich Ihnen die Übungen gestellt habe, Ihre Projekte in verschiedenen Längen und aus unterschiedlichen Perspektiven zu erzählen.

Das große Schweigen

Man kann nicht *nicht kommunizieren*. Selbst wenn wir schweigen, kommunizieren wir. Schweigen kann aussagekräftiger sein als so manches Wort. »Liebst Du mich?« – Schweigen. » Wie finden Sie mein Projekt?« – Schweigen. Wie rettet man so eine Situation? Das wichtigste ist, erst einmal Ruhe zu bewahren. Wir neigen oft dazu, Erklärungsbedarf zu sehen und beginnen hektisch, den anderen mit einem Wortschwall überzeugen zu wollen. Das hilft meist nicht weiter und verkompliziert die Situation nur zusätzlich. Besser ist es, kurz innezuhalten, tief durchzuatmen und die Ruhe zu bewahren. Vor allem in solchen Momenten können die bereits genannten Streßsymptome auftreten und unsere Selbstreflexionen beginnen. Das gilt es zu verhindern, indem Sie sich erst einmal überlegen, ob die Reaktion eine Ablehnung bedeutet oder nur eine nachdenkliche Pause ist. Dabei sollte man seinen Gesprächspartner beobachten und dessen non-verbale Mimik-Signale prüfen. Handelt es sich um ein Verständnisproblem, wird sich dies in seinem Gesicht anders äußern als eine Ablehnung. Im ersten Fall gehen Sie wie oben beschrieben mit der Situation um. Finden Sie Signale der Ablehnung in seinem Gesicht, müssen Sie auch damit umgehen können. Auch das ist im zweiten Teil des Buchs schon angesprochen worden. Auf jeden Fall sollten Sie weder in eine Trotzhaltung verfallen, beleidigt sein ob des verkannten Genies, noch sollten Sie beginnen, eine Bittsteller-Position einzunehmen. Fragen Sie aber unbedingt nach den Gründen der Ablehnung.

Bei öffentlichen Pitching-Foren hat das Phänomen des

Schweigens oftmals noch einen ganz anderen Grund. Es ist mehr als einmal passiert, daß der Präsentierende nach dem Pitch seinen Platz, durch das Schweigen leicht verunsichert, verlassen hat, und plötzlich im Foyer oder in den Pausen von Entscheidern angesprochen wurde. Viele Entscheider möchten nicht coram publico ihr Interesse an einem Projekt bekunden, weil sie befürchten, durch eine öffentliche Interessensbekundung die Aufmerksamkeit ihrer Konkurrenten auf die Perle, die sie gerade entdeckt haben, zu lenken. Auch das kann ein Grund für vorübergehendes Schweigen sein.

Aktiv zuhören und paraphrasieren

A brillant producer is a great listener.
Nick Fraser, BBC, Ebeltoft 1999

Eine wichtige und sehr effektive Technik ist es, wenn Sie lernen, aktiv zuzuhören und das Gehörte bzw. Verstandene zu paraphrasieren. Bereits im vorderen Teil des Buches habe ich zwei Situationen geschildert, in denen aktives Zuhören sehr nützlich für Sie ist. Einmal war es die Übung, seine Story einer beliebigen Person zu erzählen und sich zurückpitchen zu lassen, um die interessanten Merkmale, die andere Personen wahrnehmen, herauszufiltern und entsprechend zu positionieren. Hierbei ist die Kunst des Zuhörens zentral. Ein weiterer positiver Aspekt des aktiven Zuhörers spiegelte sich in der Geschichte der Autorin wider, die nicht auf ihren Gesprächspartner und dessen neue Position vorbereitet war. Dadurch, daß sie sich vor dem eigentlichen Pitch mit dem Redakteur über seine Situation unterhielt und ihm und seinem Kummer zuhörte, erhielt sie Informationen, die sie vor einer äußerst unangenehmen Situation bewahrten.

Der dritte positive und kommunikationspsychologisch nützliche Aspekt ist der, daß Zuhören eine non-verbale Interessensbekundung am anderen darstellt, indem man so den Dingen, die er zu sagen hat, Respekt erweist. Aktives

Zuhören schafft Raum für die konstruktive Auseinandersetzung und kreative Entwicklung eines Projekts. In diesem Fall trifft das Sprichwort *Reden ist Silber, Schweigen ist Gold!* zu. Ansonsten erwarte ich im Gesamtkonzept Ihrer Präsentation eher das Gegenteil, nämlich daß Sie der aktive Teil und Informationslieferant sind.

Gut paraphrasieren zu können hilft, den Informationsaustausch zwischen den Gesprächspartnern auf das gleiche Verständnisniveau zu bringen. Das ist extrem wichtig, wenn es um das Aufstellen von Vereinbarungen über eine Zusammenarbeit geht. Paraphrasieren bedeutet nichts anderes, als das Gesagte des Gesprächspartners mit seinen eigenen Worten noch einmal zu wiederholen, um sich wiederum der Zustimmung des anderen zu versichern. Oder, falls er es anders gemeint hat, als Sie es verstanden haben, die Aussage richtigzustellen. Die klassischen Sätze sind: »Wenn ich Sie richtig verstanden habe, sind die nächsten Schritte ...«, »Um noch mal kurz zu wiederholen ...«, »Zusammenfassend bedeutet das ...« Anfangs mögen sich solche Sätze vielleicht ein wenig gestelzt anhören, aber nicht umsonst sind so viele Anwälte und Mediatoren damit beschäftigt, Streitigkeiten aufgrund von Mißverständnissen schlichten zu müssen. Scheuen Sie sich nicht, inhaltliche Übereinstimmung zu verbalisieren und abzufragen. Das dient nur der Klarheit.

Um sich mit dieser Gesprächstechnik vertraut zu machen und sie locker in ein Gespräch mit einem Entscheider einfließen zu lassen, ist es gut, sie im privaten Bereich vorab einzuüben.

Die Win-Win-Strategie

It takes two to tango!
Man sollte aber nicht erst beim Abschluß eines Projekts klar und offen kommunizieren, sondern bereits im Vorfeld. Das grundsätzliche Ziel von Verhandlungen sollte darin bestehen, daß beide Parteien das für sie beste Resultat erzielen. Ge-

meinsam ein Projekt zu realisieren sollte für beide Seiten von Erfolg gekrönt sein. Das geht nicht immer so einfach, wie es jetzt vielleicht klingt. Ich empfehle Ihnen, sich in diesem Zusammenhang mit der *Win-Win-Strategie* bzw. dem Harvard-Konzept zu beschäftigen. Es ist von amerikanischen Politik-Beratern entwickelt worden. Das Buch zu diesem Thema ist im Anhang genannt. Daraus ein Beispiel, das den grundsätzlichen Ansatz erklärt. Zwei Schwestern haben eine Orange. Jede möchte sie haben, doch können sie sich nicht einigen, wer sie bekommt. Nach langem, strittigem Hin und Her denken sie sich, geteiltes Leid ist halbes Leid, und schneiden die Orange in der Mitte durch. Die eine nimmt ihre Hälfte, beginnt sie zu schälen, ißt das Fruchtfleisch und wirft die für sie unnütze Schale fort. »Der Vitaminbedarf für heute ist zum Glück wenigstens zur Hälfte gedeckt!« Auch die andere schält ihre Hälfte, behält die Schale, wirft das Fruchtfleisch weg und sagt: »Jetzt kann ich endlich meinen Kuchen backen, für den ich so dringend abgeriebene Orangenschale brauche«. Dumm gelaufen!

Bei der Win-Win-Strategie geht es darum, sich im Vorfeld darüber klar zu werden, welchen Nutzen ein Projekt für beide Seiten haben kann – und zwar nicht nur welchen primären offensichtlichen Nutzen: Basierend auf einer zufriedenstellenden Zusammenarbeit und Durchführung von gemeinsamen Projekten, können Sie sich relativ sicher sein, daß auch einer zukünftigen Beziehung nichts im Wege steht. Fruchtbare, stabile Arbeitsallianzen zu schaffen, die allen dienen, ist eine Voraussetzung für Ihr Überleben in der Branche.

Ich erinnere mich an ein Projekt, das die Kriterien des allseitigen Nutzens nicht definiert hatte und aufgrund dessen in der Endfertigung niemals zustande kam. Es war viel Geld ausgegeben worden, aber ohne jeglichen Nutzen für die Beteiligten. Es war eine Coproduktion für eine dokumentarische Serie, 6 x 52 Minuten, zwischen ZDF, Canal Plus, Channel Four und Discovery US. Bertelsmann besaß die Rechte, und eine englische Produktionsfirma war mit der Ausführung beauftragt worden. Als das Material im Kasten war und die *Rushes* gemeinsam gesichtet wurden, begannen die Schwierigkeiten: Es kam nie zu einer weiteren Bearbeitung, Schnitt und Abnahme des Projektes, weil jeder der Beteiligten eine andere Vorstellung davon hatte, worauf beim Schneiden der Schwerpunkt gelegt werden sollte. Das ZDF wollte den Schwerpunkt auf die einzelnen Charaktere legen, Canal Plus war an den übergeordneten Problemen der Personen im gesellschaftlichen Kontext interessiert, Channel Four wollte die dramatischen Aspekte der Serie betonen und Discovery US wollte für sein Publikum die geographischen und spektakulären Schwerpunkte verwirklicht sehen. Zu guter Letzt wurde bei Discovery während dieser Zeit auch noch ein neuer *Commissioning Editor* eingesetzt, der zudem seine eigenen Ideen integrieren wollte. Das war dann das endgültige Aus. Zwar sind diese Unternehmen groß genug, um das finanzielle Desaster zu verkraften, aber das ist nicht immer so.

Die eigene Wahrnehmung schulen in bezug auf sich selbst

Auf die innere Klarheit bezüglich Ihrer mentalen Stärken und Schwächen und deren Wahrnehmung und Analyse bin ich bereits ausführlich eingegangen. Diese betreffen den rationalen und reflektierbaren Anteil der Kommunikation, also die berühmten 7 Prozent. Doch wieviel wissen Sie darüber, wie Ihre Körperhaltung Ihr Befinden unbewußt bestimmt?

Einer der schönsten *Peanuts*-Cartoons in diesem Zusammenhang ist »Die Haltung«. Charlie Brown erklärt seiner Schwester den Zusammenhang zwischen Körperhaltung und Depressionen. Mit gesenktem Kopf, Blick auf den Boden gerichtet und hängenden Schultern sagt er zu ihr: »So stehe ich, wenn ich deprimiert bin. Wenn du deprimiert bist, ist es ungeheuer wichtig, eine ganz bestimmte Haltung anzunehmen …« Dann stellt er sich kerzengerade hin, Kopf und Blick in den Himmel gerichtet: »Das Verkehrteste, was du tun kannst, ist aufrecht und mit erhobenem Kopf da zu stehen, weil du dich dann sofort besser fühlst.« Nächstes Feld, Charlie Brown wieder mit hängendem Kopf: »Wenn du also etwas von deiner Niedergeschlagenheit haben willst, dann mußt du so da stehen ...«

Die Körperhaltung

Machen Sie dazu folgende Übung: Setzen Sie sich auf einen Stuhl, nach vorne gebeugt, schlaff, lassen den Kopf hängen und richten den Blick auf den Boden unter sich. Rufen Sie sich zusätzlich noch eine Situation in Erinnerung, in der Sie sich traurig, melancholisch gefühlt haben. Lassen Sie sich richtig in dieses Gefühl reinfallen, spüren Sie den Kloß im Hals. Während Sie jetzt versuchen, dieses traurige Gefühl beizubehalten – versuchen Sie es bitte wirklich! –, richten Sie Ihren Oberkörper auf, lehnen sich nach hinten, strecken kräftig Ihre Arme hinter sich nach oben oder seitlich aus und schauen nach oben.

Können Sie das vorherige traurige Gefühl noch halten? Nein. Das kann niemand, denn es besteht ein direkter Zusammenhang zwischen bestimmten Körperhaltungen und unserem emotionalen Sensorium. Kein Mensch kann in einer traurigen Körperhaltung sagen: »Ich bin ja so glücklich!« und dabei kongruent in seiner Aussage wirken.

Bei einem Pitch, bei dem Sie optimistisch und überzeugend wirken wollen, ist deshalb eine aufrechte Körperhaltung ausgesprochen nützlich. Sie wirkt ansprechend und positiv. Das gilt sowohl im Sitzen als auch im Stehen. Versuchen Sie immer, ihre Wirbelsäule möglichst gerade zu halten. Es bewirkt, daß die Atmung optimal funktioniert, der Sauerstoff leichter im gesamten System zirkulieren kann und die inneren Organe nicht eingeklemmt werden. Andernfalls wird der Körper reflexartig und unbewußt mit Streß reagieren, weil die Grundversorgung nicht mehr genügend gewährleistet ist. Dem können Sie vorbeugen.

Bei öffentlichen Präsentationen werden häufig Stehpulte verwendet. Stellen Sie sich möglichst so hin, daß Ihr Gewicht auf beide Beine gleichmäßig verteilt ist. Am besten ist es, die Füße in der Linie der Hüftbreite parallel nebeneinander zu stellen. Dadurch schließt man das Hin- und Hertappen der Füße aus. Ebenso ist das Verlagern des Gewichts auf nur ein Bein oder das Überkreuzen der Füße zu vermeiden, da es schnell zum Ungleichgewicht kommt und die Haltung instabil wirkt. Oft muß man sich dann unnötigerweise am Pult festklammern, um nicht umzufallen. Zudem garantiert ein sicherer Stand ausreichend Bewegungsfreiheit der Arme, um die natürliche unterstreichende Gestik einsetzen zu können. Wenn Sie gerne wild gestikulieren, behalten Sie es ruhig bei. Ich finde, daß es nur natürlich wirkt. Eine souveräne Standfestigkeit in Verbindung mit einer lebendigen Gestik läßt Sie präsenter erscheinen – im wahrsten Sinn des Wortes.

Wenn Sie also bei einem öffentlichen Pitch an die Reihe kommen, gehen Sie vor, stellen sich ruhig in angemessenem Abstand, also 20 bis 30 cm hinter das Stehpult, atmen tief in den Bauch, lächeln aufmunternd und beginnen.

Die Lächeln-Übung

Wie bereits ausgeführt, besteht eine Wechselwirkung zwischen Körperhaltung und emotionalem Zustand. Mit der vorigen Übung konnten Sie feststellen, daß bestimmte Gemütszustände mit entsprechenden Körperhaltungen korrespondieren. Das hat mit den neuro-muskulären Verbindungen zwischen einzelnen Körperteilen und unserem Gehirn zu tun. Kennt man diese reziproken Verbindungen, kann man sich in bestimmten Situationen kurzfristig in einen besseren Zustand versetzen. Ich sage bewußt kurzfristig, denn eine echte Depression läßt sich nicht heilen, indem man aufrecht umherspaziert. Es hilft aber auf jeden Fall, einen Pitch von fünf Minuten gut und souverän über die Bühne zu bringen.

Ähnlich ist es mit dem Lächeln. Man kann sich mit der

Lächeln-Übung kurzfristig in einen positiven Zustand versetzen und sein Wohlbefinden damit steigern. Was passiert physisch, wenn man ein tolles Erfolgserlebnis hatte oder herzhaft über einen guten Witz gelacht hat? Man reckt automatisch den Kopf in die Höhe, wirft ihn vielleicht sogar in den Nacken und lächelt oder lacht. Beim Lächeln wird die Wangenmuskulatur aktiviert, die wiederum das an den Halsinnenseiten liegende Gaumensegel dehnt. Das Gaumensegel aktiviert mit seiner neuro-muskulären Verbindung die Teile im Gehirn, die die Endorphine, unsere körpereigenen Glücksstoffe ausschütten. Es sind noch einige andere Zwischenschritte involviert, die ich hier auslasse, da die Beschreibung der Übung nicht in einen Anatomie-Kurs ausarten soll. Jedenfalls erhöhen Endorphine unser Wohlbefinden, und unsere positive Ausstrahlung steigt.

Die ganze Lächeln-Übung besteht darin, daß Sie immer mal wieder im Verlauf eines Tages für einige Sekunden bewußt lächeln. Deshalb läßt sich diese Übung auch unmittelbar vor einem Pitch gut anwenden, und ich kenne niemanden, der etwas gegen eine Person hat, die freundlich schaut ...

Die Lächeln-Wette: »Der kalte Nordwind und die Sonne wetteten miteinander, wer von den beiden es wohl schaffen würde, den Mann auf der Straße dazu zu bringen, seinen Mantel auszuziehen. Der Nordwind blies ganz doll, und zerrte und riß am Mantel. Und der Mann schnürte seinen Mantel noch fester zu. Der Nordwind war wütend. Die Sonne lachte. Es wurde ganz warm, und der Mann zog lächelnd seinen Mantel aus.«

Bei vielen Sprech- und Artikulations-Übungen dient das Lächeln zur Entspannung der gesamten Mund- und Kiefermuskulatur sowie zur Dehnung des Gaumensegels und führt somit über eine angenehme Lernerfahrung auch zu einer besseren Aussprache.

Eine gute Aussprache

Je öfter man in Situationen kommt, in denen man seine Geschichte vortragen muß, um so wichtiger ist es, gut artikulieren zu können. Eine Voraussetzung dazu ist das bereits thematisierte richtige Atmen. Man muß aber auch lernen, die »Zähne beim Sprechen auseinanderzukriegen!« Ein genuschelter und zu leiser Pitch ist nicht nur unverständlich, sondern signalisiert auch, wie präzise und deutlich Sie Ihr Projekt vertreten möchten. Wenn ich erst in diesem Abschnitt darüber spreche, liegt das daran, daß sich in der Art und Weise, wie wir über unser Projekt sprechen, auch widerspiegelt, ob wir wissen, worüber wir inhaltlich sprechen, und uns darüber im klaren sind, daß wir es auch wollen. Insofern ist das tatsächliche Reden über etwas ein Kontrollinstrument dafür, wie klar wir vorbereitet sind und ob wir uns gut artikuliert »Gehör verschaffen« können. Mir fällt bei Trainings immer wieder auf, daß Autoren leiser und undeutlicher zu sprechen beginnen, wenn ihnen inhaltlich in ihrer Geschichte etwas unklar ist. Das ist ganz natürlich, denn wer möchte schon irgend etwas Schlechtes, Unklares, Unausgereiftes mit dem Brustton der Überzeugung herausposaunen und dann danach beurteilt werden. Das wäre ja professionelles Harakiri.

An dieser Stelle möchte ich Ihnen im folgenden zwei Übungen vorstellen, die der Verbesserung der Aussprache dienen. Ob sie für Sie sinnvoll sind, hängt von der Anzahl der »Wie bitte?« ab, die Sie normalerweise in einer Unterhaltung zu hören bekommen.

Bereits im antiken Griechenland soll Demostenes, um seine Aussprache und sein Tonvolumen zu verbessern, geübt haben, mit Kieselsteinen im Mund gegen die laute Brandung des Meeres anzusprechen. Den gleichen Effekt erreicht man, wenn man mit einem Korken oder einem Bleistift zwischen den Zähnen einen Text laut vorliest. Sie werden merken, wie viele und welche Gesichtsmuskeln dabei gefordert sind. Durch die Übung lockert und trainiert man sie gleichzeitig.

Zur Kontrolle sollten Sie »die Lesung« auf Kassette aufnehmen. In dem Moment, in dem Sie sich selbst gut verstehen, werden das auch Ihre Zuhörer tun!

Die verschärfte Form der Übung geht wie folgt. Sie benutzen den Satz: »Diese Sprechübung macht mir richtig viel Spaß!« Sie sprechen ihn einmal ganz normal aus. Bei jeder weiteren Wiederholung, insgesamt sagen Sie den Satz achtmal, legen Sie Ihre Zungenspitze an eine jeweils andere Stelle im Mund und sprechen den Satz langsam und so deutlich wie möglich aus.

Die acht Zungenhaltungen sind:

1. Ganz hinten in der Nähe des Zäpfchens – so weit Sie können.
2. In der Mitte des Gaumens.
3. Hinter den vorderen Schneidezähnen.
4. Hinter den unteren Schneidezähnen.
5.-8. An den Stellen, wo sich Ihre oberen und unteren Weisheitszähne befinden oder befanden.

Und jetzt sprechen Sie den gleichen Satz noch einmal ganz normal aus. Merken Sie, wie deutlich Sie auf einmal sprechen? Diese Übung kann man wunderbar im Auto auf dem Weg zu einem öffentlichen Vortrag machen. Nicht nur, daß sie die Muskulatur lockert, sie lockert auch die Stimmung … Vorsicht nur vor den anderen ungläubig starrenden Verkehrsteilnehmern – Sie werden, bei richtiger Ausführung, ziemlich komisch aussehen!

Wenn diese Übungen hilfreich für Sie sind und Sie mehr zu dem Thema wissen möchten, empfehle ich als weiterführende Literatur das Buch von Julius Hey: *Der kleine Hey – Die Kunst des Sprechens*.

Zur guten Verständlichkeit eines Vortrags gehört selbstverständlich auch das Sprechtempo. Man muß sich immer darüber im klaren sein, daß der Zuhörer die Geschichte noch nicht kennt. Entsprechend benötigt er zum Verstehen etwas Zeit. Deshalb ist es immens wichtig, ausreichend lange

Sprechpausen zu machen. So kann der Zuhörer das Gehörte verarbeiten, und Sie haben Zeit, um in einer ruhigen und kontinuierlichen Atmung zu bleiben. Außerdem helfen sinnvoll gesetzte Kunstpausen im Vortrag, eventuell unter Einbeziehung von kleinen Synkopen, die Aufmerksamkeit zu erhöhen.

Das letzte Kriterium für eine gute Verständlichkeit ist das Sprechen auf dem Eigenton. Unsere Stimme ist uns nur zum Teil genetisch vorgegeben, durch den Umfang des Bauch- und Brustraums, durch die Form der Zunge und der Stimmbänder. Je schneller die Stimmbänder beim Sprechen gegeneinander schlagen, um so höher ist der Tonfall. Bei Frauen schlagen sie fast doppelt so schnell wie bei Männern. Zusätzlich übernehmen wir bereits als Kinder Sprechgewohnheiten, etwa das Verschlucken von Silben sowie den Tonfall und die Tonhöhe von Bezugspersonen unseres Umfeldes.

Der Eigenton ist die individuelle Tonhöhe, die eine Person beim Sprechen benutzt. Trifft man ihn aus den genannten Gründen nicht und ist entweder zu hoch oder zu tief, klingt man nicht kongruent. Zuhörer verbinden mit einer zu hohen Stimme leicht Eigenschaften wie »harmlos« und »ohne Durchsetzungsvermögen«. Ist man unter seinem Eigenton, wird das Atmen flacher, lebloser und schwieriger und die Stimme monoton.

Hier eine einfache Methode, um den »richtigen Ton« zu finden: Stellen Sie sich aufrecht hin, die Füße hüftbreit auseinander. Brummen Sie, am besten auf »mmmh«, und nicken Sie dazu mit dem Kopf. Versuchen Sie jetzt höher oder tiefer zu brummen. Dabei werden Sie merken, bei welcher Tonhöhe sich der Ton immer wieder einpendelt und Sie sich am wohlsten und sichersten fühlen. Dieses Gefühl überträgt sich dann mit Sicherheit auf die Zuhörer.

Wortwörtliches

»Gelobt sei die Prosa, verflucht sei der Film als erzählerisches Medium! Diese teuflische Wirklichkeitsvorspiegelungsmaschine kennt keinen Nebensatz und kein Konditional, kein à propos, keine Einschübe, nicht die simpelste rhetorische Figur, keine Zeitenfolge, kein ›wenn‹, kein ›während‹, kein ›sowohl-als-auch‹ – nichts als dieses primitive, undifferenzierte grobschlächtige ›Hier-bin-ich‹ des Bildes auf der Leinwand, das nichts anderes neben sich duldet und mit dessen plumper Behauptungssyntax man gezwungen ist, unter Verwendung eines unglaublich schwerfälligen dramaturgischen Hebelwerks so lächerlich einfache Wörtlein auszudrücken wie beispielsweise ›immer‹ oder ›nie‹ oder ›leider‹ oder ›ach‹!«
Patrick Süßkind, »Film ist Krieg, mein Freund«, in: *Rossini*

Gesagtes in Bilder umzusetzen ist eine mindestens ebenso hohe Kunst, wie eine Geschichte wirksam zu pitchen. Der letzte Abschnitt beschäftigt sich deshalb mit der Schwierigkeit, Vieldeutigkeiten zu meiden und dafür die richtigen Wörter zu finden und zu benutzen. Kurze Beispiele illustrieren die jeweilige kommunikationspsychologische Wirkung der verwendeten Wörter in einem Pitch.

Eine klare, präzise und eindeutige Sprache ist für einen zielorientierten Pitch unumgänglich. Im folgenden werden die einzelnen Wörter, Formulierungen und grammatikalischen Formen, die man auf der Satzoberfläche verwendet, hinsichtlich ihrer Tiefenstruktur analysiert – wie wirkt diese auf die Wahrnehmung eines Zuhörers und auf uns selbst?

Die Unwörter

Die nachstehend aufgeführten Unwörter, und davon gibt es eine ganze Menge, sollten Sie beim Pitchen unbedingt vermeiden. Reflektieren Sie darüber, wie oft und in welchen Situationen Sie diese Wörter verwenden. Sie sind lediglich Ausdruck dessen, was zum Thema noch unklar ist, sei es durch fehlende Information oder mangelnde Vorbereitung bedingt.

Präventive Rücknahme

Die erste Kategorie sind die Wörter der *präventiven Rücknahme* wie z.B. »vielleicht« oder »eigentlich«. Diese ermöglichen uns einen schnellen Rückzug von einer Aussage, schwächen die eigene Aussage ab. Der Zweck ist, sich nicht festzulegen bzw. die Forderung in einer Aussage zu entschärfen. Problematisch hierbei ist nur, daß man dem anderen dadurch die Möglichkeit gibt, einen Sachverhalt positiv oder negativ zu beurteilen. Nicht nur, daß man damit die Entscheidung abgibt, man nimmt auch die Absicht und Klarheit aus dem Gespräch. Diese Möglichkeit hat Ihr Gegenüber zwar sowieso, aber ohne die *präventive Rücknahme* – die Sie ihm frei Haus durch bestimmte Formulierungen liefern und die letztlich nur Ihre unsichere Position verdeutlicht – machen Sie es ihm zumindest viel schwerer. Gestehen Sie ihm das Ja oder das Nein von vorneherein zu, gibt es danach nicht mehr viel zu diskutieren.

Betrachten wir das Wort *vielleicht* genauer: »Soll ich Ihnen vielleicht noch eine Kassette meines letzten Films mitschicken?« »Können Sie mir vielleicht eine Begründung für Ihre Absage geben?« Das Wort *vielleicht* kann in den Beispielssätzen weggelassen werden, ohne daß sich daraus ein Sinnverlust ergeben würde. Antwortet Ihr gegenüber mit nein, haben Sie mit der gleichen Frage, nur ohne *vielleicht*, immer noch die Möglichkeit, nachzufragen, warum er etwas nicht haben oder tun möchte, und Sie können ein überzeugendes Gegenargument anführen.

Lesen Sie die beiden Fragen einmal laut vor, zuerst ohne *vielleicht* und dann mit *vielleicht*: Nehmen Sie wahr, wie sich Ihr Tonfall dabei ändert? Entweder wird er tendenziell eher bittend oder aber leicht trotzig. Das hängt davon ab, in welcher seelischen Verfassung Sie sich in dem Moment befinden, und es bedarf großer Beherrschung, diesen Satz emotionslos auszusprechen, wenn Sie ihn um ein *vielleicht* ergänzen. Hofft man auf eine Chance, wird der Tonfall wahrscheinlich bittend. Ist man hingegen innerlich schon auf Sturm gerüstet und erwarten ein Nein, so bricht der trotzige Tonfall sich seine leise Bahn – mit dem Tenor: »Naja, der wird schon noch sehen, was er davon hat.«

Hinzu kommt, daß man in beiden Sätzen genau um das Wort *vielleicht* herum eine kurze Atempause machen muß und die gezielte Kontrolle der Intonation anschließend eher schwerfällt. Die Sätze ohne *vielleicht* dagegen bleiben auf der sachlichen Ebene.

Mein Lieblings-Unwort ist *eigentlich*. Man spricht es aus, und schon wendet sich der Sinn der Aussage ins Gegenteil um. Es gibt kaum einen Satz, der mit *eigentlich* beginnt und nicht nach dem Komma mit *aber* fortgeführt werden muß.

»Eigentlich gefällt mir Ihr Drehbuch ganz gut.« Haben Sie das Gefühl, wenn Sie diesen Satz zu hören bekommen, daß alles gesagt ist? Richtig, man erwartet bereits eine Einschränkung! »Aber es sind an einigen Stellen noch Änderungen nötig.« Die Dynamik und Aussagekraft ist viel deutlicher bei folgendem Satz: »Das Drehbuch gefällt mir gut, und folgende Änderung sind noch nötig.« »Eigentlich möchte ich den Termin wahrnehmen ...«; »eigentlich hat der Regisseur ja schon zugesagt ...«.

Ein *eigentlich* in der Zustandsbeschreibung von Charakteren nimmt die Spannung raus und verflacht bzw. relativiert die Intensität: »Zwischen den beiden herrscht eine starke emotionale und erotische Spannung. Eigentlich sind sie verliebt ...«

Diese Bemerkungen gelten nicht nur für Ihre Präsentation, sondern auch für das Feedback, das Sie erwarten. Reagiert Ihr gegenüber mit *eigentlich*, so verdeutlicht dies, daß auch er sich seiner Sache nicht so ganz sicher ist oder Sie vielleicht mit einer Absage nicht vor den Kopf stoßen will, seine Aussage also abmildert. Die Frage, die sich stellt, ist nur, ob Sie und Ihr Projekt damit weiterkommen? Diese Unwörter verhindern meist einen konstruktiven Fortgang des Gesprächs, man tastet sich vorsichtig ab und läßt dem Schicksal seinen Lauf, ohne weiter aktiv steuern zu können.

Man könnte auch rückfragen:»Und un-eigentlich?«, aber diese Formulierung bringt eine recht heftige Emotionalität in ein Gespräch, so daß sich beide Parteien schnell in einer Verteidigungsposition befinden. Solch eine Frage würde Ihnen vielleicht Ihr bester Freund, ihre beste Freundin stellen, um Sie auf Ihre unklare Aussage hinzuweisen, oder Ihr Therapeut, wenn er Sie tiefenpsychologisch analysieren möchte – in einer geschäftlichen Unterredung werden Sie diese Frage weder hören, noch sollten Sie sie selbst stellen.

In bezug auf die *präventive Rücknahme* bedeutet die Verwendung des Wortes *eigentlich* wie schon zuvor:»Ich bin – noch während ich meine Aussage mache – bereit, sie zurückzunehmen und mich Ihrer Meinung ohne weitere Widerworte anzuschließen.« Wollen Sie das? Läßt man das Wort *eigentlich* in Formulierungen weg, so drückt man seine Meinungen und Forderungen klar und eindeutig aus, und konstatiert damit die Stärke seines Standpunktes.

Ungenaue Formulierungen

Wenn Sie Ihre Geschichte pitchen, läßt sich anhand Ihrer Wortwahl sehr schnell erkennen, wie genau Sie die Geschichte und ihre Charaktere kennen. Die Verwendung ungenauer Formulierungen verunsichert Ihren Zuhörer und Sie selbst. Unsere Wortwahl reflektiert den Zustand unserer Überlegungen, und umgekehrt beeinflussen natürlich diese Überlegungen auch unsere Wortwahl und unser Verhalten. Auch hier hat man es mit einem reziproken Vorgang zu tun. Das kann sich für Sie persönlich wie auch für Ihre Zuhörer sowohl positiv als auch negativ verstärkend auswirken. Deshalb ist es elementar, sich vorher genau zu überlegen, was und wie man etwas sagen wird. Die Beispiele, die oben genannt wurden, haben Ihnen davon schon einen Eindruck vermittelt.

Wie steht es mit Ausdrucken wie: *irgendwer, irgendwie, irgendwann, und so, oder so, und so weiter, so ungefähr, etwa, ein bißchen, ziemlich, eine gewisse, ein wenig im Konflikt, beinahe, fast, quasi, sagen wir mal, einfach.* Vermeiden Sie derartige überflüssige Füllwörter. Lesen Sie die nachstehenden Beispielsätze und spüren Sie nach, auf welcher der jeweiligen Aussagen mehr Druck und Energie und damit die zum Erzählen notwendige Spannung liegt:

- »Und dann taucht Paul plötzlich *irgendwie* wieder auf.«
  –> Plötzlich taucht Paul wieder auf.
- »*Irgendwann* kommt es *dann* zum Schußwechsel.«
  –> Es kommt zum Schußwechsel, als …
- »Er unterhält sich *dann* mit *dieser* Eva.«
  –> Er unterhält sich mit Eva.
- »Die Wellen rasen mit hoher Geschwindigkeit auf die Küste zu, die Brandung droht das Boot an den Felsen zerbersten zu lassen, die Besatzung ist verzweifelt … *und so.*«
- »Es läßt sich damit eine *gewisse* Zuschauerbindung erreichen.«
- »Das Marketing-Konzept sieht die Einbindung von, *sagen wir mal*, drei Sponsoren vor, die *so ungefähr* 15 Prozent des Budgets abdecken … *oder so.*«
- »Es hat sich *dann so ergeben*, daß ich *einfach* diesen Stoff entwickelt habe.«
  –> Das ist eine Aussage, die dadurch seicht wird, daß sie nicht aktiv vom Beteiligten ausgeht und das *einfach* unpassioniert und beliebig klingt.
- »Zum Schluß kommt es *dann* zu einem *chaotischen Wirrwarr* zwischen Emilie und Simon, zu ganz vielen Mißverständnisse *halt. Naja, und so weiter*, bis am Ende sich doch noch alles aufklärt.«
  –> Das ist sicherlich die schlechteste Formulierung, die man in einem Pitch verwenden kann!

- »Der Wagen rast um die Ecke und *beinahe* wäre Ulrich *(fast, doch, quasi)* auf seinen Vordermann aufgefahren, wenn er nicht *gerade noch hätte abbremsen können*.«
  –> Der Wagen rast um die Ecke. Ulrich sieht in letzter Sekunde seinen Vordermann und schafft es, gerade noch den Wagen abzubremsen.
- »Er fühlte sich *ziemlich* klasse.«
  –> Fühlt er sich nun klasse oder nicht?
- »Als er sie küssen will, gerät er ein *wenig* in Konflikt mit sich.«
- »Im *großen und ganzen* ist das ein komödiantischer Stoff ...«
- »*Also*, ich bin der Martin Mustermann.«
  –> Mein Name ist ... Ich bin ... Der Titel des Spielfilmes, den ich Ihnen heute vorstelle, lautet: *Rote Küsse*.

Modalverben

Modalverben bestimmen bzw. modifizieren zusammen mit dem Infinitiv anderer Verben ein Geschehen oder einen Zustand näher. Sie spielen in Sätzen, in denen Menschen Limitationen formulieren, eine große Rolle. Die wichtigsten sind: *sollen, können, wollen, dürfen, möglich oder unmöglich sein.*

In einem Pitch bekommt eine Figur durch die Verwendung dieser Konstruktionen eine ganz bestimmte Dynamik – da bestimmte Modalverben im Rezeptionsprozeß zuviel Spielraum für eigene Gedanken lassen können. »Doro kann nicht bleiben.« Der Zuhörer kann sich jetzt Gründe überlegen, warum sie nicht bleiben kann. »Doro will nicht bleiben« sagt viel mehr über die Persönlichkeit der Figur aus. Geht die Figur ihre Sache aktiv, selbstbestimmt an (sie will), oder ist sie eher fremdbestimmt und gezwungen, passiv etwas hinzunehmen (sie soll, sie muß)?

Modalverb und Informationsgehalt: »Elke Sommer soll/ will/kann im Film die Figur der Marthe spielen.« Die Assoziation ist: Soll/will/kann sie nun oder nicht? Gibt es schon eine definitive Zusage? Entweder Sie formulieren: »Elke

Sommer soll im Film die Figur der Marthe spielen. Es gibt aber auch Gedanken dazu, Hannelore Hoger zu engagieren, weil ...« Existiert bereits eine Zusage, formuliert man: »Elke Sommer spielt die Figur der Marthe.«

Der amerikanische Psychologe Frank Farelly bemerkte einmal, daß ein Kriterium für das Erwachsensein darin liege, daß man in der Lage sei, etwas zu wollen oder nicht zu wollen, von dem die Eltern meinen, daß man es machen sollte: Nur weil ich etwas machen *sollte, muß* ich es nicht *wollen,* aber ich *darf* es *wollen,* obwohl ich es *sollte.*

Unspezifische Adjektive

»... ein wundervoller Schauspieler, brillanter Regisseur, hervorragender Autor, genialer Debutfilmer. Es ist ein einzigartiges Projekt, es ist humorvoll, es ist spannungsgeladen, es berührt uns.« Das sind lediglich Worthülsen, wenn nicht sogar, um ganz barsch zu sein, leeres Gerede und abgedroschene Verkaufsphrasen.

Wären Sie der Entscheider, würden Sie sicherlich wissen wollen, was in dem Zusammenhang *wundervoll, brillant, einzigartig, hervorragend, spannungsgeladen, humorvoll* bedeutet. Ist der verwendete Humor zynisch, slapstickhaft, satirisch, tiefgründig, englisch? *Höchst unterhaltend* kann für jeden Menschen etwas anderes bedeuten. Für den einen ist ein Liebesfilm unterhaltend – für einen Action-Fan dagegen ist das einschläfernd. Und ein Liebhaber von arthouse-movies findet wahrscheinlich einen Horrorfilm alles andere als unterhaltend. Noch ein Alltagsbeispiel: Ich erzähle Ihnen, daß ich gestern ein grünes Kleid anhatte. Grün ... War es lindgrün, olivgrün, tannengrün, froschgrün, dunkelgrün, hellgrün?

Es gibt unzählige Adjektive, die absolut wichtig zur bildhaften Beschreibung und Umschreibung sind, aber es ist unumgänglich, bei einem Pitch zunächst explizit zu erklären, welche Eigenschaften das verwendete Adjektiv näher umschreiben soll. So viele Menschen es gibt, so viele unterschiedliche Wahrnehmungen gibt es auch. Unsere Sprache trifft bei jedem Menschen einen unterschiedlichen Nerv und löst die unterschiedlichsten Sinnesrepräsentationen und Bewertungen aus.

Unspezifische Nominalisierung

Auch unkronkrete Substantive sind zu vermeiden. Beispiel: »Und dann geht es um *Machenschaften, Verwicklungen, starke Gefühle* und *Konflikte*. Wir kommen *an die Macht* und übernehmen *Verantwortung*.« Was besagen diese Worte? Politiker haben die Tendenz zu nominalisieren, um von den tatsächlichen Tätigkeiten und einzelnen Schritten abzulenken und sie nicht exakt definieren zu müssen. Die klare Zuordnung der Verantwortlichkeiten wird umgangen. Normalisierungen sind rhetorische Schlagwörter, die deshalb unspezifisch bleiben, weil sie die involvierten Personen und deren konkrete Handlungen außen vor lassen. Im dritten Akt einer Geschichte zu sagen: »Und dann löst er den Konflikt mit Bravour!« beschreibt nichts, sagt nichts Konkretes über die Aktivitäten der Figur aus. Es wäre das gleiche, als würden Sie den dritten Akt gar nicht erzählen. Auch »eine Idee mit viel Humor« läßt zuviel Spielraum für allerlei Spekulationen über die Art des Humors.

Sprachmuster

Verwendung des Konjunktivs
Der Konjunktiv hat mehrere Funktionen. Er dient als Möglichkeitsform u.a. dazu, nicht zu fordernd, sondern höflich zu wirken, um sich vorsichtig einander anzunähern, Möglichkeiten zu erschließen – und in bestimmten Kontexten zwischenmenschlicher Kommunikation halte ich ihn für absolut angebracht.
Bei Geschäftsbesprechungen, in der professionellen Korre-

spondenz oder während Ihres Pitches hat diese Form des Konjunktivs jedoch nichts zu suchen. Hier geht um klare Aussagen. »Ich möchte gerne, wenn mir die Möglichkeit dazu geboten würde, einen Film zum Thema ›Schweine im Weltall‹ realisieren.« »Ich finde, man sollte einen Film über … machen.« Entweder Sie sind an einem Thema brennend interessiert und konzentrieren Ihre gesamte Energie darauf, es umzusetzen. Oder Sie müssen wirklich so lange warten, bis man Ihnen die Möglichkeit gibt … Die Gefahr ist, daß Sie das Thema dann vielleicht aufgeben müssen, weil es bereits ein anderer gemacht hat.

Statt »Wir würden gerne Herrn X für die Hauptrolle engagieren« ist es besser zu sagen: »Für die Rolle haben wir Herrn X vorgesehen, wir stehen bereits im Kontakt mit seinem Agenten, und eine definitive Antwort kommt am 15. dieses Monats.« Der Konjunktiv ist tendenziell eine abschwächende, nicht wirkliche Ausdrucksform. Beim Pitchen geht es um eine aktive und überzeugende Präsentation von Fakten Ihrerseits.

Direkte und indirekte Satzkonstruktionen

Direkte knappe Hauptsatzstrukturen binden den Zuhörer beim Pitch ein. Sie stehen im indikativen Präsens. Indirekte Formulierungen schaffen Distanz. Der Präsentierende nimmt zudem oft eine unpersönliche Metakommunikationsebene ein. »Man kann unseren Helden sehen, wie er …«, »Im Verlauf der Serie wird sie lernen, daß …«.

Ebenso distanziert wirkt es, wenn Sie Ihren Protagonisten zuviel reflektieren lassen: »Er erkennt, sie bemerkt, sie denkt darüber nach, daß …«

Besonders verwirrend ist es für den Zuhörer, zwischen diesen beiden Sprachebenen zu wechseln. Aus einem unmittelbaren, direkten Sprachmodus heraus übergeordnete Anmerkungen zu machen wirkt schnell kommentierend. Pitchen darf aber keinen Ratgeber- und/oder Erklärungscharakter haben.

Kommentierende Einschübe

Eine reflektierende und somit distanzierte Sprache, die zudem noch mit strukturellen dramaturgischen Elementen arbeitet, wirkt kommentierend und ist zu vermeiden. »Wir erleben dann im 2. Akt, daß er die Stadt zusammen mit seinem Kumpel erkundet.« Auch hier sollten Sie wieder unbedingt die direkte Form wählen: »Er und sein Kumpel erkunden die Stadt, ziehen durch die Kneipen ...« Ein weiteres Beispiel: »Es kommt uns erst so vor, als ob der LKW-Fahrer schuldig sei. Doch dann am Ende kommt raus, daß der Mörder doch der Gärtner war.« Oder: »Was dann auch im 3. Akt passieren muß ...«; »Wir wissen schon wie's geht«; »Natürlich passiert was passieren muß. Ein Rückschlag als Wendepunkt muß logischerweise sein. Er verliert seinen Job, so daß er ...«. Bei diesen inhaltlichen Erzählungen der Story sind dramaturgisch erklärende Einwürfe störend. Außerdem wirken sie belehrend. Sie haben es mit Profis zu tun, die wissen selbst, an welchen Stellen sich ein Wendepunkt befinden muß. Abgesehen davon stören sie den Erzählfluß, und der Zuhörer wird aus seinen inneren Bilderwelten gerissen.

Hypnotische Sprachmuster

Die Benutzung von hypnotischen Sprachmustern stellen einen Kunstgriff bei einem Pitch dar. Mit ihrer Hilfe gelingt es relativ schnell, den Zuhörer in abstruseste Filmwelten zu entführen. Generell gilt: Gehen Sie vom Abstrakten zum Speziellen und Beispielhaften; von reinen Informationen, Zahlen und Daten zum menschlich Nachvollziehbaren.

Es gibt zwei Möglichkeiten, vorzugehen. Die erste Form ist, die Visualierungskraft des Zuhörers zu aktivieren und dessen eigenes Betroffenheitspotential auszunutzen.

Ein Beispiel: Es geht um einen Film über den zum Jahrtausendwechsel befürchteten Millenium-Virus, der dafür sorgt, daß um 0.00 Uhr die Computer und damit Strom-, Wasser- und Informationsversorgung ausfallen. Das ist eine klare Aussage, die aber aufgrund vieler psychologischer Mechanismen eher eine Distanz beim Zuhörer hervorrufen kann. Zieht man die ganze Einführung auf eine nachvollziehbare, individuelle Ebene, kann man es so formulieren: »Es ist der 31.12.1999 – eine Sekunde vor Mitternacht. Sie feiern Ihre Silvester-Party. Sie läuft auf Hochtouren. Plötzlich geht das Licht aus, selbst Ihr batteriebetriebens Radio gibt den Geist auf und rauscht nur noch, es gibt kein Wasser mehr.« Der Zuhörer wird ganz direkt in die Szene eingebunden, ob dies nun lediglich ein apokalyptisches Szenario ist oder eine tatsächlich mögliche Entwicklung.

Noch ein Beispiel aus dem fiktionalen Bereich: »Der Titel des Films ist *Helium*. Es geht um Menschen, die fliegen können. Nur eine junge Frau nicht. Erst als sie der Liebe ihres Lebens begegnet, findet sie die Kraft, sich auch in die Lüfte zu schwingen.« Es ist gefährlich und eher verwirrend für die Zuhörer, bei einem Pitch für einen phantastischen Film solche Elemente direkt einzuführen, die im ersten Moment vollkommen abstrus erscheinen. Es passiert schnell, daß die Thematik – unbewußt – als lächerlich abgetan wird. Bedient man sich hier der visualisierenden hypnotischen Sprache, wird die Wahrnehmung Ihres Gegenübers viel phantasievoller. »Stellen Sie sich vor, Sie leben in einer Welt, in der alle Menschen fliegen können, das natürlichste Fortbewegungsmittel der Welt. Manche breiten die Arme aus und gleiten dahin, manche rudern mit Armen und Beinen, manche treten vielleicht imaginäre Fahrräder ... Und Sie selbst sind eine junge Frau, die nie lernen durfte zu fliegen.«

Auch bei hypnotischen Sprachmustern wird mit den menschlichen Grundthemen gespielt, die im Abschnitt über die emotionalen Effekte bereits beschrieben wurden.

Die zweite Möglichkeit, Ihr Gegenüber in Ihren Bann zu schlagen, besteht darin, in der Eröffnungsphase Fragen zu exponieren. Auch hierzu ein kurzes Beispiel: Eine französische Filmemacherin stellte ein Dokumentarfilmprojekt vor und begann mit einer Aufzählung statistischer soziologischer Daten. Es handelte sich um die filmische Aufbereitung einer Befragung unter europäischen Jugendlichen zu ihren Wünschen, Hoffnungen, Ängsten, die sie bezüglich ihrer nahen

Zukunft haben. Sie begann mit einer Aufzählung und Anhäufung von *facts + figures,* die viel zu abstrakt war und die Zuhörer überforderte. »17 Prozent der italienischen Jugendlichen im Alter zwischen 14 und 19 Jahren und 23 Prozent der französischen und lediglich 7 Prozent der schwedischen waren während der Befragung, die zwischen Mai 1998 und April 1999 von uns durchgeführte wurde, der Ansicht, daß ...« Innerhalb von 15 Sekunden hatte die Dokumentaristin es geschafft, daß niemand aus der Seminargruppe mehr zuhörte. Die alternative Einleitung, die wir daraufhin erarbeiteten, bediente sich der persönlichen Einbeziehung der Zuhörer. »Haben Sie Kinder, die auf der Schwelle zum Erwachsensein stehen und vielleicht schon bald ihr vertrautes Zuhause verlassen? Kennen Sie deren Wünsche, Hoffnungen und Ängste, jetzt zu Beginn des neuen Jahrtausends? Das ist die Ausgangsfrage, die uns dazu veranlaßt hat, eine Dokumentation über Jugendliche in Europa zu machen.« Das ganze Thema wird weicher und menschlicher durch einen anderen Einstieg.

Die Verwendung hypnotischer Sprachmuster hat ohne Zweifel ihre Vorteile. Wichtig dabei ist aber, daß Sie nach der Exposition des Szenarios wieder in die eigentliche Erzählform überleiten und das Projekt konkret beschreiben. Wenden Sie diese Methodik zu lange an, kann das zum Nachteil werden, da der Bezug zu Ihrem konkreten und realen Projekt abhanden kommt und die Zuhörer ihren eigenen Gedanken nachhängen.

Negativ-Formulierungen

Wenn ich Sie bitte: »Stellen Sie sich bitte *auf keinen Fall* 13 rote Giraffen mit grünen Punkten vor, die durch Ihr Zimmer marschieren!«

Was passiert? Sie müssen sich zu allererst 13 rote Giraffen mit grünen Punkten vorstellen, um sie dann mit einem dicken fetten X aus Ihrer Vorstellung zu streichen, da ich Sie ja gebeten hatte, sie sich *nicht* vorzustellen. Ihr Gehirn hat also gerade ein wahres Wunderwerk vollbracht, für nichts und wieder nichts. Die Abstraktionsfähigkeit des menschlichen Gehirns ist nicht auf die Darstellung von »Nicht-Zuständen« ausgelegt. Um eine nicht erwünschte Vorstellung zu tilgen, muß man erst die entsprechende, wenn auch nicht intendierte Vorstellung aufrufen. Das ist insofern problematisch, als wertvolle Aufmerksamkeitsmomente beim Zuhörer verlorengehen. Außerdem wird unbewußt die Frage aufgerufen, was das Gesagte denn überhaupt damit zu tun hat.

Ein weiteres Problem der Negativformulierung besteht darin, daß der Zuhörer nach einer derartigen Aussage leider noch nicht weiß, was er sich statt dessen vorstellen soll. Formulierungen dieser Art verschwenden Energie und Zeit.

Viele Redefloskeln verwenden unnötige Formulierungen. Man hat sie oft unreflektiert übernommen und benutzt sie, ohne sich weiter Gedanken zu machen. Hinsichtlich der Klarheit von Aussagen und des akuten Zeitmangels bei einem kurzen Pitch, ist es sinnvoll, seinen alltäglichen Sprachgebrauch auf solche Formulierungen hin zu prüfen und – wenn nötig – einen »Frühjahrsputz« vorzunehmen. »Ich brauche Ihnen ja nicht zu sagen, daß unser Drehbuch bereits in einer drehfertigen Fassung vorliegt.« Zwei Fragen drängen sich auf: Warum sagt man es dann? Und falls dies noch nicht bekannt war, ist es natürlich eine interessante Aussage, die etwas über den Status des Projektes aussagt. Warum sagen Sie es also nicht direkt?

Oft genug bekommt man in einem Pitch unnötigerweise zuerst die Sachen erzählt, die eigentlich nicht im Mittelpunkt stehen sollen. Ich bekam ein Projekt gepitcht, das die persönliche Situation von Fußballspielern in ihren stillen Momenten während der Weltmeisterschaft dokumentieren wollte. Gepitcht wurde das Projekt allerdings wie folgt: »Es geht mir nicht darum, die Weltmeisterschaft und den Fußball zu zeigen. Die Spiele an sich stehen hier eigentlich nicht im Vordergrund.« Erst danach wurde über die Spieler gesprochen. Bis dahin hatten sich schon viele herkömmliche Bilder von Stadien etc. in der Vorstellung der Zuhörer eingeschlichen.

Deshalb sind Sätze wie diese zu vermeiden: »In der Geschichte geht es nicht darum …«; »Wir wollen damit nicht zeigen, daß …«; »Man wird die Hauptfigur nicht dabei sehen, wie sie …«; »Auch geht es nicht wie in den anderen Filmen um …, sondern um …«.

Ich habe Projektexposés gesehen, die sich im Rahmen der Frage, was die Intention für diesen Film war, über eine drittel Seite mit dem »Warum nicht« und »Was nicht« befaßt haben. Zugegeben, es ist leichter zu formulieren, was man nicht mehr will, weil man es ja bereits kennt, als eine neue Idee auszudrücken, zumal uns dafür manchmal Worte, Formulierungen und Rückgriffsmöglichkeiten auf konkrete Erfahrungen fehlen.

Die lustigste Negativformulierung auf einem Seminar war, als einer der Teilnehmer sein Projekt vorstellte: »Mein Film ist kein Spielfilm, sondern ein Dokumentarfilm, aber in Spielfilm-Länge, und er trägt den Titel …« Die Verwirrung war perfekt. Viel einfacher hätte er sagen können: »Mein 90-minütiger Dokumentarfilm mit dem Titel …«. Das ist eine einfache, klare Aussage. Üben Sie sich in positiv formulierten Aussagen.

Das gleiche gilt für die negativ formulierten Eigensuggestionen. Bezeichnen Sie doch zur Abwechslung Ihre Schreibblockade, Ihre Schaffenskrise mal als eine schöpferische Pause. Ist das ein übertriebenes *Positive Thinking*? Oder gar lächerlich? Ich finde nicht. Im zweiten Abschnitt habe ich im Zusammenhang mit den Zieldefinitionen bereits über die Kraft der Wörter gesprochen. Jegliche Aussage dient dazu, unsere Vorstellungskraft zu aktivieren und uns handeln zu lassen. Was passiert, wenn das Gehirn permanent negative Formulierungen und Frust-Programme als Befehle erteilt bekommt? Es führt sie irgendwann aus. Unser Gehirn ist in vielen Situation recht eigenwillig und trickst uns nur zu oft aus: Bei den Befehlen dieser Art ist es (leider) sehr gehorsam.

Zeitformen

Um es noch einmal zu wiederholen: Inhaltsangaben jeglicher Länge werden im Präsens und im Indikativ formuliert. Dies bindet den Zuhörer direkt in die Geschichte ein, er erlebt sie zeitlich parallel mit und wird emotional berührt. Film ab: »Hannes fällt mit einem enormen Rums die Treppe runter.« Auf die chronologische Erzählform und die damit verbundene Gefahr, den Zuhörer zu langweilen oder den Faden und die Struktur zu verlieren, bin ich im ersten Teil schon intensiv eingegangen. Nur zur Erinnerung: Es sind Wörter wie »und dann« und »als«, die in diesem Zusammenhang zu vermeiden sind.

Alles zusammenbringen – der Auftritt

Inhalt, innere Klarheit, Formulierungen und der richtige Ton liegen parat. Sie lächeln. Sind trotz aller Vorbereitung Spickzettel erlaubt? Nein! Bei entsprechend guter Vorbereitung benötigen Sie keine schriftlichen Unterlagen. In einem persönlichen Gespräch wird sich Ihr Gegenüber, zu Recht, nur wundern. Entweder man weiß, was man in einem Pitch will, und kennt seine Geschichte und alle Fakten dazu, Sie verdienen ja schließlich Ihr Geld damit, oder nicht – dann sollten Sie den Termin besser noch einmal verschieben.

Bei öffentlichen Veranstaltungen kann ein Notizzettel als Gedanken- und psychologische Stütze dienen, sollte aber auch nicht notwendig sein. Frei sprechen wirkt viel präsenter und lebhafter. Dementsprechend sollten Sie auch auf keinen Fall Ihren Pitch auswendig lernen. Bei auswendig gelernten und/oder abgelesenen Texten wirkt die Erzählung sofort leblos, rezitiert und einschläfernd. Außerdem verlieren Sie beim Ablesen den Kontakt zu den anwesenden Personen, da Sie keinen Augenkontakt zu ihnen halten können.

Wir haben Tests gemacht mit weißen, leeren Notizblättern. Menschen neigen dazu, auch auf Zettel zu schauen, auf denen bekanntermaßen nichts steht. Es wirkt fast so, als wolle man etwas auf das Papier projizieren.

Wenn es trotzdem unbedingt sein muß, sollten nur Stichworte auf dem Notizzettel stehen, die sich auf die Gliederung des Pitches beziehen. Auf keinen Fall dürfen vollständig ausformulierte Sätze, die in einem inneren logischen Zusammenhang zueinander stehen, aufgeschrieben werden. Verlieren Sie vor lauter Aufregung dann vielleicht noch den Überblick auf dem Blatt, ergeben die entsprechend formulierten Anschlußsätze keinen Sinn mehr. Ein weiteres Problem ist, daß ein Pitch in der eher elaborierten Schriftsprache steif wirkt – sprechen Sie lieber natürlich, sonst geht die vielzitierte Leidenschaft flöten. Und dann bedarf es um so mehr Energie Ihrerseits, um die Zuhörer wieder in den Pitch einzubinden und zu begeistern.

Oftmals wird ein Spickzettel gerade anfangs benutzt, um sich warm zu reden. Und dann passiert es, daß ausgerechnet Name und Titel des Projektes abgelesen werden, obwohl das nun das mindeste sein sollte, was man auswendig weiß. Schauen Sie mit offenem Blick ins Publikum, das signalisiert: Hier bin ich – hört mir zu! Diese Aufmerksamkeit müssen Sie mit Ihrer Präsenz bei Ihrer Präsentation einfordern. Und sie steht Ihnen nach all der Vorbereitung auch zu!

Nachwort ...

Tja, das war's für mich. Zumindest an dieser Stelle. Für Sie ist es ein Anfang.

In der Einleitung habe ich meinen Anspruch an dieses Buch und meine Arbeit erklärt: das Leben in unserer Branche klarer und kommunikativer zu gestalten und für alle Beteiligten das Win-Win-Prinzip wirken zu lassen. Ich wünsche mir, daß Sie nach der Lektüre kreativ und einvernehmlich mit sich und Ihren Gesprächspartnern umgehen und effektiver kommunizieren können. Vielleicht hilft es auch, die oftmals nur aus persönlichen Kleinigkeiten und zu vielen unnötigen Mißverständnissen resultierenden Befindlichkeitsstörungen zwischen Entscheidern und »Pitchern« zukünftig zu vermeiden. Die dadurch freiwerdende Energie bzw. Zeit sollte vielmehr dafür verwendet werden, daß Autoren, Regisseure, Produzenten, Redakteure und Schauspieler miteinander besser ins Gespräch kommen, um gemeinsame zukunftsweisende Strategien zu entwickeln.

Ich bin gefragt worden, wie ich mein Projekt *Pitch it! Die Kunst, Filmprojekte erfolgreich zu verkaufen* nun selbst mit einer Log-Line in zwei Sätzen pitchen würde. Ich bediene mich eines Zitats und wähle die Beschriftung der »Bitte-das-Zimmer-aufräumen«- und »Bitte-nicht-stören«-Schilder, die im *artotel* in Potsdam hängen.

> ***Kunst ist Kommunikation,***
> ***die im Leben stattfindet,***
> ***weil sie vom Austausch lebt!***
> und

Kunst ist ruhige Meditation,
die aus der Stille entsteht,
aber keinen Stillstand bedeutet!

Und nun *noch* ein allerletzter Tip: Bereiten Sie sich immer gut vor – aber lassen Sie am Tag vor Ihrem Pitch den lieben Gott einen guten Mann sein. Beschäftigen Sie sich mit anderen Dingen!

... und ein großes Danke!

Viel habe ich von meinen Lehrern gelernt.
Mehr habe ich von meinen Kollegen gelernt.
Am meisten habe ich von meinen Schülern gelernt.
Perki Avros, Altes Testament

Alle, die am Zustandekommen dieses Buches beteiligt sind, haben mit ihrer Kritik, ihrer Offenheit und ihrem Vertrauen in meine Arbeit und mich zu einem bestmöglichen Praxisbezug beigetragen. Ein herzliches Dankeschön gilt vor allem den Teilnehmern meiner Workshops und Béatrice Ottersbach, der Herausgeberin des Buches, sowie Nicola Bartels, der Lektorin, und selbstverständlich Dieter Kosslick für den motivierenden Vorwort-Pitch.

Und danke für die Möglichkeit, mich selbst dadurch zu ent-wickeln!

14.4.2000

Quellennachweise

Verwendete Literatur

Blothner, Dirk, *Erlebniswelt Kino*. Bergisch Gladbach 1999.

Castaneda, Carlos, *Die Reise nach Ixtlan. Die Lehre des Don Juan*. Frankfurt/M. 1972.

Dietl, Helmut/P. Süskind, *Rossini oder die mörderische Frage, wer mit wem schlief*. Zürich 1997.

Filmstatistisches Taschenbuch 1997/1998. Wiesbaden.

Fisher, Roger/W. Ury, *Das Harvard-Konzept*. Frankfurt/M. 1985.

Goldman, William, *Which lie did I tell?*, Erscheint unter dem dt. Titel: *Wer hat hier gelogen?* Bergisch Gladbach 2001.

Grochowiak, Klaus/S. Haag, *Erfolgreich im Beruf mit NLP*. Niedernhausen/Ts. 1997.

Hey, Julius, *Der kleine Hey – Die Kunst des Sprechens*. Mainz 1956.

Kent, Howard, *Richtiges Atmen*. Rheda-Wiedenbrück 1998.

Kleist, Heinrich von, *Sämtliche Werke*. Berlin, Darmstadt, Wien 1960.

Linson, Art, *A Pound Of Flesh*. New York 1993.

Lonhay, Pascal, *Submitting a project. – Arbeitsunterlagen im Seminar EAVE 1993*. Brüssel.

Media Perspektiven – Basisdaten. Frankfurt/M. 1999.

nrw newsletter Oktober/November 1999. Filmstiftung NRW e.V.

O'Connor, Joseph/J. Seymour, *Neurolinguistisches Programmieren: Gelungene Kommunikation und persönliche Entfaltung*. Freiburg 1992.

O'Connor, Joseph/J. Seymour, *Weiterbildung auf neuem Kurs*. Freiburg 1996.

Robert, Jacques-Michel, *Das Gehirn*. Bergisch Gladbach 1998.

Schütte, Oliver, *Die Kunst des Drehbuchlesens*. Bergisch Gladbach 1999.

Stanjek, Klaus/R. Gompper (Hrsg.), *Dokumentarfilmunterricht in Europa – Konzepte, Erfahrungen und das Modell VISIONS*. Berlin 1995.

Truyen, Barbara – BT Agency, btruyen@xs4all.nl Amsterdam 1998.

Wehr, Gerhard, *Selbsterfahrung durch C.G.Jung. Die Entdeckung des eigenen Ich*. Augsburg 1993.

Vester, Frederic, *Denken, Lernen, Vergessen*. Stuttgart 1975.

Vester, Frederic, *Phänomen Streß*. Stuttgart 1976.

ZDF-Pressemitteilung vom 27.12.99 zur Erstausstrahlung des Filmes Der englische Patient.

Literaturempfehlungen

Banyai, Istvan, *Zoom*. Aarau, Frankfurt/M., Salzburg 1995.

Bayerische Landeszentrale für neue Medien (Hrsg.), *Wirtschaftliche Bedeutung des TV-Marktes für die deutsche Filmwirtschaft 1997*. BLM Schriftenreihe Bd. 54. München 1999.

Bolen, Jean Shinoda, *Götter in jedem Mann*. Basel 1991.

Bolen, Jean Shinoda, *Göttinnen in jeder Frau*. Basel 1991.

Cameron, Julia, *Der Weg des Künstlers*. München 1996.

Campbell, Joseph, *Der Heros in tausend Gestalten*. Frankfurt/M. 1953.

Dilts, Robert B./T. Epstein/R.W. Dilts, *Know how für Träumer – Strategien der Kreativität*. Paderborn 1994.

Evermann, Jovan, *Der Serien-Guide: Das Lexikon aller Serien im deutschen Fernsehen – von 1978 bis heute*. Berlin 1999.

Friedmann, Julian, *Unternehmen Drehbuch*. Bergisch Gladbach 1999.

Goleman, Daniel, *Emotionale Intelligenz*. München, Wien 1995.

Goleman, Daniel/P. Kaufmann/M. Rey, *Kreativität entdecken*. München, Wien 1997.

Hall, E.T., *Die Sprache des Raumes*. Düsseldorf 1976.

Harris, Thomas A., *Ich bin o.k. – Du bist o.k.* Reinbek/Hamburg 1973.

Laborde, Genie, *Influencing with integrity. Management skills for communication and negotiation*. Palo Alto 1994.

Schulz von Thun, Friedemann, *Miteinander Reden*. Reinbek/Hamburg 1981.

Sheldrake, Rupert, »Mind, Memory and Archetype: Morphic Resonance and the collective unconscious«, in: *Psychological Perspectives 18, 1987*.

Tannen, Deborah, *Du kannst mich einfach nicht verstehen*. Hamburg 1991.

Tannen, Deborah, *Das hab' ich nicht gesagt!* Hamburg 1992.

Vester, Frederic, *Neuland des Denkens*. Stuttgart 1980.

Vogler, Christopher, *Die Odyssee des Drehbuchschreibens*. Frankfurt/M. 1997.

Walter, Hans-Jürgen, *Denk-Zeichnen*. Bayreuth 1995.

Walther, George, *Sag, was Du meinst, und Du bekommst, was Du willst*. Düsseldorf, München 1992.

Wiese, Michael, *Film & Video Marketing*. Stoneham 1989.

Fachzeitschriften, Adreßbücher

Hinweis: Die angegebenen Adressen sind zum Stand April 2000 aufgeführt. Die Aufstellung erhebt keinerlei Anspruch auf Vollständigkeit. Es sind lediglich Auszüge und Hinweise, die Ihre persönliche Recherche erleichtern sollen.

Fachzeitschriften:

National:
Black Box, *Blickpunkt:Film*, epd-film, Filmecho/Filmwoche, grip, horizont, insight, Der Journalist, Der Kameramann, »M« – Menschen machen MedienFilmdienst, Media Perspektiven, Medienerziehung, Plotpoint Newsletter, Der Producer, Production Partner, Production & Technologie, Professionell Production, Steady Cam, W & V.

International: Spezialgebiete
Billboard, blimp (Österreich), Cable Europe, Cinebulletin (Schweiz), DOC TV – factual programming, DOX Documentary Film Magazine, Ecran Total, European Media – Business & Finance, The European Satellite Industry Letter, Philipps Business Information UK, Hollywood Reporter, Interspace, Kid Screen, Kids TV, Le Film Francais, Play Back, POV, Real Screen (Kanada) [Veröffentlichen regelmäßig Preislisten für Factual Programming der ganzen Welt. http://www.realscreen.com], Screen Digest, Screen International, Strategy, TBI, televison Europe, TV World, Variety.

Adreßbücher:
Adressbuch Film und Fernsehen NRW, Düsseldorf 1998.
a.g.dok. Handbuch 98. AG dok, Frankfurt/M.
EDN TV-Guide 99 Documentaries, edn@edn.dk. Kopenhagen 1999.
Internationales Handbuch für Hörfunk und Fernsehen 98/99. Nomos Verlag.
  Fax 07221/210427; http://www.nomos.de.
Der Kay 2000. Hamburg. Tel. 040/834078/79.
Medienhandbuch Baden-Württemberg 2000, aktuelles Nachschlagewerk über
  die Medienbranche im Südwesten
Medienhandbuch Düsseldorf. Die audiovisuellen Medien. Köln 1998.
Medienhandbuch Köln. Die audiovisuellen Medien. Köln 1998.
Medienhandbuch Niedersachsen/Bremen. Film & Medienbüro Niedersachsen
  e.V. (Hrsg.). 1996.
Red Box: *Stamm Leitfaden durch Presse und Werbung. Presse- und Medien-*
  handbuch.
Der Stern: *Medienhandbücher für Hamburg, München, Berlin/Potsdam,*
  Rhein-Main. 1998. http://www.medienhandbuch.de/.
Television & Radio in Europe: *The Blue Book, Statistical Yearbook 98.*
  http://www.obs.coe.int/
The US & Canadian Guide. Canadian Independent Film Caucus. Fax:
  001/416/9689092; e-mail: cifc@tvo.org.

Informationsquellen

EDN – European Documentary Network Kopenhagen.
Tel. 00 45/33/13 11 22 Fax 00 45/33/13 11 44. Edn@pip.dknet.dk
MEDIA II: Sequentia-Europäische Audiovisuelle Informationsstelle.
Straßbourg. Tel. 00 33/88/14 44 00, Fax 00 33/88/1 44 19

Eine ausführliche Auflistung der Verbände für Film- und Medienschaffende findet man im Handbuch von Markus Bär und Frank Schiele. *Erfolgreich bei Film & TV.* Köln 1998.

Kostenlose Verteiler der regionalen Filmbüros

Film- und Medienbüro Niedersachsen. Tel. 05 41/2 84 26
Hamburg: News Container. Filmförderung HH Tel. 0 40/3 98 37-0
Hamburg: Studio Hamburg. Tel. 0 40/66 88 23 00
MEDIA Desk Deutschland. Tel. 0 40/3 90 65 85
Medien- u. Filmgesellschaft Baden-Württemberg. Tel. 07 11/1 22 28 33
Mitteldeutsche Medienförderung. Tel. 03 41/26 98 70
München Film News. Tel. 0 89/54 46 02 60
NRW: Filmstiftung. Tel. 02 11/93 05 00
Schleswig Holstein. Kulturelle Filmförderung. Tel. 04 51/7 16 49

Internetadressen

http://www.autorenforum.de/
http://www.banffttvfest.com/
http://www.bvv.de/
http://www.cinebiz.de/
http://www.cologne-conference.com/
http://www.crew-united.com/
http://www.docos.com/
http://www.drehbuchautoren.de/
http://www.drehbuchforum.de/

http://www.dubbing.de/
http://www.edn.dk/
http://www.eurodatatv.com/
http://www.euroscreenwriters.tsx.org/
http://www.film.de/
http://www.filmbazaar.com/
http://www.filmfinders.com/
http://www.filmmakers.de/
http://www.film-net-work.de/
http://www.film-recht.de/
http://www.filmstiftung.de/
http://www.film+tv.de/
http://www.filmworks.de/
http://www.horizont.de/
http://www.imca.fr/
http://www.itnarchive.com/
http://www.mediadesk.de/
http://www.mediaguide.nrw.de/
http://www.mediatown.de/
http://www.medien-nrw.de/
http://www.mfg.de/medienhandbuch
http://www.mipinteractive.com/
http://www.regie.de/
http://www.pitchpoint.org/
http://www.plot-point.com/
http://www.sitebysite.com/
http://www.spio.de/
http://www.vffv.de/
http://www.wga.com/
http://www.wgg.de/

Pitching-Veranstaltungen

Eine ausgezeichnete Liste aller internationalen Festivals, mit und ohne Pitching-Veranstaltungen findet man alphabetisch und nach Monaten geordnet in *The Film Finance Handbook, Volume 2 – The Reference Book.* MEDIA BUSINESS SCHOOL. (Hrsg.) Madrid 1999

National:
»Markt der Stoffe«, KunstSalon Köln und Berlin; »Tage des Fernsehspiels«, Baden-Baden; »Sehsüchte«, HFF Potsdam; Sommerakademie für den Kinderfilm, HFF Potsdam; dffb Berlin; »European Pitch Point«, Scripthouse Berlin; Filmfestival Saarbrücken. Des weiteren sind auf vielen Filmfestivals kleinere Nebenveranstaltungen, auf denen öffentlich

gepitcht wird. Alle diese Pitch-Foren bieten vorab Pitching-Seminare und Workshops an.

International:
FORUM Amsterdam; Baltic Filmfestival, Bornholm; Nordic Panorama, wechselnde Orte in Skandinavien; Sunny Side of the Doc, Marseille; Approaching the Doc, Ebeltoft; Banfft Television Festival, Toronto; Bourse de la Coproduction, MIPTV + MIPCOM in Cannes; The Marketplace Pitch für MEDIA Projekte und Aussteller beim Marketplace, Cannes.

Trainingsmöglichkeiten

Sibylle Kurz. s.kurz@pitching.de

BUCH & MEDIEN

Julian Friedmann
Unternehmen Drehbuch
Drehbücher schreiben, präsentieren, verkaufen

Über den Erfolg oder Mißerfolg eines Drehbuchs auf dem heißumkämpften Film- und Fernsehmarkt entscheidet nicht nur das Talent des Autors, sondern auch die richtige Präsentation und Vermarktung. Julian Friedmann, seit über 25 Jahren Film- und Fernsehagent, zeigt in seinem Insider-Handbuch, worauf es wirklich ankommt, um Lektoren, Produzenten und Agenten aufmerksam zu machen und von der Qualität eines Stoffes zu überzeugen. In diesem einmaligen Nachschlagewerk finden Profis alle wichtigen Informationen, um den deutschen Markt zu erobern:
- Der Drehbuchautor als Geschäftsmann: Welche Möglichkeiten bietet der Markt? Welche Leute sollte man kennen?
- Die Kunst des Pitchens: Wie präsentiert man sein Drehbuch überzeugend?
- Verhandlungsführung mit Agenten und Produzenten; Credits und Honorare.

Überarbeitet und ausgestattet mit einem umfangreichen Ergänzungsteil für den deutschen Markt von Oliver Schütte (Drehbuchautor und Seminarleiter) und Steffen Weihe (Filmagent und Medienanwalt). Alle wichtigen Adressen: Ausbildungsmöglichkeiten, Workshops und Seminare, Filmförderungen, Autorenverbände sowie Musterbriefe und Options- bzw. Autorenverträge.

ISBN 3-404-94002-4

Oliver Schütte
Die Kunst des Drehbuchlesens

Ein Drehbuch zu *schreiben* ist eine Sache – ein Drehbuch zu *lesen* eine ganz andere ...

Immer mehr setzt sich die Erkenntnis durch, daß zu einem erfolgreichen Film auch ein gut ausgearbeitetes Drehbuch gehört. Aber die Stärken und Schwächen einer ersten, zweiten oder gar zehnten Fassung zu erkennen und zu benennen ist eine Kunst für sich. Um ein Drehbuch analysieren und beurteilen zu können, bedarf es eingehender dramaturgischer Kenntnisse. Oliver Schütte bietet eine Einführung in die Analyse und Bewertung von Drehbüchern. Er vermittelt u.a. Kenntnisse über dreidimensionale Figuren und die Struktur eines Drehbuchs anhand von Beispielanalysen erfolgreicher deutscher Kinofilme. Dabei wendet sich das Buch an Dramaturgen, Produzenten, Lektoren und Redakteure. Aber auch Drehbuchautoren profitieren von dem Wissen, indem sie lernen, ihre eigenen Bücher besser beurteilen zu können.

Mit anschaulichen Beispielen illustriert das Buch die dramaturgischen Elemente eines Films. Dabei greift Schütte ausschließlich auf deutschsprachige Filme zurück – von *Schtonk!* bis *Mephisto* –, auch um zu zeigen, daß diese Elemente nicht nur für das große Hollywoodkino gelten. Oliver Schütte ist Autor für Kino und Fernsehen, Leiter der *Master School Drehbuch* und Gründer der Development-Agentur *Script House*.

ISBN 3-404-94003-2

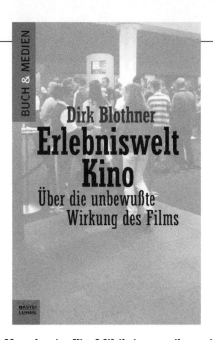

Dirk Blothner
Erlebniswelt Kino
Über die unbewußte Wirkung des Films

Warum gehen Menschen ins Kino? Weil sie – von ihrem sicheren Sessel aus – die Gefahren, Leidenschaften, Ausschreitungen, Heldentaten, nach denen sie sich sehnen, scheinbar hautnah miterleben können. »Nirgendwo sonst entfaltet die Wirklichkeit einen solchen Glanz«, sagt Dr. Dirk Blothner, Psychoanalytiker, Drehbuchberater und Professor für Filmpsychologie an der Universität Köln. In *Erlebniswelt Kino* analysiert er anhand zahlreicher Filmbeispiele, was sich zwischen Mensch und Leinwand abspielt. Für ihn steht fest: »Filmemachen ist praktisch Seelenkunde.«

Doch wie können Drehbuchautoren Erwartungen beim Zuschauer auslösen, seine Aufmerksamkeit gewinnen und gar seine Einbildungskraft vorhersehen? Wie erkennt man, ob das Thema einer Geschichte für den Zuschauer von Bedeutung ist?

Am Beispiel der drei *Titanic*-Verfilmungen (1943, 1952 und 1998) befaßt sich Dirk Blothner mit der zeitspezifischen Umsetzung großer Themen. Schließlich gibt er einen Ausblick auf das Kino der Zukunft.

ISBN 3-404-94005-9